Gertrude Kiel

Was der Himmel uns erzählt

Eine Geschichte über unser Universum und die, die es erforscht haben

Gertrude Kiel

Was der Himmel uns erzählt

Eine Geschichte über unser Universum und die, die es erforscht haben

Mit Illustrationen
von Gunvor Rasmussen

Aus dem Dänischen
von Friederike Buchinger

Hanser

Von großen Entdeckungen
und der Neugier der Menschen.
Von neuen Weltbildern und davon,
wie die Erde in Bewegung versetzt wurde.
Von neuen Arten, die Dinge zu sehen,
von den Umlaufbahnen der Planeten,
von magischen Fernrohren,
vom Licht, das sich verspätet,
dem Geheimnis der Anziehung und noch
vielem mehr, das die ziemlich schlecht
gelaunte Tante Gunvor ihrem Großneffen
William in jener Woche erzählt,
die vermutlich die schrecklichste Woche
seines Lebens werden wird. Denkt er.

Aber wisst ihr was? Es wird überhaupt nicht so schrecklich, wie William erwartet.

(Und das, obwohl Tante G eine Menge schwieriger Wörter und Namen benutzt. Ganz hinten im Buch habe ich versucht, ein paar davon zu erklären. Und nach jedem Kapitel habe ich das, worüber sie und William gesprochen haben, noch mal kurz zusammengefasst.)

Viel Spaß!

Inhaltsverzeichnis

Erstes Kapitel

Die mürrische Tante Gunvor – oder: Wie die schrecklichsten Sommerferien aller Zeiten ihren Anfang nahmen

Williams Tante Gunvor war keine dieser Tanten, die leckere Pfannkuchen backt. Oder malt. Oder einen auf Ausflüge mitnimmt und fragt, wie die besten Freunde heißen. Oder ob man gern Fußball spielt oder auf Bäume klettert. Absolut nicht. Sie konnte Kinder NICHT leiden, und ehrlich gesagt war William sich nicht einmal sicher, ob sie überhaupt *irgendjemanden* mochte.

Das kann ihm doch schnuppe sein, denkst du jetzt vielleicht. Aber so einfach war es leider nicht. Denn das ganz große Problem an Tante Gunvor war, dass William außer ihr keine anderen Verwandten hatte. Also abgesehen von seinen Eltern.

Hätte William eine riesige Familie gehabt – Tanten, Onkel, Großeltern, Cousins und Cousinen –, dann wäre eine einzelne mürrische Tante jetzt wirklich nicht so schlimm gewesen, nicht wahr? Aber wenn man sonst keine Tante hat und auch keine Großeltern oder sonstige Verwandtschaft? Und wenn der eigene Vater Arzt ist und gerade in Äthiopien arbeitet? Und die Mutter dann eine ganze Woche lang auf eine Fortbildung muss? Also, eine GANZE Woche lang, mitten in den Sommerferien? Und wenn die einzige Familie, die man dann noch hat, diese mürrische Tante Gunvor ist, dann kann sich das schon wie ein Problem anfühlen.

»So, das klappt«, hatte Williams Mutter nach dem Telefonat gesagt und William dabei so ekelhaft aufmunternd angelächelt. »Tante Gunvor kann auf dich aufpassen. Das wird bestimmt ganz toll.«

Der letzte Satz war eine glatte Lüge. Und das wusste seine Mutter ganz genau. William hatte das Gespräch mitangehört, und ihm war total klar, dass Tante Gunvor nicht gerade begeistert war, dass er eine ganze Woche bei ihr wohnen sollte.

Da stand William also nun vor Tante Gunvors komischem kleinen Haus, an der einen Hand seine Mutter und in der anderen seinen Rucksack, und fragte sich, wie man sich so leer fühlen konnte, obwohl man beide Hände voll hatte.

Seine Mutter hatte geklingelt und trippelte angespannt von einem Fuß auf den anderen. Sie sah nervös auf die Uhr.

»Hoffentlich hat sie uns nicht vergessen«, murmelte sie, und William schloss die Augen und dachte: »Hoffentlich doch.«

Aber natürlich hatte Tante Gunvor sie nicht vergessen. Sie brauchte einfach nur hundert Jahre, um die Haustür aufzumachen.

»Ach, da seid ihr ja«, sagte sie knurrig und musterte ihren Besuch durch dicke Brillengläser. Obwohl sie sich bemüht hatte, ihre grauen Haare in einem praktischen Dutt oben auf dem Kopf zu bändigen, standen sie wie eine Wolke aus strähnigen Locken in alle Richtungen ab. Sie trug eine karierte Hose, die um den Bauch ein bisschen zu weit und an den Beinen ein bisschen zu kurz war, und eine schief geknöpfte Hemdbluse. Ohne ein weiteres Wort zu verlieren, ging sie wieder ins Haus, und William und seine Mutter folgten ihr.

Genau genommen war Tante Gunvor gar nicht Williams Tante, sondern die Tante seiner Mutter. Sie war die Schwester seiner Oma, und weil William seine Oma nie richtig kennengelernt hatte, fand seine Mutter es unheimlich wichtig, dass er Tante Gunvor kannte. »Sie ist doch deine einzige Verwandte!«, sagte sie immer.

William hätte gern gewusst, was seine Mutter damit eigentlich meinte. Was war so toll an einer Verwandten, die immer nur mürrisch und genervt war und einen sowieso nicht leiden konnte? »Eigentlich«, versuchte seine Mutter ihn zu überzeugen, »ist sie wirklich lieb, wenn man ... Sie ist auf ihre alten Tage ... nur ein bisschen wunderlich geworden.«

Aber hallo.

Als sie das Haus betraten, kam es William vor, als wäre der Sommer schlagartig vorbei. Obwohl Juli war und über der ganzen Stadt die Sonne strahlte, war es hier drinnen total düster. Die Wände in der Diele waren mit dunklen Holzpaneelen verkleidet, und der gesamte Boden, sogar auf der Treppe, war mit einem dicken

Teppich in einer unbestimmbaren Farbe ausgelegt. William musste seine Augen anstrengen, um überhaupt etwas erkennen zu können.

»Das Gepäck könnt ihr oben in die Kammer stellen.«

William ließ seine Mutter mit Tante Gunvor in der Küche allein und verzog sich mit seinem Rucksack die Treppe hoch. Auch hier war alles dunkel. Im ganzen Stockwerk lag derselbe weiche Teppich wie unten, und die Tapete an den Wänden war grün gemustert. Er war noch nie hier oben gewesen, deshalb war er nicht ganz sicher, hinter welcher der drei Türen die Kammer war.

Die erste Tür, die er öffnete, führte ins Bad. Gut zu wissen. Die zweite Tür gehörte zu einem großen Raum, der bis unter die Decke mit Regalen und Kisten vollgestellt war. Das konnte nicht das richtige Zimmer sein. Also blieb nur noch die dritte Tür. William machte sie auf.

Die Kammer war ehrlich gesagt nicht ganz der passende Ausdruck, um den Raum zu beschreiben, in dem er schlafen sollte. *Rumpelkammer* hätte es besser getroffen. Oder *Abstellraum* oder so. Auch hier standen deckenhohe Regale, vollgepackt mit alten, vergilbten Papieren, Büchern und stapelweise Kisten.

Das Einzige, woran William erkannte, dass er hier schlafen sollte, war eine alte Klappliege, die vor einem der Regale aufgestellt worden war. Darauf lagen ein Laken, ein Kopfkissen und eine karierte Steppdecke für ihn bereit, und darüber baumelte eine Glühbirne unter einem zerschlissenen Lampenschirm, der vielleicht irgendwann mal rot gewesen war.

William warf den Rucksack auf die Liege und zog die ausgeblichenen grünen Vorhänge zurück. Die Sonnenstrahlen, die durch das Fenster fielen, wirkten fremd und unbeholfen in dem kleinen Zimmerchen, in dem sie sich normalerweise nie aufhielten.

William schaute nach draußen in die umliegenden Gärten hinunter. Er hatte fast das Gefühl, in eine andere Welt zu blicken. Eine Welt, die für ihn unerreichbar war. Dort waren Menschen, die sich sonnten. Und Menschen, die grillten. Und Kinder, die auf einem Trampolin sprangen.

Sogar im Garten direkt nebenan war ein Mädchen, das Räder schlug, einen Hula-Hoop-Reifen kreisen ließ und Spaß hatte. So nah und doch so unendlich weit weg von dem düsteren kleinen Zimmer, in dem William stand. Das Mädchen wirbelte durch die Luft, sodass seine dunklen Haare wie eine Wolke um seinen Kopf schwebten. Dann fiel es hin. Dann lachte es. Und dann machte es weiter. Dabei zuzuschauen, war wirklich kaum auszuhalten.

William holte tief Luft. Und fing an zu husten. Es war ganz schön staubig hier. Er drehte sich um und suchte das Zimmer mit den Augen ab, bis er eine Steckdose entdeckte.

»Wenigstens gibt es Strom für mein iPad«, murmelte er. Nicht, dass er normalerweise Selbstgespräche führte, aber er hatte sich überlegt, das vielleicht lieber schon mal zu üben, nachdem er jetzt ja sonst niemanden mehr zum Reden hatte.

»William!«, rief seine Mutter unten in der Diele. »Ich muss los. Kommst du und sagst mir Tschüss?«

William rannte die Treppe hinunter und vergrub sich in ihren Armen.

»Kopf hoch«, flüsterte sie ihm zu. »Eine Woche ist schnell vorbei. Ich werde dich auch vermissen.«

Dann drückte sie ihn noch ein bisschen fester an sich, und für einen Moment schossen ihm die Tränen in die Augen.

»Bis dann.«

»Bei mir gibt es mittags nur eine Brotzeit, gekocht wird abends. Hast du Hunger?«, fragte Tante Gunvor.

»Ja.«

»Hm.« Sie runzelte die Stirn. »In dem Kasten dort drüben ist Brot. Butter und Salzhering sind im Kühlschrank.«

»Äh«, setzte William an, aber da war sie schon wieder aus der Küche verschwunden. »Ich vertrage kein Gluten«, erklärte er weiter. Sich selbst. Mal sehen, vielleicht würde er sich ja noch richtig gut mit sich selbst anfreunden.

Er sah sich um. In der Küche war es nicht ganz so düster wie in der Diele und im oberen Stock. Die Schränke und Schubladen waren zwar auch aus dunklem Holz, aber durch das kleine Fenster in der Gartentür fiel Licht in den Raum.

William drehte der Tür den Rücken zu. Er hatte keine Lust, schon wieder an all die Sommerfreuden erinnert zu werden, die er gerade verpasste.

Dort, auf der hellgrauen Tischplatte, lag die Tasche mit Vorräten, die seine Mutter ihm eingepackt hatte. Darin war ein Glas mit Sesammus, eine Schüssel mit Hummus, Feigenaufstrich – und sein glutenfreies Brot. Er zog es aus der Tasche und öffnete den Kühlschrank.

Hm, Salzhering – ob da wohl Gluten drin war? Er drehte den Becher um, so wie seine Mutter es immer machte, fand die Zutatenliste und buchstabierte sich durch die seltsamen Wörter. Nichts mit Mehl. Salzhering war also okay. William nahm den Deckel ab und ein saurer, fischiger Geruch stieg ihm in die Nase. Dann suchte er sich noch ein Glas – zu trinken gab es allerdings nur Wasser –, setzte sich an den Tisch und aß sein glutenfreies Heringsbrot.

Den Rest des Tages verbrachte er am iPad. Er hatte erst neulich ein Video gesehen, wie man schwebende Inseln in Minecraft bauen konnte, und heute schien ein guter Zeitpunkt zu sein, das auszuprobieren. Am Abend briet Tante Gunvor Fischfrikadellen, und dazu gab es Pellkartoffeln. Als sie fertig waren mit Essen, sah sie ihn plötzlich forschend an, als wäre er gerade eben erst angekommen.

»Du gehst zur Schule.«

William war sich nicht sicher, ob das eine Frage sein sollte, aber er nickte trotzdem.

»In die wievielte Klasse?«, fragte sie.

»Nach den Sommerferien komme ich in die Dritte«, antwortete William.

»Habt ihr **Physik**?«

»Ähm, nein, was ist das?«

»Da lernt man etwas über Sachen wie ... Elektrizität oder Schwerkraft. **Naturgesetze**. Das **Sonnensystem**. Was ist mit Chemie?«

William schüttelte den Kopf. »Ist das so was wie Sachkunde? Ich glaube, das bekommt man erst in der Mittelstufe.«

»Aber das ist doch Grundlagenwissen!«

William wollte einwenden, dass sie das Thema Sonnensystem und Weltraum sehr wohl schon im Unterricht behandelt hatten, aber irgendwie war es gar nicht so einfach, Tante Gunvor so etwas zu sagen.

Bei anderen Erwachsenen war das leichter. Zum Vater seines Freunds Eigil zum Beispiel hätte er jetzt einfach gesagt: »Das Sonnensystem hatten wir schon.« Und dann hätten sie sich vielleicht darüber unterhalten, was genau sie alles gelernt hatten und was daran spannend war. Vielleicht hätten sie auch noch über Raumschiffe, Marsmenschen und *Star Wars* geredet.

Aber mit Tante Gunvor war es anders. Tatsächlich brachte

William kein Wort heraus, und sie schüttelte nur den Kopf und deckte den Tisch ab.

»Da drüben ist ein Geschirrhandtuch«, sagte sie, und dann machten sie schweigend den Abwasch, bis William ein Glas fallen ließ. Ein lauter Knall und überall Scherben.

Dann war es noch stiller als vorher. William hielt die Luft an und sah seine Tante verstohlen aus dem Augenwinkel an. Eine ganze Weile sagte sie gar nichts. Sie starrte nur nach unten und betrachtete das zerbrochene Glas.

»Zumindest wissen wir jetzt, dass die Schwerkraft nach wie vor da ist«, sagte sie schließlich. »Auch wenn ihr in der Schule nichts darüber lernt. Im Schrank ist ein Handfeger«, fügte sie hinzu, überließ William die Scherben und ging.

»Kinder dürfen gar keine Scherben auffegen«, sagte er. Zu sich selbst. »Das ist zu gefährlich.« Dann kehrte er die Glassplitter zusammen und schüttete sie in den Mülleimer.

»Hallo, Zahnbürste«, begrüßte er seine Zahnbürste, als er wenig später im Badezimmer stand. »Du wirst schon sehen, es wird bestimmt ganz toll.«

»Hallo, iPad, Kopf hoch«, sagte er, als er in die Kammer kam. »So eine Woche geht schnell vorbei.« Er seufzte. Wenigstens war es jetzt schon ein Tag weniger.

Auf dem iPad war ein Gutenachtgruß von seiner Mutter: »Bin gut angekommen. Vermisse dich jetzt schon. Schlaf gut.«

Er kramte seinen alten *Paw Patrol*-Schlafanzug aus dem Rucksack. Zuerst hatte er sich geweigert, ihn mitzunehmen, aber es war der einzige gewesen, der gewaschen war. Und da ihn sowieso niemand darin sehen würde, konnte es ihm ja egal sein.

Aber statt sich umzuziehen, setzte er sich aufs Bett und schaute sich um.

Müde wanderte sein Blick über die Reihen von Schuhkartons mit handgeschriebenen Etiketten, die er nicht entziffern konnte. Über Bücher mit Wörtern, die er noch nie zuvor gehört hatte und von denen er sich nicht einmal sicher war, ob er sie aussprechen könnte, wenn er es versuchen würde.

Aber hey! Ganz unten im Regal stand eine Kiste mit Büchern, die aussahen, als wären sie eher für Kinder. Das hatte er nicht erwartet.

Er hüpfte vom Bett und zog die Kiste heraus. Das erste Buch war von Hans Christian Andersen. Außerdem gab es da noch ein Liederbuch, *Peter Pan, Pu der Bär* und *Alice im Wunderland.* Und *Pippi Langstrumpf.* Eins, das *Frankenstein* hieß, sowie *Per Anhalter durch die Galaxis* und *In 80 Tagen um die Welt.* Und dann war da noch *Der König von Narnia.*

Das letzte klang spannend und geheimnisvoll, und William verzog sich damit ins Bett und fing an, sich durch die Geschichte über vier Kinder zu schmökern, die in irgendeinem Krieg aufs Land geschickt wurden, wo sie bei einem seltsamen, alten Professor wohnen sollten und zu ihrem Glück einen Wandschrank entdeckten, der sich als Tür zu einer wunderbaren, magischen Welt entpuppte …

Zweites Kapitel

Was der Himmel uns erzählen kann – oder:
Noch sechs Tage, bis die schlimmste Woche
in Williams Leben überstanden ist

Am nächsten Morgen wachte William mit dem Kopf auf dem Buch über den magischen Wandschrank auf. Er konnte sich überhaupt nicht daran erinnern, eingeschlafen zu sein, und er hatte immer noch seine normalen Sachen an.

Er rieb sich die Augen und betrachtete das Buch. Und dann beschloss er, selbst auch auf die Suche nach einem geheimnisvollen Schrank in Tante Gunvors Haus zu gehen. Sein knurrender Magen machte ihn jedoch darauf aufmerksam, dass er besser erst mal frühstücken sollte.

»Guten Morgen«, sagte William, als er in die Küche kam. Seine Tante stand an der Spüle. Sie füllte gerade Wasser in ein seltsames Glasgefäß mit rundem Boden und langem, schmalem Hals.

»Guten Morgen«, erwiderte sie, ohne aufzuschauen, und stellte das komische Ding dabei auf eine Art Metallspirale, die auf einem Brett an der Wand befestigt war. Dann verschloss sie das Gefäß mit einem Korken, aus dem ein dünnes, gebogenes Glasrohr ragte, und holte einen Kaffeefilter. Der Kaffeefilter kam in einen kleinen Trichter, der sich direkt unter dem Ende des Glasrohrs befand. Danach drehte sie an einem Knopf und löste damit einen ohrenbetäubenden Lärm aus.

»WAS IST DAS?«, versuchte William durch den Krach zu erfragen. Aber er bekam keine Antwort. Dann verstummte der Lärm. Ein kleiner Löffel schnellte aus einem Behälter an der Wand hervor und schüttete Kaffeepulver in den Trichter. Kurz darauf fing das Wasser in dem Glasgefäß an zu kochen. Blubbernd stieg es durch das dünne Rohr und tropfte in den Trichter und von dort weiter in eine Thermoskanne, die darunter auf dem Küchentisch stand.

Währenddessen stand William in der Tür, rieb sich verschlafen die Augen und fragte sich, warum ihm diese seltsame Apparatur nicht schon viel früher aufgefallen war. Als alles Wasser in die Thermoskanne geblubbert war, schraubte Tante Gunvor den Deckel darauf und stellte sie auf den Tisch. Dann holte sie sich eine Tasse und eine Portion Haferflocken.

»Was ist das?«, unternahm William einen zweiten Versuch und nickte zu der lustigen Maschine hinüber.

»Hm?« Tante Gunvor hob zerstreut den Kopf. »Ach so, das da? Kombination aus thermodynamischer Kaffeemühle und Brühvorrichtung.«

William ließ die Erklärung einen Moment sacken.

»Also eine Kaffeemaschine?«, fragte er.

»Vereinfacht gesagt ja«, murmelte Tante Gunvor und aß einen Löffel Haferflocken.

»So was hab ich noch nie gesehen«, sagte William und setzte sich mit seinen glutenfreien Frühstücksflocken von zu Hause zu ihr an den Tisch.

»Nein«, war alles, was Tante Gunvor darauf antwortete. Dann versank sie wieder in ihre eigenen Gedanken, und William gab den Versuch auf, ein Gespräch in Gang zu bringen.

Nach dem Frühstück verschwand sie in ihr Zimmer neben der

Küche, und den restlichen Tag über bekam er sie so gut wie nicht mehr zu Gesicht. Nur zum Mittagessen tauchte sie kurz wieder auf, aber da war sie ungefähr genauso gesprächig wie beim Frühstück.

»Dann kann ich ja in aller Ruhe nach einem Wandschrank suchen«, murmelte William. Zu sich selbst.

Am Anfang war er sehr vorsichtig und achtete darauf, Tante Gunvors Sachen nicht durcheinander zu bringen. Aber es war gar nicht so einfach, einen magischen Wandschrank zu finden, ohne herumzuwühlen. Und je länger er suchte, umso öfter siegte seine Neugier über seine guten Manieren und die Hemmungen gegenüber dem fremden Haus.

Allerdings war das Glück wirklich nicht auf seiner Seite. Sämtliche Schränke waren einfach nur vollgestopft mit Büchern, Papieren und irgendwelchen Schachteln, in denen entweder Steine, **Instrumente**, komische Modelle oder Apparate waren. Nirgends eine magische Tür, die in eine spannendere Welt führte als in Tante Gunvors langweiliges Alte-Leute-Haus.

Erst oben in der Rumpelkammer – die, in der er nicht schlief – entdeckte er schließlich etwas, das aussah wie eine alte Schatztruhe. Das gab ihm Hoffnung. Er fand eine Kiste, die stabil genug war, um darauf zu steigen und die Truhe vom Regal zu holen. Sie war aus Holz mit Schnitzereien und goldenen Metallbeschlägen an den Ecken. Im Schloss steckte ein Schlüssel.

Aber genau wie in den Schränken war auch hier nur jede Menge Papier. Enttäuscht blätterte er darin herum. Es waren Briefe von irgendeinem Hans und dann noch ein paar Blätter, auf denen etwas über einen gewissen Ole Rømer stand.

Missmutig stellte William die Truhe zurück an ihren Platz, als er plötzlich ein komisches Geräusch hörte. Ein tiefes Rumpeln, das von unten zu ihm heraufdrang. Noch lauter als das, was die Kaffeemaschine von sich gegeben hatte. Schnell rannte er die Treppe hinunter, aber da war das Geräusch schon wieder verstummt. Stattdessen stand seine Tante mit ihren zerzausten grauen Haaren und ihrem schief geknöpften Hemd mitten im Hausflur und blinzelte. Als wäre die Diele der normalste Ort der Welt, um gemütlich ein bisschen herumzustehen.

»Hallo, na?«, sagte sie beiläufig und zog ihre etwas zu weite Hose hoch.

»Hi. Hast du das auch gehört?«, fragte William.

»Was denn?«

»Na, das Rumpeln?«, sagte William.

»Ich habe nichts bemerkt.«

»Was? Echt nicht? Aber das war doch total laut.«

»Nein«, sagte sie kurz angebunden. »Vielleicht sind irgendwo Straßenarbeiten. An solchen Lärm gewöhnt man sich ja schnell.«

William starrte seiner Tante nach, die in die Küche ging und hinter der geöffneten Kühlschranktür verschwand. Offenbar war sie stocktaub.

Dann sah William sich im Flur um. Unter der Treppe war eine kleine Gästetoilette und daneben ein Einbauschrank, der wirklich gut so ein magischer Wandschrank sein konnte. William spähte in die Küche. Seine Tante schien zum Glück gerade schwer damit beschäftigt zu sein, den Inhalt einer Dose in einen Topf zu kippen, und so zog er vorsichtig die Schranktür auf.

Aber auch hinter dieser Tür war nichts Magisches. Tatsächlich war der Inhalt so unmagisch, wie er nur sein konnte: Nichts als eine Menge Regalbretter, auf denen sich alte Schuhe und Schuhspanner stapelten. Enttäuscht klappte William die Schranktür wieder zu. Und dann gab es Abendessen. Wie schon die anderen Mahlzeiten davor verlief es schweigend. Und da seine Tante sich auch dieses Mal wieder verzog, nachdem der Abwasch erledigt war, setzte William seine Suche im Wohnzimmer fort.

Er konnte sich nur an einen einzigen Besuch erinnern, bei dem er und seine Mutter hier Kaffee getrunken hatten. Sonst hatten sie immer in der Küche gesessen.

Er kniff die Augen zusammen und sah sich um. Vor den Fenstern hingen Gardinen, damit man von draußen nicht reinschauen konnte, was zur Folge hatte, dass das Wohnzimmer genau wie der Rest des Hauses im Halbdunkel lag.

Es gab ein plüschiges Sofa, aber das war keins, auf dem man es sich mit Süßigkeiten vor dem Fernseher gemütlich machen wollte. Die Rückenlehne war nämlich so steil und starr, dass man nur aufrecht darauf sitzen konnte.

In der Mitte des Zimmers stand ein großer Schreibtisch, auf dem sich zwischen einem Globus und verschiedenen anderen Sachen jede Menge Bücher stapelten, und an den Wänden reihten sich Regale aneinander. Und dann gab es noch einen großen, alten Schrank.

»Oh, hallo, alter Schrank!«, rief William, als er ihn sah. »Du siehst genauso aus, als wärst du der Schrank, nach dem ich suche.«

Aber es war nicht so einfach herauszufinden, ob sich in der Rückwand eine Geheimtür versteckte. Denn wie nicht anders zu erwarten, war der Schrank genauso vollgestopft mit merkwürdigem Zeug wie der Rest des Hauses. Hier war eine Kiste mit Glaskolben im Weg, dort eine Art Lampe, die aussah wie ein Modell der Erde mit einem langen Arm, an dessen Ende ein kleiner **Mond** befestigt war, und da eine einsaitige Gitarre.

William versuchte, einen Blick hinter all diese eigenartigen Dinge zu werfen. Ohne Erfolg. Also zog er eine der Pappschachteln aus dem Schrank. Sie war schwer und der Inhalt klirrte leise. Papier war da nicht drinnen. Vielleicht lohnte es sich doch, kurz hineinzuschauen? Er nahm den Deckel ab und sah viele kleine Päckchen, jedes einzeln eingewickelt in Stoffstücke und altes Zeitungspapier. Er packte eins von ihnen aus.

Darin war eine runde Glasscheibe. Sie erinnerte William ein bisschen an eine größere Version dieser Muggelsteine, die seine Mutter ihm mal gekauft hatte. Weil sie es so toll fand, dass sie selbst als Kind auch mit solchen Glasdingern gespielt hatte.

Er packte noch mehr Scheiben aus. Sie waren alle gleich rund, aber unterschiedlich groß und dick. Manche wölbten sich nach außen und waren in der Mitte dick, während andere sich nach innen wölbten und in der Mitte dünn waren.

Sie warfen blasse Lichtflecken ins Zimmer, wenn er sie nach oben hielt. Durch eine der dicken Scheiben sahen die Gardinen verschwommen aus. Dann betrachtete er seine Hand durch dasselbe Glas und sah seine Haut und die kleinen Härchen darauf ganz scharf. Es war eine Lupe!

Er nahm eine von den dünnen Scheiben und probierte dasselbe noch mal. Diesmal sah er seine Hand nur noch undeutlich und dafür die Gardine ganz klar. Das war lustig. William wollte gerade testen, was passierte, wenn er sich ein dickes und ein dünnes Glas gleichzeitig vors Auge hielt, als er unterbrochen wurde.

»Vorsicht, Kind!« Vor Schreck zuckte er so zusammen, dass er um ein Haar die Gläser hätte fallen lassen, die er gerade in der Hand hielt.

»Ist dir klar, was du da hast?!«, fragte Tante Gunvor verärgert und nahm ihm die Glasscheiben ab.

»Nein«, gab William kleinlaut zu.

»Das sind antike **Fernrohrlinsen**. Sie sind sehr empfindlich. Und unersetzlich.«

»Dann solltest du sie … halt nicht in so einer dummen Schachtel herumliegen lassen, wo sie einfach kaputtgehen können«, rutschte es William heraus.

Er erschrak über sich selbst, als er sich so reden hörte. Aber er war einfach explodiert. Von einer Sekunde auf die andere stieg ihm glühende Wut in die Wangen. Als hätte sie die ganze Zeit schon darauf gewartet, dass jemand das Ventil öffnete.

»Sie lagen ganz gut, dort, wo sie lagen«, erwiderte Tante Gunvor, und dann sagte sie: »Bis ein ahnungsloser, übermütiger Junge angefangen hat, in Sachen herumzustöbern, die ihn nichts angehen.«

Aber jetzt breitete sich die Glut von Williams Wangen rasend schnell in seinem ganzen Körper aus, und er sprang auf. Die Wut pochte in seinen Schläfen.

»Woher sollte ich das denn WISSEN?« Seine Stimme war viel zu laut. Er hörte es selbst, aber er schimpfte trotzdem weiter. »Und außerdem ist es ÜBERHAUPT nicht in Ordnung, ein Kind den GANZEN Tag GANZ alleine zu lassen, ohne mit ihm zu reden …«

Er wollte noch mehr sagen, aber er merkte, wie seine Stimme kippte, also schwieg er lieber, schaute nach unten und wartete auf das Donnerwetter.

Es wurde das merkwürdigste Donnerwetter, das er je erlebt hatte.

»Es überrascht mich WIRKLICH nicht, dass die Menschheit früher dachte, das ganze Universum würde um die Erde kreisen, da sich ja alle Kinder einbilden, es würde sich immer alles nur um sie drehen.«

William hatte keine Ahnung, was sie damit meinte, aber er war trotzdem beleidigt.

»Wie meinst du das?«, fragte er und machte dabei ein extra trotziges Gesicht.

»Kinder sind – wie die meisten Erwachsenen übrigens auch – so mit sich selbst beschäftigt, dass sie glauben, SIE allein wären das Wichtigste im Universum. Sie wollen bedient werden und erwarten, dass man schon applaudiert, wenn sie nur mit dem kleinen Finger wackeln. Aber das Universum ist unendlich groß, und es interessiert sich nicht für uns kleine Menschen mit unseren albernen Problemchen. Wir sind egal.«

Ihr Blick war hart, und ihre Worte gaben ihm das Gefühl, winzig und sehr allein zu sein.

»Wir ... wir ... Menschen sind egal?«, hörte er sich selbst fragen.

Tante Gunvor sah ihn an. Dann schüttelte sie den Kopf.

»Nein. Nein, nein«, sagte sie und sah nicht mehr ganz so verärgert aus. »Natürlich sind wir das nicht. Jedes einzelne Leben ist wichtig. Deshalb ist dein Vater schließlich Arzt geworden und reist durch die Welt und hilft Leuten, die er überhaupt nicht kennt, nicht wahr?«

Tante Gunvor runzelte die Stirn und schwieg einen Moment. Dann fuhr sie fort.

»Es geht um ... die Verhältnismäßigkeit. Das Universum ist unendlich groß, und im Vergleich dazu ist unsere Erde verschwindend klein und unbedeutend. Aber manche Menschen bilden sich trotzdem ein, dass sich alles nur um sie drehen muss.«

Sie sah ihn über den Rand ihrer Brille an, die ihr auf die Nasenspitze gerutscht war.

»Und deshalb ist es nicht verwunderlich, dass wir Menschen dachten, die Sonne und der Rest des Universums würden sich um die selbstverliebte kleine Erde drehen, auf der wir leben. Ja, schon allein die Idee, dass es anders sein könnte, fand man so schrecklich, dass Leute ins Gefängnis geworfen wurden, nur weil sie laut gesagt haben, die Erde wäre nicht der Mittelpunkt des Universums.«

»Ins Gefängnis?! Aber warum denn?«

Tante Gunvor sah ihn mit zusammengekniffenen Augen an.

»Hm, also, dass man für so einen Satz eingesperrt wurde, ist natürlich schon lange her. Damals glaubte man, Gott hätte das Universum als Kugel erschaffen. Als ein geschlossenes System aus vielen Schichten von immer kleineren, durchsichtigen Kugeln, die ineinanderstecken. So ähnlich wie eine Zwiebel. Man hatte noch keine Ahnung davon, wie groß das Universum wirklich ist.

Man stellte sich vor, dass an der äußersten Kugel die Sterne befestigt wären, wie kleine, leuchtende Knöpfe. Danach folgten Schicht für Schicht die **Planeten**, die Sonne und der Mond, alle auf ihren eigenen durchsichtigen Himmelskugeln und kreisten um das unbewegliche Zentrum des Universums: die Erde.«

»Das hat man wirklich geglaubt?«, fiel William ihr ins Wort. In der Schule hatten sie beim Thema Weltraum gelernt, dass die Erde ein Planet war, der genau wie die anderen Planeten um die Sonne kreiste, die eigentlich ein Stern war. Sie hatten sogar ein Sonnensystem aus Pappmaschee gebaut.

»Ja«, sagte Tante Gunvor, »und wenn ich mir dich so ansehe, dann wird mir klar, dass es gar nicht so erstaunlich ist, dass man damals so dachte. Kinder sind von Grund auf ichbezogen. Sie sehen alles nur aus ihrem eigenen Blickwinkel und glauben deshalb, dass die Welt sich immer nur um sie dreht. Das ist ein angenehm sicherer Gedanke.

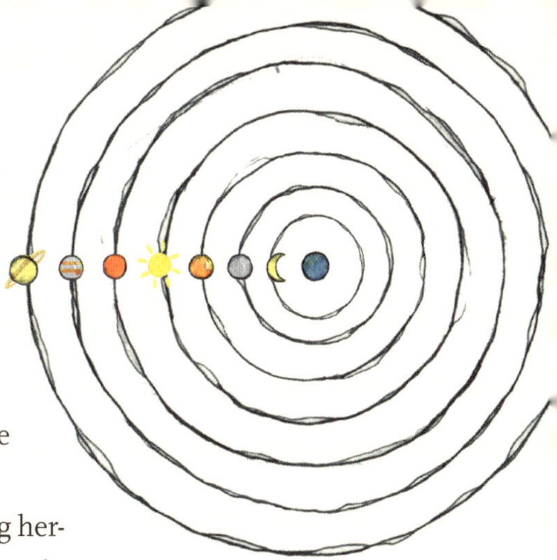

Und so ging es den Menschen damals auch, als man die Erde für den Mittelpunt des Universums hielt. Also tat man alles, um die Leute zum Schweigen zu bringen, die etwas anderes behaupteten. Oder warf sie – wie schon gesagt – ins Gefängnis.«

William konnte nicht so richtig heraushören, ob seine Tante immer noch sauer war. Er beschloss, einfach so zu tun, als wäre nichts gewesen, jetzt, wo er endlich ihre Aufmerksamkeit hatte.

»Aber«, fragte er, »wieso wussten die Leute damals nicht, dass sich die Erde um die Sonne dreht? Das sieht man doch?«

»Tut man das?« Tante Gunvor zog die Augenbrauen hoch.

»Ja, weil ... man sieht doch, dass die Sonne jeden Morgen auf- und jeden Abend untergeht, oder? Weil, weil die Erde sich um sich selbst dreht. Und außerdem wird es doch Sommer und Herbst und Winter und Frühling, weil die Erde um die Sonne kreist.«

»Bravo.« Tante Gunvor klatschte dreimal kurz in ihre trockenen, knochigen Hände. »Aber woher weißt du das?«

»Das ... das habe ich in der Schule gelernt.«

»Na, sieh einer an, ihr lernt ja doch etwas. Aber woher wüsstest du das alles, wenn es dir niemand erklärt hätte?«

»Weil man es sehen kann. Das habe ich ja gerade gesagt.«

»Das kannst du alles sehen?«

William dachte nach. »Ja?«

»Aber hättest du dir auch zusammenreimen können, dass die Erde ein Klumpen Sternenstaub ist, der zusammen mit sieben anderen Sternenstaubklumpen in schwindelerregender Geschwindigkeit um eine riesengroße, leuchtende Feuerkugel wirbelt, und zwar in einem gigantischen leeren Raum, in dem Milliarden und Abermilliarden anderer Sonnensysteme **Galaxien** bilden, in einem Universum, das sich ununterbrochen ausbreitet – nur weil du gesehen hast, dass jeden Morgen die Sonne aufgeht und auf den Sommer der Winter folgt?«

William starrte seine Tante an.

»Nein«, sagte er dann. »Hätte ich nicht.«

»Eben.« Seine Tante machte sich daran, die Fernrohrlinsen wieder einzupacken. Das Donnerwetter war vorbei.

Aber dann tat William etwas, das er hinterher bereuen sollte: Er stellte noch eine Frage.

Der Grund, warum er es bereute, war, dass er noch während er fragte, merkte, dass er pinkeln musste. Aber er hatte sich noch nie richtig mit seiner Tante unterhalten, die normalerweise jeder Gesellschaft aus dem Weg zu gehen schien. Wie hätte er da ahnen sollen, dass eine einfache Frage einen solchen Redefluss auslösen würde, wie den, der jetzt folgte? Noch dazu ausgerechnet dann, wenn er, der sich ja eigentlich dringend jemanden zum Reden wünschte, gern seine Ruhe gehabt hätte – nur für ein paar Minuten –, um auf die Toilette zu gehen.

Die Frage, die er ihr stellte, lautete: »Und woher wissen wir das dann?«

Jetzt kommt ein neuer Abschnitt, denn wie sich herausstellt, kann diese Tante Gunvor sogar ziemlich viel reden. Seid ihr bereit? Es geht um Astronomie – also Sternenkunde – und darum, wozu man das alles eigentlich braucht.

»Woher wissen wir *was* …?« Tante Gunvor drehte sich um und sah ihn mit hochgezogenen Augenbrauen an.

»Woher«, murmelte William, »woher wissen wir, dass die Erde sich um die Sonne dreht und … das andere, was du gerade erzählt hast?«

»Aha! Siehst du, *das* ist eine gute Frage!« Sie musterte ihn neugierig, immer noch mit den alten Fernrohrlinsen in der Hand. William verlagerte das Gewicht von einem Fuß auf den anderen, weil er langsam wirklich dringend aufs Klo musste.

»Für einen Teil der Antwort«, sagte Tante Gunvor und schaute dabei gedankenverloren vor sich hin, »müssen wir ganz weit in die Vergangenheit zurückgehen. Viel weiter zurück als in die Zeit, in der man das Universum für eine Kugel hielt. Denn tatsächlich hast du nicht ganz unrecht, dass man es sehen kann, wenn man sehr genau hinschaut. Aber so einfach ist es trotzdem nicht.«

Sie fing an, im Wohnzimmer auf und ab zu gehen.

»Heutzutage verfügen wir natürlich über Satelliten und Riesenteleskope, die uns dabei helfen, viele Geheimnisse des Universums zu entschlüsseln. Aber diese Hilfsmittel haben wir nur, weil es zu allen Zeiten Menschen gab, die in den Himmel gestarrt, ihr Wissen gesammelt und es mit ihren Nachkommen geteilt haben.

Denn auch ohne **Teleskope** und Satelliten kann uns der Himmel unglaublich viel über das Universum erzählen. Und über das Leben.« Sie hielt inne und sah William durch eine der Fernrohrlinsen an. »Aber nur, wenn wir wirklich gut hinschauen. Zum Glück haben die Menschen schon immer versucht, die Welt zu verstehen und zu entschlüsseln.«

»Die Welt zu entschlüsseln?«, unterbrach William sie. »Was bedeutet das?«

Wieder bereute er seine Neugier und musste ein bisschen hüpfen, weil er so dringend pinkeln musste.

»Entschlüsseln?« Tante Gunvor kratzte sich mit einer der wertvollen alten Fernrohrlinsen in den zerzausten grauen Haaren. Dann sah sie William prüfend an. »Was tust du, wenn du zum ersten Mal an einem fremden Ort bist?«

»Äh ... ich sage Guten Tag?«, schlug William vor.

»Nein, nein, das meine ich nicht. Wenn du an einem Ort bist, an dem du noch nie warst, im Wald, auf einem Campingpatz oder in einem Haus, was tust du dann? Und du sollst jetzt nicht darüber nachdenken, was höflich wäre!«

William versuchte sich vorzustellen, irgendwo fremd zu sein. Der letzte Ort, an dem er vorher noch nie gewesen war, war die obere Etage in Tante Gunvors Haus. »Ich ... schaue mich um?«

»Ganz genau, ja! Du bist NEUGIERIG! Und weißt du warum?«

Darüber hatte er sich bislang noch nie Gedanken gemacht. »Weil ... ich so herausfinde, wo die Toilette ist?«

Tante Gunvor zog die Augenbrauen hoch.

»Hm, ja. Das ist natürlich auch wichtig«, sagte sie und fing wieder an, durch das Wohnzimmer zu wandern und dabei mit den kostbaren alten Glaslinsen herumzufuchteln, sodass William wirklich Angst bekam, sie könnten ihr herunterfallen.

»Sinn und Zweck der Neugier ist es«, sagte sie, »dass man sich mit seiner Umgebung vertraut macht und herausfindet, wo die Dinge sind, die man benötigt. Für die ersten Menschen war es überlebenswichtig, einen Lagerplatz sorgfältig zu untersuchen, bevor sie sich niederließen.

Sie mussten sicherstellen, dass sich keine Schlangen unter den Steinen versteckten, auf denen sie saßen, und dass kein Säbelzahntiger in der Höhle lauerte, in der sie schlafen wollten. Sie mussten nachsehen, ob es genug Nahrung und Wasser gab und sie mussten auf Felsen, Bäume und andere Dinge achten, die ihnen dabei helfen konnten, den richtigen Weg zu finden.

Deshalb schauen wir uns gründlich um, wenn wir an einen neuen Ort kommen. Unsere Neugier hilft uns zu überleben. Oder eine Toilette zu finden. Na ja. Je mehr wir über unsere Umgebung wissen, umso besser kommen wir klar. Und die aufmerksamen Menschen stellten fest, dass man auch den Himmel dazu benutzen kann, um sich in der Welt zurechtzufinden.«

William stellte sich ein großes, leuchtendes WC-Schild am Himmel vor und einen hellen Pfeil aus Sternen, der zeigte, wo es zum Klo ging. Währenddessen setzte Tante Gunvor unbeirrt ihre Erklärung fort.

»Am Anfang hatten die Menschen weder **Computer**, noch Uhren, Kalender, GPS oder irgendetwas anderes, womit sie die Zeit messen konnten oder das ihnen hätte sagen können, wo sie sich gerade befanden.

Es gab keine Straßenschilder. Oder Straßenlaternen. Es gab überhaupt keine Lampen. Andererseits gab es aber auch nichts, was die Aufmerksamkeit vom Himmel abgelenkt hätte.

Und genau wie Berge, Bäume und Seen wiedererkennbare Muster in der Natur bilden, bilden auch die Sterne feste Muster am Himmel, an denen man ablesen kann, wo Norden, Süden, Osten und Westen sind. Sie haben den Menschen schon immer geholfen, den Weg zu finden. Muster auf der Erde können sich ständig verändern – Bäume stürzen um, Seen trocknen aus –, aber die Sternbilder verändern nie ihre Form.

Und nicht genug damit, dass der Himmel einem den Weg weisen kann, er diente auch dazu, die Zeit im Blick zu behalten.«

»Wie kann man denn am Himmel die Zeit ablesen!?«, fragte

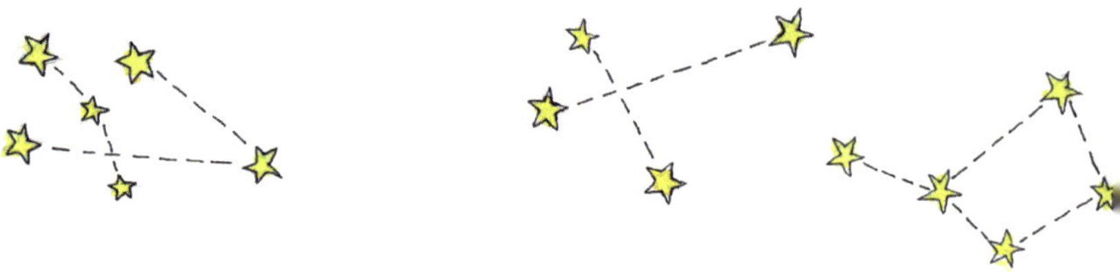

William und war kurz davor, sich selbst auf den Kopf zu hauen, weil seine Neugier schon wieder mit ihm durchgegangen war. Wie lange er wohl noch einhalten konnte?

»Na, am einfachsten lässt sich die Zeit ja wohl mithilfe von Tag und Nacht einteilen. Am Tag wandert die Sonne in einem Bogen über den Himmel. Im Winter sind die Tage kurz, im Sommer sind sie lang. Und wenn du nun von den Beeren und Nüssen lebst, die du findest«, sagte Tante Gunvor und fing an, hinter ihre Möbel und unter den Couchtisch zu schauen, als würde sie dort nach etwas Essbarem suchen, »oder von Tieren, die du jagen kannst ...« – bei diesen Worten stürzte sie sich zu Williams Überraschung auf ein Sofakissen und eine kleine Staubwolke breitete sich im Zimmer aus – »... ist es außerordentlich wichtig zu wissen, wann es hell und wann es dunkel wird. Du kannst ja nicht einfach eine Lampe anknipsen oder in den Supermarkt gehen, wenn du hungrig wirst, nicht wahr? Dein Leben hängt davon ab, dass du die Tageszeit und die Jahreszeit kennst – und dass du vorhersagen kannst, welche Tages- oder Jahreszeit als Nächstes kommt.

Und die Menschen entdeckten, dass *alle* **Himmelskörper**, also Sonne, Mond, Planeten und Sterne, festen Mustern folgen, und erkannten, dass diese Muster ihnen helfen konnten, sich auf die jeweils nachfolgende Zeit vorzubereiten.«

Sie ließ das Kissen wieder los und zeichnete mit den Glaslinsen unsichtbare Kreise über ihrem Kopf in die Luft.

»Nachts schien der Mond. Manchmal leuchtete er so hell, dass

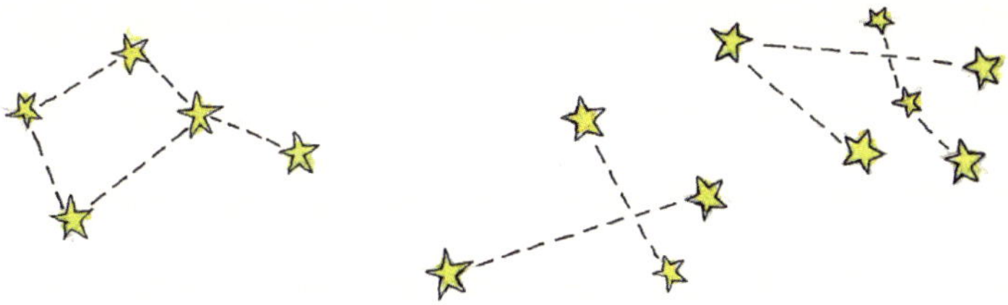

man jagen konnte. Manchmal war er ganz und gar verschwunden. Die Menschen beobachteten, dass aus dem schmalen dünnen Strich nach Neumond ein großer runder Vollmond und schließlich wieder ein schmaler dünner Strich wurde, und zwar immer im Abstand von ungefähr neunundzwanzig Tagen – oder ungefähr einem Monat. Daher kommt nämlich das Wort *Monat*, von *Mond*.«

Darüber hatte William sich noch nie Gedanken gemacht, aber er hatte keine Gelegenheit, sich länger beim Mond aufzuhalten, denn Tante Gunvor redete schon weiter.

»So wie die Sonne am Tag auf- und untergeht, so gehen auch die Sterne nachts auf und unter, und je nach Jahreszeit sind unterschiedliche Sternbilder zu sehen. Irgendwann stellten die Menschen fest, dass immer dieselben Sternbilder am Himmel stehen, wenn die Früchte reif werden und von den Bäumen fallen.«

Sie hielt eine Fernrohrlinse in die Luft und ließ sie fallen wie einen reifen Apfel. William schnappte nach Luft, aber seine Tante fing die **Linse** auf, ohne seinen Schreck zu bemerken. »Vielleicht«, sagte sie, »waren ja die Sterne dafür verantwortlich, dass die Früchte reif wurden?«

»Waren sie das?«, fragte William ungläubig.

»Nein. Und Sonne und Sterne kreisen auch nicht um die Erde, sondern die Erde bewegt sich im Verhältnis zu ihnen. Aber um zu verstehen, was sie sahen, fehlten den frühen Menschen die einfachsten Hilfsmittel. Wie zum Beispiel die Schrift.«

»Die Schrift? Warum …?« William, der schon auf der Stelle

trippelte, unterbrach sich selbst, aber Tante Gunvor hatte seine Frage bereits aufgegriffen.

»Die Schrift war noch nicht erfunden. Die Menschen konnten ihr Wissen also nicht aufschreiben, und die nächste Generation konnte nicht darauf aufbauen. Wenn man sich etwas merken wollte, musste man sich mit Geschichten und Liedern behelfen.

Das machte es natürlich sehr schwer zu verstehen, wie die Dinge *wirklich* zusammenhängen. Aber Menschen tun etwas, was Tiere nicht tun: Sie wundern sich. Schon damals konnten sie einfach nicht aufhören, Fragen zu stellen. *Was sind das für komische Lichter da oben?*, fragten sie. *Warum verändern sie sich? Was bedeuten sie? Und warum sind sie da?*

Manche Sachen waren einfach zu erklären – eine Wolke bedeutet Regen. Sonne bedeutet Wärme und Licht. Andere Dinge waren schwerer zu verstehen. Warum bewegen sich die Sonne, der Mond und die Sterne? Und wieso kommt plötzlich ein Gewitter auf?«, fragte Tante Gunvor, während sie im Wohnzimmer auf und ab wanderte, und antwortete dann selbst auf ihre Frage:

»Da war der Gedanke naheliegend, dass der Himmel von Göttern bewohnt wird, die das Leben auf der Erde lenken, und sich vorzustellen, dass ein Gewitter Ausdruck ihres Zorns ist. Die Menschen haben überhaupt sehr lustige Erklärungen für alles Mögliche gefunden. Erklärungen, die noch unglaublicher sind, als das kugelrunde Universum mit der Erde in der Mitte.

Du hast bestimmt schon mal gehört, dass man früher überzeugt davon war, die Erde wäre flach wie eine Scheibe und wenn man an den Rand ginge, würde man ins Totenreich hinabstürzen?«

William nickte. Einerseits hätte er es ganz schön gefunden, wenn seine Tante langsam zum Ende gekommen wäre, damit er sich aufs Klo verziehen konnte, andererseits wollte er unbedingt mehr über die alten Sternengucker und die geheimnisvollen Geschichten über den Himmel hören. Auch wenn es ihm schwerfiel, sich zu konzentrieren.

Aber da er sowieso nicht wusste, wie er sie hätte stoppen sollen, sagte er nichts, sondern trippelte weiter auf der Stelle und hoffte, dass er sich nicht doch noch in die Hose machen würde.

»Wenn wir uns umschauen, sieht die Erde auf den ersten Blick ja auch wirklich nicht wie eine Kugel aus«, fuhr Tante Gunvor fort. »Sie ist so groß, dass man normalerweise kaum wahrnimmt, dass die Oberfläche gekrümmt ist.

Und weil den Menschen, wie schon gesagt, die Hilfsmittel fehlten, mussten sie sich das meiste eben so zusammenreimen. Und wir Menschen haben eine unübertroffene Fähigkeit, uns die fantastischsten Erklärungen auszudenken.

So glaubten manche, die Erde wäre eine große Frau, die den Himmel geboren habe, und andere sagten, die Erde wäre aus den Knochen des bösen Stammesvaters der Götter entstanden – sein Blut wäre das Meer und sein Schädel der Himmel.

Einige waren davon überzeugt, die Götter hätten das Land erschaffen und sich danach in Bäume, Tiere und Steine verwandelt.

Und wieder andere behaupteten, die Erde würde von Elefanten getragen, die auf dem Rücken einer riesigen Schildkröte stehen, die wiederum auf einer noch riesigeren Schlange liegt, die sich selbst in den Schwanz beißt.«

»Wow«, murmelte William.

»Ja, nicht wahr? Aber alle diese Geschichten haben eins gemeinsam, nämlich dass die Erde der Mittelpunkt des Universums ist – was bekanntlich nicht der Wahrheit entspricht. Glücklicherweise hatten die Menschen aber ja bereits begriffen, wie wichtig es war, den Himmel sorgfältig zu beobachten, wenn man sich gut zurechtfinden wollte. Und auf diese Weise verstanden sie die Welt mit der Zeit immer besser.

Sie lernten, wann das Korn am besten wuchs und bauten es an, statt nur zu sammeln, was sie in der Natur fanden. Sie wurden sesshaft, errichteten Städte. Und dann begannen sie, ihre **Observationen** aufzuschreiben.«

Tante Gunvor schwieg und sah ihn an.

»Weißt du, was eine Observation ist?«

William schüttelte den Kopf.

»Hm. Etwas zu observieren bedeutet, es zu ... beobachten.«

»Äh?« William fühlte sich nicht schlauer als vorher.

»Also, etwas anzuschauen oder zu betrachten. Oder im Blick zu behalten. Wenn man etwas observiert, dann lässt man es nicht aus den Augen – und man schreibt alles auf, was man sieht, damit man die Observationen, die man gemacht hat, miteinander vergleichen kann.«

»Okay.«

»Die Menschen fingen also an, den Himmel genau zu *observieren* und zu notieren, was sie sahen. Am Anfang waren diese Notizen nur kleine Kerben in einem abgenagten Tierknochen, um die Mondphasen zu überwachen. Aber weißt du, was das war?«

»Nein?«

»Das war der erste Versuch, einen Kalender zu erstellen. Und nicht nur das – es war auch der erste Versuch der Menschheit,

Zahlen und Buchstaben zu schreiben. Und weißt du, was das ist?«

»Äh, Zahlen und Buchstaben?«

»Ja?«

»Das ... das sind Zahlen und ... Wörter?«

William hatte irgendwie das Gefühl, dass seine Tante das mit ihrer Frage wahrscheinlich nicht gemeint hatte. Und mit dieser Vermutung lag er ganz richtig.

»Zahlen und Buchstaben sind die allerwichtigsten Erfindungen in der Geschichte der **Wissenschaft**, ja, in der Geschichte der Menschheit! Und bis heute die wirksamste Möglichkeit, die Zeit zu überlisten. Denn wenn man schreiben kann, kann man sich Dinge merken, an die man sich später sonst nicht mehr erinnern würde.

Wenn etwas aufgeschrieben ist, können andere auf den Erfahrungen aufbauen, die man gemacht hat, auch dann, wenn man selbst schon lange tot und vergessen ist. Und außerdem kann man natürlich die Zeitabläufe leichter im Blick behalten, einen Kalender führen und all so was.«

William schwirrte der Kopf, während er gleichzeitig versuchte zuzuhören und sich dabei nicht in die Hose zu machen.

»Und damit begann das, was wir heute **Astronomie** nennen«, fuhr seine Tante fort. »Astronomie ist die *Wissenschaft von den Himmelskörpern und dem Weltraum*. Also die Wissenschaft, die sich mit allem beschäftigt, was sich dort draußen im All befindet. *Astron* ist das griechische Wort für Stern und ein Astronom ist jemand, der sich mit Sternen auskennt. Man könnte also sagen, dass die Astronomie dazu beigetragen hat, dass Zahlen und Buchstaben erfunden wurden.«

Ja, und jetzt kommt wieder ein neuer Abschnitt. Denn gleich erfahren wir, dass die Mathematik erfunden wurde, damit die Menschen alles Mögliche messen konnten. Weißt du zum Beispiel, wie groß du bist?

»Die Menschen wurden immer klüger und geschickter«, sagte Tante Gunvor. Sie unterbrach für einen Moment ihre rastlose Wanderung und betrachtete William.

»Sie entwickelten Werkzeuge, die ihnen helfen konnten«, fuhr sie dann fort und fing wieder an, in dem kleinen Wohnzimmer auf und ab zu gehen. »Und vor ungefähr fünftausend Jahren siedelte ein Volk, nämlich die Sumerer, im Land zwischen Euphrat und Tigris, dem heutigen Irak. Die Sumerer bauten Städte und entwickelten eine richtige Schriftsprache. Und nicht nur das: Sie entwickelten auch die Mathematik.«

»Mathematik? So wie das, was wir in der Schule lernen?«

»Ganz genau. Die Städte begannen untereinander Handel zu treiben und mussten irgendwie den Überblick über ihre Waren behalten. Außerdem bauten die Sumerer immer größere Gebäude und wollten Land vermessen, um sich zu einigen, wem welches Stück Erde gehörte. Und zu diesem Zweck erfanden sie einen speziellen Bereich der Mathematik, die **Geometrie**. Hast du davon schon mal gehört?«

»Nein, ich glaube nicht.« William trippelte.

»Aha. Na ja. Das Wort Geometrie bedeutet *Erdmessung*. *Ge* ist das griechische Wort für Erde und *metrie* bedeutet messen – ganz einfach. Es ist eine spezielle Art von Mathematik, die sich mit Linien, Kreisen, Dreiecken und Vierecken beschäftigt.«

»Ach so, das. Das haben wir in Mathe auch schon gemacht«, sagte William.

»Gut. Das war nämlich ein wichtiger Schritt, um zu verstehen, wie das Universum aufgebaut ist. Die Sumerer nutzten die Geometrie nicht nur, um die Erde zu vermessen, sondern auch, um den Himmel zu vermessen und die Zukunft vorherzusagen. Den Astronomen war nämlich etwas Merkwürdiges aufgefallen.« Sie machte eine Pause und sah William an, um die Spannung zu steigern.

»Wie ich ja schon gesagt habe, bilden die meisten Sterne immer dieselben unveränderlichen Muster am Himmel. Diese Sterne bezeichnete man deshalb auch als **Fixsterne**«, sagte sie und hielt sich eine der Glaslinsen über den Kopf, »eben weil es so aussieht, als wären sie in einer bestimmten Position am Himmelsgewölbe fixiert.

Aber dann entdeckte man einzelne Sterne, die durch diese festen Sternbilder hindurch zu wandern schienen.« Langsam führte sie die andere Fernrohrlinse an der ersten vorbei. »Die nannte man *Wandersterne*«, sagte sie. »Kannst du erraten, was diese Wandersterne in Wirklichkeit sind?«

William zuckte mit den Schultern und presste die Oberschenkel fester zusammen.

»Ich ... weiß nicht?«

»Das sind die *Planeten*. Ohne ein Fernglas sehen sie, von der Erde aus betrachtet, einfach wie leuchtende Punkte aus, genau wie Sterne. Das Wort *planetes* ist eigentlich das griechische Wort für *wandern* oder *herumirren*.

Die Sumerer glaubten, die Himmelskörper wären Götter. Und in ihrer Vorstellung hatten diese wandernden Sterne, also die Planeten, eine besondere Bedeutung für das Leben der Menschen. Man dachte, dass verschiedene Dinge geschehen würden, während die Planeten durch die Sternbilder wanderten. Zum Beispiel, dass es reiche Ernte verhieß, wenn die Planeten in einer bestimmten Position standen. Oder dass Krieg ausbrechen würde.

Diese Form der Astronomie, bei der man am Lauf der Himmelskörper auszurechnen versucht, was in der Zukunft geschehen wird, nennen wir heute **Astrologie**. Du hast vielleicht schon mal Horoskope im Wochenblatt gesehen?«

»Ja.« William nickte. »Meine Mama liest sie manchmal. Zum Spaß, glaube ich. Sie sagt, das ist alles Quatsch.«

»Deine Mama ist eine kluge Frau. Trotzdem ist dieser hartnäckige Versuch, den Sternenhimmel zu verstehen und zu entschlüsseln, die Grundlage für unser heutiges Wissen. Damals machte man keinen Unterschied zwischen Astronomie und Astrologie und wir haben beiden viel zu verdanken«, fuhr seine Tante fort. »Unter anderem das Sechziger-System – das **Zahlensystem** der Sumerer.«

»Äh … das Sechziger-?«

»Ja, das Sechziger-System. Es heißt so, weil darin die Zahl Sechzig als Grundzahl dient und nicht die Zehn, mit der wir normalerweise rechnen, weil wir zehn Finger haben. Hm.« Tante Gunvor dachte kurz nach.

»Vielleicht ist es doch ein bisschen übertrieben zu sagen, dass wir das Sechziger-System der Astronomie zu verdanken haben. Wahrscheinlich ist es entstanden, weil die Sumerer eine schlauere Art hatten, mit den Fingern zu zählen. Aber es gibt ein paar Übereinstimmungen zwischen dem Sechziger-System und einigen astronomischen **Phänomenen**. Das hat die Astronomen der Vorzeit vermutlich davon überzeugt, dass dieses Zahlensystem genial ist. Vor allem deshalb, weil sechzig sich durch sehr viele Zahlen teilen lässt. Um genau zu sein durch zwölf Stück. Das ist eine ganze Menge. Sag mal, hast du schon gelernt, wie man dividiert?«

»Ein bisschen«, murmelte William und kniff die Augen zusammen, weil er sich so konzentrieren musste. Es war wirklich schwierig, an Zahlen zu denken, wenn man dringend pinkeln musste.

»Hm. Okay. Jedenfalls war die Sechzig so gut geeignet, dass wir sie heute immer noch für unsere Uhren nutzen. Und in der Geometrie. Und diese beiden Dinge sind lustigerweise eng miteinander verknüpft. Kannst du die Uhr lesen?«

»Äh, ja.«

William wand sich und verlagerte das Gewicht abwechselnd vom einen auf das andere Bein.

»Aha. Gut. Und du weißt natürlich, dass eine Uhr rund ist?« Sie hielt eine runde Fernrohrlinse hoch, und William nickte.

»Die Sumerer oder ihre Nachfahren kamen auf die Idee, den Kreis in dreihundertsechzig gleich große Teile aufzuteilen. Wie einen Kuchen, den man in dreihundertsechzig sehr, sehr schmale Stücke schneidet. Man sagt, ein Kreis hat *dreihundertsechzig Grad*. Und das Zifferblatt einer Uhr ist in zwölf Stunden unterteilt. Wie ein Kuchen, der in zwölf Stücke geschnitten wurde.«

»Dann will ich lieber ein Stück vom Uhr-Kuchen haben«, platzte William heraus.

»Was?«, fragte Tante Gunvor verwirrt. »Ach so, natürlich. Aber achte auf die zwölf und die dreihundertsechzig. Denn genau wie die Sechzig können auch diese beiden Zahlen durch viele Zahlen geteilt werden. Und alle drei Zahlen wiederholen sich. Die zwölf Stunden des Zifferblatts sind nämlich wiederum in sechzig Minuten unterteilt. Denn jede Stunde besteht ja aus sechzig Minuten. Und wenn man jede Minute in sechs Stücke schneiden würde, hätte man das ganze Zifferblatt in dreihundertsechzig Teile zerteilt. Und dreihundertsechzig ... erinnert dich das an irgendetwas?«

Sie warf William einen fragenden Blick zu, der mit geschlossenen Augen von einem Fuß auf den anderen trat.

»Kleinere Kuchenstücke?«, murmelte er. Tante Gunvor seufzte.

»Die dreihundertsechzig Grad des Kreises. Aber schau, das Jahr hat *dreihundertfünfundsechzig Tage*. Das ist sehr nah dran, nicht wahr?

Nun besaßen die Sumerer oder ihre Nachfahren aber noch keine Uhren mit Minutenzeiger oder etwas Vergleichbares. Sie benutzten Sonnenuhren.

Der Schatten einer solchen Sonnenuhr zeichnet einen Halbkreis auf den Boden, auf dieselbe Weise wie die Sonne im Laufe des Tages einen Halbkreis über den Himmel beschreibt. Und deshalb stellten die Sumerer sich vor, dass sich die Zeit in Kreisen bewegt. Sowohl im Laufe eines Tages als auch im Laufe eines Jahres.

Jeden Tag wandert die Sonne im Verhältnis zu den Sternen, *vor* denen sie sozusagen steht, ein kleines Stück weiter. Das liegt daran, dass die Erde im Laufe eines Jahres einmal um die Sonne kreist. Aber unabhängig vom Grund – darüber wussten die alten Sternengucker ja noch nichts – sieht es so aus, als würden die Sternbilder, an denen die Sonne der Reihe nach vorbeizieht, sich über das Jahr hinweg in einem Kreis um die Erde bewegen. Und danach fängt es wieder von vorn an. Diese Sternbilder nennen wir den **Tierkreis**. Weißt du, wie viele Sternzeichen zum Tierkreis gehören?«

William schüttelte den Kopf.

»Es sind zwölf! Und die alten Astronomen, die wussten ja von ihren Observationen, dass es im Laufe eines Jahres ungefähr zwölf Vollmonde gibt und dass die Zeit zwischen zwei Vollmonden ungefähr dreißig Tage beträgt. Und weißt du, was zwölf Monate mit dreißig Tagen ergibt?«

»Äh, nein?«

»Das ergibt dreihundertsechzig! Also sind der Jahreskreis und der Tageskreis – das Zifferblatt – jeweils in zwölf Teile unterteilt. Dieselben zwölf Stunden, die du auf einer modernen Uhr sehen kannst. Es passt alles zusammen. Vielleicht ist die Idee vom kugelförmigen Universum nur durch diese Übereinstimmung entstanden.«

Tante Gunvor war Feuer und Flamme und mittlerweile schon ein bisschen außer Puste vom vielen Herumlaufen, Reden und mit den Fernrohrlinsen Herumwedeln.

»Mond und Sonne sind ja ebenfalls kreisförmig, da ist es nicht überraschend, dass der Kreis durch alle Jahrhunderte hinweg als die perfekte Form des Universums galt und für die Lieblingsform der Götter gehalten wurde.«

Sie blieb stehen und verschnaufte, während sie William gespannt ansah, als würde sie von ihm irgendeine beeindruckte Reaktion erwarten. Er wusste allerdings nicht so richtig, was sie hören wollte, deshalb sagte er einfach nur: »Wow.«

»Ja, nicht wahr? Und es vergingen Jahrtausende, in denen die Menschheit sich bemühte, der Welt ihre Geheimnisse zu entlocken. Wie groß ist die Erdkugel? Fällt man über den Rand, wenn man bis zum Horizont geht? Was ist die Erde eigentlich? Was ist dort oben am Himmel? Wie weit sind die Sterne weg?

Die alten Ägypter, Araber und Griechen bauten auf dem Wissen der Sumerer auf. Ihre kundigen Astronomen fanden viel heraus, indem sie zum Beispiel die Positionen der Himmelskörper berechneten.

Mithilfe der Mathematik und ganz besonders der Geometrie fanden sie heraus, dass die Erde nicht etwa flach, sondern kugelrund ist und dass man auch nicht über irgendeinen Rand fallen kann. Einigen gelang es sogar, mithilfe ihres Wissens über Dreiecke auszurechnen, wie groß die Erde ist.«

William stutzte. Es fiel ihm schwer, sich vorzustellen, dass man mithilfe von Dreiecken herausfinden konnte, wie groß eine Kugel war. Zum Glück gelang es ihm diesmal, seine Verwirrung für sich zu behalten, und Tante Gunvor fuhr fort.

»Zu jener Zeit, vor gut zweitausend Jahren, entwickelte ein griechischer **Philosoph** namens Aristoteles die Idee eines kugelrunden Universums mit der Erde im Zentrum. Wenn der Kreis, oder eine Kugel, die perfekte Form war und die Erde nun mal eine Kugel war, dann mussten die Götter das Universum wohl auch als Kugel erschaffen haben.

Diese Idee wurde später von dem Mathematiker Ptolemäus verfeinert, und in den nächsten fünfzehnhundert Jahren waren wir in unserem Teil der Welt ziemlich sicher, dass das Universum genauso aussehen muss.«

Einen Moment lang betrachtete sie die beiden runden Glaslinsen in ihrer Hand, bevor sie weiterredete.

»Nur sehr wenige Menschen überlegten sich, dass es auch anders sein könnte. Aber niemand glaubte ernsthaft daran. Es war keine besonders angenehme Vorstellung, dass die Erde nicht der Mittelpunkt des Universums sein könnte, und es war erst recht nicht einfach, das zu berechnen. Nicht einmal der Mann, der das **Weltbild** eingeführt hat, das wir heute kennen, konnte es beweisen.«

»Was ist das für ein Bild?« William biss sich selbst auf die Lippe und fragte sich, ob die Blase eigentlich platzen konnte, wenn man zu lange einhielt. Aber was sie gerade gesagt hatte, hatte er wirklich nicht verstanden. Was war das für ein Mann und was für ein Bild hatte er dabeigehabt?

»Das Weltbild?«, fragte Tante Gunvor und dachte kurz nach. »Ein Weltbild ist eigentlich kein richtiges Bild. Es ist eher ein Ausdruck, mit dem wir unsere *Vorstellung* von der Welt bezeichnen. Im Altertum stellte man sich das Universum als Kugel mit der Erde als Zentrum vor. Und deshalb sagt man, dass der polnische Astronom Nikolaus Kopernikus ein neues Weltbild einführte, als er vor fast fünfhundert Jahren die Idee äußerte, dass statt der Erde die Sonne in der Mitte steht.«

»Nikolaus Koperniwas?«, fragte William.

»Nikolaus *Kopernikus*. Aber man konnte, wie gesagt, nicht mal eben einfach ein neues Weltbild einführen und die jahrtausendealten Vorstellungen von der kosmischen Ordnung ändern.«

In diesem Moment ertönte ein tiefes, metallisches »DONGG« hinter William.

Er drehte sich erschrocken um und entdeckte die große alte Uhr, die eingeklemmt zwischen zwei Bücherregalen stand. Sie war größer als er und unter dem Zifferblatt schaukelte hinter einer Glasscheibe ein Pendel gleichmäßig hin und her. »Tick-tack«, machte das Pendel. Wenn er so darüber nachdachte, hatte er das Ticken die ganze Zeit im Hintergrund gehört, während sie sich unterhalten hatten. »DONGG« machte es wieder. Und wieder.

Die Uhr schlug neunmal und William sah, dass der lange Zeiger auf die Zwölf und der kurze auf die Neun zeigte.

»Na«, sagte seine Tante, als die Uhr aufgehört hatte zu schlagen und nur noch das leise Ticken zu hören war, »war da nicht irgendwas mit einer Schlafenszeit für Kinder?«

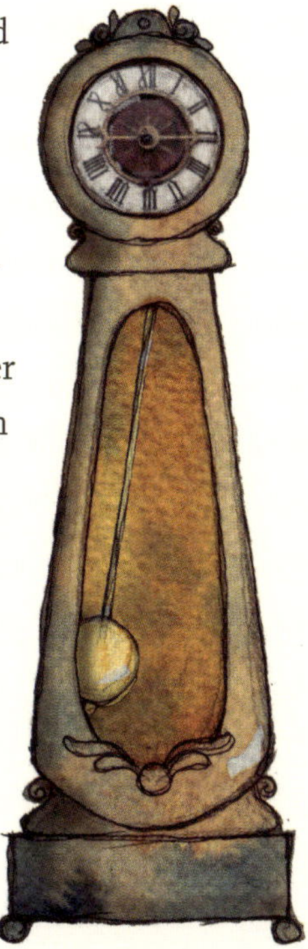

»Doch«, bestätigte William energisch und machte sich auf den Weg zur Treppe. So schnell es ging, ohne sich dabei in die Hose zu pinkeln.

»Äh, gute Nacht«, rief er noch, aber seine Tante hatte ihm schon den Rücken zugedreht und kramte in der Schachtel mit den Glaslinsen herum.

Puh! Als William endlich auf dem Klo gewesen war und mit der Zahnbürste vor dem runden Spiegel stand, schwirrten ihm die Worte seiner Tante im Kopf herum. Jetzt, wo er auf die geheimnisvollen Kreise aufmerksam geworden war, schienen sie wirklich überall zu sein. Der Spiegel. Die runden Fernrohrlinsen. Die Sonne. Die Erde. Die Uhr. Und war das nicht verrückt, dass die kreisrunde Uhr tatsächlich schon vor ein paar tausend Jahren von den Sumerern erfunden worden war?

Und dann war da dieser Nikolaus. Der mit dem Weltbild. Wenn es doch für alle anderen so schwer gewesen war zu kapieren, dass die Erde um die Sonne kreist und nicht umgekehrt, wie war er dann dahintergekommen?

Genau das hatte William ja eigentlich als Erstes gefragt: Woher wissen wir, dass unser Sonnensystem und das Universum wirklich so aussehen? Mit dieser Frage hatte er seine Tante zum Reden gebracht. Aber eine richtige Antwort hatte sie ihm noch nicht darauf gegeben.

Bislang wusste er nur, dass es etwas mit Neugier zu tun hatte. Und dass es geholfen hatte, die Sterne zu beobachten. Und dass die Astronomie eine Menge Sachen erfunden hatte.

Zahlen und Buchstaben.

Er hatte das Gefühl, höchstens den Anfang einer Erklärung bekommen zu haben.

William gähnte. Er konnte die vielen Gedanken nicht mehr sortieren. Er betrachtete seine runden Augen in dem runden Spiegel. Und gähnte wieder.

»Gute Nacht, Spiegel«, murmelte er. »Schlaf gut, Zahnbürste.«

In der kleinen Kammer lag das iPad. Seine Mutter hatte ihm eine Nachricht geschrieben: »Träum was Schönes, mein Schatz.« Jetzt dauerten die schlimmsten Sommerferien aller Zeiten nur noch fünf Tage.

Er zog den zu klein gewordenen *Paw Patrol*-Schlafanzug an und kroch unter die Bettdecke. Das Laken zwischen ihm und der Steppdecke war kühl und glatt und schmiegte sich angenehm um seinen schläfrigen Körper. Die Steppdecke war aus Wolle und der Saum kratzte ein bisschen an seinem Kinn, als er sie weiter hochzog.

Sie roch alt. Ein bisschen staubig. Und nach Schaf. Eigentlich roch sie ganz gemütlich, fand William. Er blinzelte. Er war ein kleines, rundes Schaf auf einer Wiese aus Sternen. Dann schlief er.

Astronomie

Hui, das waren ganz schön viele Wörter, die Tante Gunvor da von sich gegeben hat. Ich habe versucht, ein paar davon zusammenzutragen. Und ein paar Anmerkungen dazu geschrieben. Und wenn du etwas trotzdem nicht verstehst, oder vergessen hast, was ein bestimmtes Wort bedeutet, dann kannst du immer in der Liste schwieriger Wörter ganz hinten im Buch nachschlagen.

Woran kann man erkennen, dass die Erde rund ist?

Das geht am besten, wenn ein Segelschiff aus dem Hafen fährt. Wenn man vom Hafen aus zuschaut, dann sieht es so aus, als würde das Schiff verschwinden, sobald es den Horizont erreicht. Früher, vor sehr, sehr langer Zeit, dachte man, das Schiff würde über den Rand von der Erde kippen. Aber man kann die Spitze des Masts länger sehen als das eigentliche Schiff, eben genau so, wie wenn sich das Schiff auf einer Kugel fortbewegt. Daran haben die alten Griechen schon vor über 2000 Jahren erkannt, dass die Erde rund und nicht flach ist.

Das Sonnensystem:

Heute wissen wir, dass das Sonnensystem flach wie ein Teller ist. In der Mitte des Tellers liegt die Sonne wie eine leckere Frikadelle und rund herum kreisen die Planeten, von denen einige wiederum von Monden umkreist werden. Die Erde hat einen Mond.

Außerdem dreht sich die Erde auch noch um sich selbst, so ähnlich wie ein Kreisel. Deshalb gibt es Tag und Nacht. Wenn sich die Seite, auf der wir uns befinden, von der Sonne wegdreht, wird es Nacht, und wenn wir uns wieder zur Sonne hindrehen, wird es Tag. Wenn wir sagen, dass die Sonne auf- oder untergeht, dann ist es also eigentlich gar nicht die Sonne, die etwas tut, sondern die Erde, die sich um ihre eigene Achse dreht.

Und wenn du zu den verschiedenen Jahreszeiten unterschiedliche Sterne siehst, dann liegt das nicht daran, dass die Sterne wandern, sondern daran, dass die Erde sich rund um die Sonne bewegt.

Wenn man an all das viele Kreisen denkt, kann einem ganz schwindelig werden.

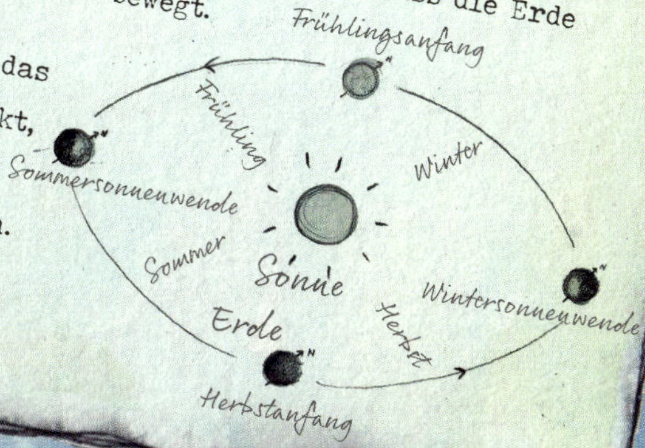

Drittes Kapitel

Die Erde wird in Bewegung gesetzt – oder:
Noch fünf Tage, bis die schlimmsten
Sommerferien aller Zeiten überstanden sind

William war immer noch ganz schwindelig von all den Dingen, die seine Tante ihm am Vorabend erzählt hatte. An Einiges konnte er sich gar nicht mehr erinnern, weil es so viel gewesen war. Aber da war eine Sache, die ging ihm einfach nicht aus dem Kopf: Wie hatte dieser Typ – wie hieß er noch gleich? Dieser Typ, der entdeckt hatte, dass sich die Erde um die Sonne dreht –, wie um alles in der Welt hatte er das herausgefunden, wenn doch all die anderen klugen Astronomen in Tausenden von Jahren nicht dahintergekommen waren?

Tante Gunvor verzog sich, sobald sie mit dem Frühstück fertig war. Sie hatte ihre Portion Haferbrei mit Butter und Zucker gelöffelt, während die komische Maschine Kaffee braute. Dann schenkte sie sich eine Tasse ein und schon war sie mitsamt ihrem Kaffee aus der Küche verschwunden.

William hatte überhaupt keine Gelegenheit gehabt, sie irgendetwas zu fragen. Stattdessen streute er sich noch einen Löffel Zucker über seine Haferflocken. Bei seiner Mutter gab es nie Zucker zum Frühstück. Allerhöchstens Rosinen.

Aber obwohl er den Kopf voller Gedanken hatte, fing er schon bald an, sich zu langweilen. Nach dem Vorfall gestern traute er sich nicht, schon wieder auf Entdeckungsreise zu gehen. Also spielte er ein bisschen auf dem iPad. Er hatte eine Welt in Minecraft gebaut, in die er normalerweise gern abgetaucht wäre, aber er konnte sich nicht so richtig darauf konzentrieren. Der Vormittag wurde nur von einem Anruf seiner Mutter unterbrochen, die wissen wollte, wie es ihm ging.

»Ganz okay.« Was hätte er sonst sagen sollen?

Aber dann hörte er wieder dieses merkwürdige Rumpeln, das die Wände erzittern ließ. Fast wie ein riesiges Herz, das tief unten im Fundament des Hauses schlug. »BBBRRWUM-BBBRRWUM-BBBRRWUM-BBBRRWUM«.

Und dann folgte etwas, das klang, als hätte man einem Hund beigebracht, Klavier zu spielen. Das konnten jetzt aber wirklich keine Straßenarbeiten sein. Es sei denn, die Straßenarbeiter wären direkt unter dem Haus. Und würden Klavier spielen. William stürmte aus dem Zimmer und rannte die Treppe hinunter, aber die Geräusche waren so plötzlich wieder verstummt, wie sie angefangen hatten. Waren sie aus dem Keller gekommen?

Er sah sich um. Es gab überhaupt keinen Keller. Zumindest sah er weder eine Tür, noch eine Luke, noch sonst etwas, das in einen Keller führen könnte. Das Einzige, was er entdeckte, war seine Tante in der Küche.

»Hunger?«, fragte sie beiläufig, als hätte es dieses wahnsinnig merkwürdige Geräusch gerade nie gegeben.

»Ja, schon. Aber hast du den Krach eben gehört?«

Tante Gunvor hörte ganz offensichtlich noch nicht einmal ihn. Ohne ihm eine Antwort zu geben, öffnete sie nur die Kühlschranktür, sodass sie wie eine Wand zwischen ihnen stand.

»Na so was«, murmelte sie, »kein Hering mehr da. Hm, was haben wir denn noch? Salami geht bestimmt auch.«

Peng. Die Kühlschranktür klappte zu.

»Huch, warum stehst du denn da?«, sagte sie überrascht, mit der Salami in der Hand. Sie gab ihm die Wurst und fing an, in ihren Schränken herumzukramen. Sie holte ein Brot und legte eine Zwiebel auf die Arbeitsplatte, die sie in dünne Ringe schnitt, während sie leise vor sich hin murmelte. Offensichtlich war William nicht der Einzige, der in diesem Haus Selbstgespräche führte.

Erst als sie herzhaft in ihr Vollkornbrot mit Salami und roher Zwiebel gebissen hatte, gelang es William, ihre Aufmerksamkeit auf sich zu lenken.

»Wo bist du denn vorhin gewesen?«

»Mwo ich gebwesen bin?«, fragte Tante Gunvor mit Salamibrot im Mund und runzelte die Stirn.

»Ja, also, wo warst du? Hast du den Krach nicht gehört?«

»Welchen Krach?«

»Dieses Rumpeln vorhin. Und das Klavier.«

»Ich habe nichts gehört. Ich war beschäftigt.«

»Womit?«

»Arbeit.«

»Ich dachte, du würdest gar nicht mehr arbeiten?«

»Na, nur weil ich nicht mehr arbeiten gehe, heißt das ja nicht, dass ich nicht mehr arbeite.«

»Oh ... okay. Und was arbeitest du?«

»Ganz verschiedene Dinge.«

»Und was für Dinge sind das?«

»Das verstehst du nicht.«

William rümpfte die Nase. So kam er nicht weiter. So gesprächig, wie sie gestern gewesen war – oder als sie vorhin mit dem Kühlschrank geplaudert hatte –, so wenig Lust hatte sie offenbar, ihm von ihrer Arbeit zu erzählen.

Es kam ihm vor, als wären Fragen an seine Tante wie Schalter. Mit manchen knipste man sie aus, während andere sie dazu brachten, stundenlang zu reden. Man musste nur herausfinden, welche Frage was bewirkte.

»Hör mal – was ist das für ein seltsames Geräusch?«, sagte seine Tante.

William lauschte. Jetzt hörte er es auch. Es war nicht das komische Rumpeln oder der klavierspielende Hund. Es war viel leiser. Und eigentlich unglaublich, dass seine Tante es bemerkte, wo sie doch all die anderen Geräusche nicht gehört hatte. Es war Williams iPad. Jemand versuchte, ihn anzurufen.

»Moment!«, sagte er.

William rannte die Treppe hoch. Das bärtige Gesicht seines Vaters erschien auf dem Bildschirm.

»Hi, William!«

»Hi, Papa!«

»Na, wie geht es dir? Bist du diese Woche bei Tante Gunvor?«

»Ja. Mir geht es ganz gut.«

William freute sich, wenn sein Vater anrief. Aber es war auch immer ein bisschen komisch, wenn sie sich unterhielten. Irgendwie wurde ihm immer erst bewusst, wie weit sein Vater wirklich weg war, wenn er ihn sah und hörte.

Als William das Gespräch mit seinem Vater beendet hatte, war Tante Gunvor nirgends mehr zu finden. Sie war weder im oberen Stock noch im Wohnzimmer noch in der Küche. Und als William an ihrem Zimmer neben der Küche klopfte, gab sie keine Antwort. Im Garten konnte sie auch nicht sein, denn es regnete in Strömen. Vielleicht machte sie einen Mittagsschlaf. Alte Menschen machten so etwas ja gern.

Also aß William sein Brot alleine fertig, und erst als es Zeit fürs Abendessen war, tauchte seine Tante wieder auf.

William hatte also reichlich Gelegenheit gehabt, sich zu überlegen, wie er sie dazu bringen könnte, weiterzuerzählen. Und da er sogar daran gedacht hatte, vorher pinkeln zu gehen, ergriff er seine Chance, als sie gemeinsam vor den gebratenen Fischfrikadellen saßen, obwohl seine Tante alles andere als gesprächig wirkte.

»Tante Gunvor?«, fragte er.

»Ja?«

»Woher wusste dieser Astronom damals eigentlich, dass die Sonne in der Mitte ist?«

Seine Tante sah ihn an.

»Kopernikus? Woher er das wusste?«, wiederholte sie und dann bekam ihr Blick etwas Fernes, und für einen Moment dachte William, er hätte den Kontakt zu ihr schon wieder verloren.

Na, seid ihr bereit, mehr über diesen Nikolaus Kopernikus zu erfahren, der die Welt verändert hat? (Oder zumindest die Art und Weise, wie wir die Welt sehen?)

»Nun, direkt wissen konnte Kopernikus das auch nicht«, sagte Tante Gunvor, die immer noch ins Leere starrte. »Zumindest nicht im Sinne der Wissenschaft, wie wir uns das heute vorstellen. Wahrscheinlich war es eher gut geraten. Vielleicht sogar nur ein Gefühl. Gedanken und Träume von dem Bild einer Welt, in der alles so zusammenhing, dass es in seinen Augen schöner und genauer war – und sich vor allem leichter berechnen ließ, um den Kalender für ein Jahr zu erstellen. Damit man zum Beispiel wusste, wann Ostern gefeiert werden sollte.«

»Ostern!?«, platze William dazwischen. »Was hat denn Ostern mit dem Universum zu tun?« Kurz hatte er Angst, mit dieser Frage Tante Gunvors Aus-Schalter erwischt zu haben, aber zum Glück war das nicht der Fall.

»Eigentlich nichts«, antwortete sie. »Aber andererseits eben doch. Das ist wieder die Sache mit dem Messen von Zeit. Damals war Ostern ein unheimlich wichtiges Fest, das sorgfältig vorbereitet werden musste. Es fällt immer auf den Sonntag nach dem ersten Frühlingsvollmond. Allerdings musste man dazu erst einmal wissen, wann das sein würde – und der Himmel konnte eben helfen, das zu berechnen.

Die Idee war nicht entstanden, weil Kopernikus etwas Neues entdeckt hatte. Und die Probleme, die er damit lösen wollte, waren uralt. Es herrschte ja die Vorstellung, dass das Universum aus perfekten Kreisen bestand.

Aber damit die Bewegungen der Himmelskörper, von denen man durch die Observationen wusste, zu der Kreisform passten, musste man die Erde ein wenig aus der Mitte dieses Kreises herausziehen. Und auf einmal war das perfekte kugelrunde Universum gar nicht mehr so perfekt und harmonisch. Oder leicht zu berechnen. Und erinnerst du dich, dass wir über Wandersterne gesprochen haben?«

William nickte. »Das waren die Planeten, oder?«

»Genau. Dummerweise sah es so aus, als würden sich einige der Planeten ab und zu *rückwärts bewegen*. Und das passte natürlich auch nicht zu der Vorstellung von den gleichmäßigen Kreisbewegungen.

Nun hatte man sich eine Menge komplizierte Erklärungen dafür ausgedacht, und sich überlegt, dass sich die Planeten womöglich in Minikreisen oder Spiralen um die Erde bewegten.

Aber dann schlug unser Astronom Kopernikus eines Tages vor, dass man ein viel einfacheres Modell des Universums bekäme, wenn man Sonne und Erde miteinander vertauschen würde – also die Sonne im Zentrum stünde und nicht die Erde.

Das Problem war nur, dass es dabei nicht nur um ein Modell oder eine Rechenmethode ging. *Er stellte damit das gesamte Bild auf den Kopf, das die Menschen sich von der Welt gemacht hatten.*«

Tante Gunvor stand auf und schenkte sich und William eine Tasse Kaffee aus der Thermoskanne ein, während er noch überlegte, ob er ihr sagen sollte, dass Kinder keinen Kaffee tranken. Er ließ es bleiben und fragte stattdessen:

»Aber wie ist er denn auf die Idee gekommen? Weil ... also, weil das doch sonst niemand erkannt hat?«

Tante Gunvor betrachtete ihn über den Rand ihrer Tasse.

»Komm«, sagte sie und ging ins Wohnzimmer. William hatte keine Ahnung, was sie dort wollten, aber er folgte ihr.

Tante Gunvor hatte ihre Kaffeetasse abgestellt und wühlte sich durch die Regalreihen, bis sie schließlich ein großes Buch herauszog und es William reichte. Es war so schwer, dass er sich damit auf das ungemütliche Sofa setzen musste. Auf dem Einband war eine Dame abgebildet, die eine Blume in der Hand hielt.

»Wer ist die Frau?«, fragte er.

»Das ist keine Frau. Das ist ein Mann. Damals durften Frauen normalerweise weder Astronomen werden noch Bücher schreiben.«

»Warum nicht?«

»Tja, gute Frage.« Tante Gunvor schnaubte und schob ihre Brille hoch.

»Aber wieso hat er dann eine Frauenfrisur? Und diese Blume?«, fragte William.

»Ach, der Pagenkopf? Das war ursprünglich eine Männerfrisur. Wenn du wüsstest, was für komische Frisuren über die Jahrhunderte schon modern gewesen sind! Und die Blume ist ein Symbol für die Heilkunde. Er war nämlich nicht nur Astronom, sondern auch Arzt. Das ist *Nikolaus Kopernikus*. Er hat dieses Buch geschrieben, das du da auf dem Schoß hast, und damit unser ganzes Weltbild verändert.«

William schaute den langhaarigen Astronomen an. Dann versuchte er, sich durch den Titel zu buchstabieren: »De re-vo-lu-ti-on-i ...«

»*De revolutionibus orbium coelestium*«, kam Tante Gunvor ihm zu Hilfe. »Das ist Latein und heißt so viel wie *Über die Kreisbewegung der Himmelskörper*. In diesem Buch erklärt er, dass die Erde, genau wie alle anderen Planeten, um die Sonne kreist. Eine lange Zeit hatte die katholische Kirche Teile des Textes verboten, weil man der Ansicht war, dass eine Handvoll Sätze im Widerspruch zu Gottes Wort stehen.«

Seine Tante trank einen Schluck Kaffee und versank in Gedanken. William betrachtete das Buch auf seinen Beinen und fuhr vorsichtig mit der Hand über den Einband. Dann räusperte sich Tante Gunvor.

»Dass Kopernikus trotzdem so einen waghalsigen Gedanken verfolgte«, sagte sie, »liegt vermutlich daran, dass er in einer Zeit lebte, in der viele neue Ideen aufkamen und die alten Vorstellungen von der Welt immer öfter in Frage gestellt wurden.«

Sie nickte nachdenklich und fing an, mit der Kaffeetasse in der Hand auf und ab zu gehen.

»Kopernikus wurde im Jahr 1473 geboren«, erzählte sie. »Das ist über fünfhundert Jahre her. Zu diesem Zeitpunkt hatte der Wissensdrang der Menschen dem südlichen Europa großen Wohlstand eingebracht, das lange eine arme, rückständige Region gewesen war.

In Italien und Spanien trieben die Kaufleute Handel mit den arabischen Ländern, dem fernen Osten und Indien. Sie segelten mit ihren Handelsschiffen hinaus in die Welt und brachten von ihren Reisen viele Reichtümer mit nach Hause. Aber auch neue Ideen, Gedanken und Erfindungen fanden auf diese Weise ihren Weg nach Europa.

So entdeckten die Europäer Bücher wieder, die tatsächlich vor über tausend Jahren rund um das Mittelmeer geschrieben worden waren, in der Zeit des Altertums, die man die Antike nennt.«

Tante Gunvor zeigte mit großer Geste auf ihre Bücherregale, und ohne sich darum zu kümmern, dass dabei ihr Kaffee überschwappte, erzählte sie weiter:

»In Europa wusste man von vielen der antiken Bücher gar nichts mehr, unter anderem, weil sie beim Brand einer großen Bibliothek verloren gegangen waren. Texte von Aristoteles und Ptolemäus über das kugelförmige Universum und eine kleine Handvoll anderer Schriften des Altertums hatten hier und da in Europa überlebt, aber viel altes Wissen war in Vergessenheit geraten.

In den arabischen Ländern waren die Bücher jedoch erhalten

geblieben, und die Menschen in Europa staunten so sehr über all die Weisheit, die sie plötzlich wiederentdeckten, dass sie sich wie *neugeboren* fühlten. Da hatten sie sich mehr als tausend Jahre durch ahnungslose Dunkelheit geschleppt, dabei steckte die Welt voller Wissen! Deshalb nennt man diese Zeit auch die *Re-nais-san-ce*. Das ist Französisch und bedeutet Wiedergeburt.«

»Re-nä-ßangs«, wiederholte William und ließ das Wort nachklingen.

»Die Renaissance war die Zeit der Neugierigen. Die Zeit der Kaufleute und der großen Handelsreisenden«, fuhr seine Tante fort. »Kopernikus selbst war das Kind einer wohlhabenden Kaufmannsfamilie aus der polnischen Hafenstadt Thorn, die ein wichtiger Handelspunkt war.

Damals gab es keine Autobahnen und keine Autos. Oder Flugzeuge. Oder Fahrräder. Wenn man in die Welt hinauswollte, brauchte man ein Schiff. Und die Händler kamen mit ihren exotischen Waren, Neuheiten und Gedanken aus der ganzen Welt über die Weichsel, einen Fluss, nach Thorn.

Als Kopernikus noch ganz jung war, entdeckte Christopher Kolumbus Amerika – eine ganze neue Welt. Neu war sie natürlich nicht«, sagte Tante Gunvor und ging zum Globus, der auf dem Schreibtisch stand. Sie drehte ihn, sodass William Amerika sehen konnte.

»Es war schon die ganze Zeit da gewesen und seit Jahrtausenden von Menschen bewohnt, aber für Nikolaus Kopernikus und all die anderen Europäer war Amerika überwältigend und neu. Plötzlich war die Welt, die sie kannten, viel größer. Aber nicht nur das: Es wurde auch einfacher, die eigenen Gedanken oder Wissen mit anderen zu teilen, denn zu dieser Zeit wurde auch die Druckpresse erfunden. Und die Erde, von der man bis dahin glaubte, sie würde still und unbeweglich in der Mitte des Universums ruhen, sollte schon bald so kräftig durchgerüttelt werden, dass es eine ganz neue, unaufhaltsame Bewegung in Gang setzte.«

»Weil *was* erfunden wurde?«, fragte William.

Und jetzt folgen ein paar Informationen über die Buchdruckmaschine, die (auch) die Welt verändert hat. So ist das nun mal.

»Die Druckpresse«, sagte Tante Gunvor. »Das ist eine Maschine, mit der man Bücher drucken kann. Ja, das klingt für dich jetzt erst mal nicht sehr beeindruckend. Für uns ist es ganz normal, einfach zum Telefon zu greifen und jemanden anzurufen oder eine Nachricht zu schreiben, sogar an deinen Vater, der gerade in einem ganz anderen Land ist. Und wenn du etwas wissen willst, dann kannst du es einfach im Internet nachlesen oder in der nächsten Bücherei ein Buch zu dem Thema ausleihen.

Aber damals gab es kein Telefon, keinen Computer und kein Internet. Wenn man mit jemandem reden wollte, dann musste man am selben Ort sein, und wenn das nicht ging, dann musste man einen Brief schreiben und einen Boten losschicken.

Wenn man denn lesen und schreiben konnte. Was viele aber gar nicht konnten. Die mussten also erst mal jemanden finden, der bereit war, ihnen die Nachricht aufzuschreiben, um sie überhaupt verschicken zu können. Und das Verschicken konnte schnell mal sehr lange dauern, denn so ein Bote war entweder mit dem Schiff, dem Pferd oder zu Fuß unterwegs, und so eine Reise war nicht ungefährlich.«

»Bücher«, sagte Tante Gunvor und zeigte auf das Buch, das William immer noch auf dem Schoß hatte, »waren nichts, was man zu Hause hatte. Sie waren von Hand geschrieben und das dauerte schrecklich lange, und deshalb waren sie wahnsinnig kostbar und wurden in Bibliotheken aufbewahrt. Das ist auch der Grund, warum so viel Wissen aus dem Altertum verloren ging, als die große Bibliothek brannte. Die Druckpresse veränderte das für immer.

Es war eine revolutionäre Maschine, bei der man kleine Stempel mit Buchstaben auf eine Platte setzen konnte. Wenn man den Text, den man drucken wollte, auf der Platte fertig gesetzt hatte, dann konnte man so viele Seiten damit bedrucken, wie man wollte.«

»So wie die Stempelsets, die man im Bastelladen kaufen kann?«, fragte William.

»Ja, wahrscheinlich«, sagte Tante Gunvor und nickte. »Und jetzt konnte man plötzlich Hunderte, ja Tausende von Büchern drucken, wenn man wollte. In kürzester Zeit. So wurde es viel einfacher, Ideen zu verbreiten. Und so gelangten auf der Weichsel die Nachricht von der neuen Welt und all die neuen Ideen in die Stadt Thorn zu dem jungen Nikolaus Kopernikus.«

Und schon sind wir wieder bei Kopernikus, der nicht nur die Erde, sondern auch die Gedanken der Leute in Bewegung versetzte.

»Nikolaus war ein neugieriger und nachdenklicher Junge«, sagte Tante Gunvor und schaute versonnen vor sich hin. »Er war, wie gesagt, in eine wohlhabende Kaufmannsfamilie hineingeboren worden, die reich genug war, um ihn zur Schule zu schicken, weshalb er lesen und schreiben konnte. Zum Glück! Aber anders als sein Vater wurde Nikolaus kein Kaufmann.

Als Nikolaus zehn Jahre alt war, starb sein Vater und sein Onkel übernahm die Erziehung. Dieser Onkel war Bischof, das ist eine sehr hohe Stellung in der Kirche. Er sorgte dafür, dass sein Neffe eine gute Ausbildung bekam, damit er Priester werden und vielleicht sogar irgendwann seine Nachfolge antreten würde.

Zusammen mit seinem älteren Bruder Andreas wurde Nikolaus zum Studium nach Krakau geschickt, eine der größten Städte Polens, und später studierten sie beide an den großen Universitäten in Italien. Nikolaus saugte alles Wissen auf wie ein Schwamm. Er studierte Mathematik, Astronomie, Astrologie, Geographie, Gedichte und Schauspiel. In Bologna studierte er Jura, also alles, was mit Gesetzen und Recht zu tun hat. Was erlaubt ist und was nicht. Ein schwieriges Fach. Und in Padua studierte er Medizin.«

»Das war aber ganz schön viel!«, rutschte es William heraus. »Mein Papa hat nur Medizin studiert, aber er sagt immer, dass es richtig lange gedauert hat, Arzt zu werden.«

»Ja. Die Menschheit hat inzwischen so viel Wissen über die Welt zusammengetragen, dass es unmöglich für einen Einzelnen geworden ist, alles zu lernen. Das sah in der Renaissance noch ein bisschen anders aus.

Heutzutage trennen wir die Fächer auch voneinander. Wenn man etwas über Physik lernen will, dann muss man sich nur damit beschäftigen. Und wenn man richtig viel über Geld oder Kunst oder Sprachen weiß, dann kennt man sich oft auch nur auf diesem Gebiet wirklich gut aus und hat nicht so viel Ahnung von anderen Dingen.

Aber damals, in der Renaissance, fühlten sich die Menschen ja wie neugeboren durch die Erkenntnisse des Altertums und konnten gar nicht genug Wissen anhäufen. Alles schien zusammenzuhängen und je mehr man wusste, egal worüber, umso besser. Ein richtiger *Renaissancemensch* interessierte sich für *alles*. Genau wie Nikolaus Kopernikus.«

»Verstehe«, murmelte William und blinzelte.

»Aber Kopernikus wurde nie Bischof wie sein Onkel. Während seiner Studienjahre bekam er nämlich auch die alten griechischen, römischen und arabischen Schriften über Astronomie in die Finger – sowohl die von Aristoteles und Ptolemäus, als auch einige der wiederentdeckten.

Sie waren von Philosophen verfasst worden, also den **Wissenschaftlern** des Altertums, die über tausend Jahre vor seiner Zeit denselben Sternenhimmel betrachtet und sich Fragen gestellt hatten.

Weil Aristoteles so unglaublich klug gewesen war, traute sich zu Kopernikus' Zeit niemand so recht, seine Ideen anzuzweifeln. Der Glaube an das kugelrunde Universum mit der Erde in der Mitte, umgeben von durchsichtigen Kugelschalen, an denen die Himmelskörper klebten, war sehr stark. Aber als Kopernikus die wiederentdeckten Texte las, stellte er fest, dass es noch viele andere Ideen gegeben hatte, wie das Universum aussehen könnte.

Und die Neugier, die Christopher Kolumbus nach Amerika geführt hatte, offenbarte ja, dass die Erde viel größer war, als Aristoteles gedacht hatte. Also steckte vielleicht nicht nur die Erde voller Überraschungen, die nur darauf warteten, entdeckt zu werden.

Vielleicht war der Himmel ja auch wie so ein unerforschtes Meer? Und vielleicht waren die Vorstellungen, die man von ihm hatte, genauso falsch, wie das Bild, das man von der Erde gehabt hatte?

Kopernikus kam der Gedanke, dass die Erde womöglich gar nicht das Zentrum des Universums war. Und dieser Gedanke ließ ihn einfach nicht mehr los. Denn auch wenn diese Vorstellung einerseits beängstigend war, war sie in seinen Augen auch sehr viel schöner und vernünftiger.

Denn wenn man eine Lampe hat, mit der man einen ganzen

Raum beleuchten will, dann stellt man sie natürlich in die Mitte des Zimmers. Wäre es da nicht natürlich, dass Gott die Sonne in der Mitte des Universums platziert hatte, um alles zu erhellen?

Kopernikus mochte es, wenn alles seine Ordnung hatte, aber davon konnte damals keine Rede sein. Also beschloss er, ein Modell des Universums zu entwickeln, bei dem die Sonne in der Mitte stand. Vor allem wollte er herausfinden, ob er so das Problem der Wandersterne – also der Planeten – und ihrer Bewegungen erklären konnte.«

Tante Gunvor stoppte und sah William an. Er hatte die Beine hochgezogen und hielt das Buch fest umklammert, während er gebannt der Geschichte über den neugierigen Astronomen lauschte.

»Wir haben gestern über den Tierkreis gesprochen, oder?«

William nickte.

»Gut«, sagte Tante Gunvor. »Wenn man auf der Erde steht und nach Süden schaut, dann sieht es so aus, als würde die Sonne im Laufe des Tages in einem Bogen von Osten nach Westen über den Himmel wandern.« Sie schaute William an, um sicherzugehen, dass er ihr folgen konnte. Er nickte wieder.

»Gut. Im Verhältnis zu dem jeweiligen Sternbild, das zeitgleich am Nachthimmel zu sehen ist, rückt die Sonne nun jeden Tag ein winziges Stück weiter. Auf diese Weise geht sie im Laufe eines Jahres mit jedem Sternbild im Tierkreis auf und unter.

Und genau wie die Sonne wandern auch die Planeten entlang des Tierkreises. Von Osten nach Westen. Wenn du sie Nacht für Nacht beobachtest, kannst du das im Vergleich zu den festen Sternbildern gut erkennen. Aber sie folgen dabei nicht dem Tempo der Sonne, und phasenweise sieht es sogar so aus, als würden sich die Planeten *rückwärts* bewegen. Von Westen nach Osten.

Viele der alten griechischen und arabischen Texte erklärten dieses Phänomen damit, dass die Planeten sich in kleinen Minikreisen bewegen würden, aber das war alles unheimlich kompliziert und verworren.

Kopernikus fand nun heraus, dass diese Minikreise gar nicht notwendig waren. Er konnte die Bewegungen der Himmelskörper erklären, indem er der Erde zwei Bewegungsrichtungen zuordnete. Wenn sie sich nämlich um die eigene Achse drehte ... hm, also so ...«, sagte Tante Gunvor.

Sie stellte die Kaffeetasse ab und zog ihre Hose hoch, um sich dann zu Williams Überraschung wie ein Kreisel um sich selbst zu drehen.

»... und sich dabei gleichzeitig rund um die Sonne bewegte.«

Tante Gunvor blieb einen Moment stehen und sah sich im Wohnzimmer um. Dann fing sie, Williams mürrische Tante, wieder an, sich um die eigene Achse zu drehen und dabei in einem großen Bogen um den Schreibtisch zu wandern, der mitten im Raum stand.

»Sagen wir, der Schreibtisch hier wäre die Sonne«, sagte sie über die Schulter, »und ich wäre die Erde. Dann würde das erklären, dass die Sonne auf- und untergeht. Außerdem würde es erklären, dass die Jahreszeiten wechseln, während sich die Erde um die Sonne bewegt. Das liegt daran, dass die Achse, um die sich die Erde dreht, leicht schräg zur Umlaufbahn um die Sonne steht ... ungefähr so.«

Sie lehnte sich in Richtung Schreibtisch, während sie sich weiter um sich selbst drehte und dabei im Kreis ging.

»Schau!«, sagte sie. »Jetzt ist mein Kopf der Tischplatte am nächsten. Also ist auf meinem Kopf gerade Sommer. Aber schau jetzt!« Sie war auf der anderen Seite des Schreibtischs angekommen und lehnte sich weit weg davon, während sie weiter kreiselte. »Jetzt haben meine Füße Sommer. Schlau, nicht wahr?«

William sagte nichts.

»Na ja«, fuhr sie immer noch kreiselnd fort, »und wenn die Planeten sich *auch* um die Sonne bewegen, dann würde das erklären, dass es manchmal aussieht, als würden sie sich rückwärts bewegen, auch wenn sie das gar nicht tun – weil sowohl die Erde als auch die Planeten auf unterschiedlichen Bahnen mit unterschiedlichen Geschwindigkeiten um die Sonne kreisen – AUA!«

Sie kreiselte gegen den Schreibtischstuhl und blieb stehen. Aber aufhalten ließ sie sich davon nicht. Sie schüttelte kurz den Kopf und redete weiter, wobei sie sich allerdings ein bisschen schwankend an der Stuhllehne festhielt.

»Hrm, na ja, ich denke, du hast verstanden, was ich meine. Aber es dauerte lange, bis Kopernikus sich traute, seine Idee laut auszusprechen, und um ein Haar wäre sie dort gelandet, wo so viele andere mutige Ideen gelandet sind: in der Schublade!«

»Wieso denn in der Schublade?«, fragte William. Natürlich wusste er, was eine Schublade war, aber er verstand trotzdem nicht, was seine Tante damit meinte.

»Also, nicht in einer richtigen Schublade«, antwortete sie. »Das sagt man so, wenn Dinge vergessen werden – zum Beispiel, weil niemand sie aufgeschrieben hat. Und so wäre es eben auch Kopernikus' Idee beinahe ergangen.«

Tante Gunvor ließ sich auf den Schreibtischstuhl fallen und verschnaufte.

»Nach seinem Studium«, sagte sie, »arbeitete Kopernikus nämlich einige Jahre für seinen Onkel, den Bischof, und hatte viel zu viel mit Politik und Geldgeschäften zu tun, um sich weiter mit seiner Idee zu beschäftigen.

Als er ungefähr Mitte dreißig war, starb sein Onkel, aber statt in seine Fußstapfen als Bischof zu treten, bekam Kopernikus eine Stelle als Domherr, das ist so etwas Ähnliches wie ein Priester, in einer kleinen Stadt an der Ostsee, im Norden Polens.

Er, der in einer lebendigen Handelsstadt aufgewachsen war und in den großen Universitätsstädten Europas studiert hatte, hatte das Gefühl, am Ende der Welt gelandet zu sein. Aber eigentlich passte das gut zu seiner zutiefst bescheidenen Persönlichkeit.

Viele Renaissancemenschen liebten es, sich in den Vordergrund zu drängen und mit ihren Reichtümern zu protzen, mit ihren prächtigen Kleidern, ihren Waffen, ihrem Essen, ihrer Macht und ihrem Wissen. Aber Kopernikus fühlte sich eigentlich wohler, wenn er einfach nur in aller Ruhe seinen Interessen nachgehen konnte.

Und hier, am ›Ende der Welt‹, fand er endlich die Ruhe und Einsamkeit, die er brauchte, um seine Studien des Nachthimmels zu Ende zu bringen. Vielleicht …« Tante Gunvor schob ihre Brille hoch und sah William nachdenklich an. »Vielleicht gefiel ihm der Gedanke, dass die Erde nicht das Zentrum des Universums sein könnte, deshalb so gut, weil er sich weit weg von den großen Städten und dem Zentrum Europas selbst viel wohler fühlte.

Wer still lebt, lebt gut, sagt ein altes Sprichwort. Und ein bescheidener Mann wie Kopernikus wusste, dass es nicht unbedingt schlecht sein muss, nicht im Mittelpunkt zu stehen. Dass es viel schlauer ist, die Sonne ins Zentrum zu stellen, damit sie allen gleichermaßen Licht spenden kann.«

William betrachtete das Buch mit dem Bild von Kopernikus und dachte, dass sie eigentlich etwas gemeinsam hatten. Er war schließlich auch ans Ende der Welt geschickt worden, in Tante

Gunvors Häuschen, weit weg von allen, die er kannte. Nur seine Begeisterung für Ordnung, die teilte er eher nicht.

»Kopernikus«, fuhr seine Tante fort, »richtete sich ein kleines Observatorium ein. Also einen Ort, von dem aus man den Himmel *observieren* kann. Weißt du noch, was das bedeutet?«

»Ähm, beobachten?«

»Genau. Dort verbrachte Kopernikus den Rest seines Lebens damit zu erforschen, ob die Bewegungen der Sonne, der Planeten und der Sterne sich durch diese beiden Bewegungsrichtungen erklären ließen, die er der Erde zugeordnet hatte. Und schließlich war er sich ganz sicher. Aber er zögerte trotzdem damit, sein Buch zu veröffentlichen.«

»Warum denn?«, fragte William. »Wenn er sich doch sicher war?«

»Er konnte nur zeigen, dass es *möglich* war – aber er konnte nicht beweisen, dass es *tatsächlich* stimmte. Und wie er in seinem Buch selbst schrieb, hatte er Angst, auf der Bühne des großen Welttheaters ausgebuht zu werden.

Denn erstens stand in der Bibel, dass Gott die Erde unbeweglich erschaffen hatte. Wenn also Kopernikus jetzt behauptete, die Erde würde sich bewegen, widersprach er damit dann nicht dem Wort Gottes?

Außerdem war der Gedanke, dass die Erde nicht der Mittelpunkt des Universums sein könnte, so neu, dass er geradezu unheimlich und beängstigend erschien. Was bedeutete das für die Menschheit, wenn sie nicht länger im Zentrum stand? Wenn die Erde nur noch ein Planet unter vielen war? Was war dann der Sinn des Ganzen?«

William nickte. »Die selbstverliebten Menschen?«

»Genau. Aber es fiel den Leuten auch schwer, sich vorzustellen, dass die Erde sich bewegen sollte, wenn doch jeder sah, dass sie stillstand. Man würde doch merken, wenn sie sich bewegte?!

Wenn du einen Stein in die Luft wirfst, dann landet er genau an derselben Stelle, an der du ihn hochgeworfen hast. Wäre das wirklich möglich, wenn die Erde sich bewegt – müsste der Stein dann nicht ein kleines Stück weiter weg landen? Und wenn die Erde um die Sonne kreist, wieso verliert sie dabei nicht den Mond? Und müsste es nicht immerzu windig sein, wenn sich die Erde wirklich im Laufe eines einzigen Tages einmal um sich selbst drehen würde?

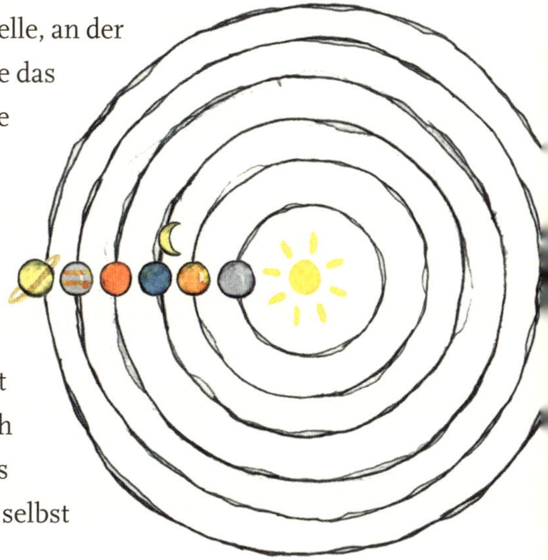

Darauf antwortete Kopernikus unter anderem, dass es sich an Bord eines Schiffes, das ruhig und gleichmäßig vorwärtsfuhr, auch so anfühlte, als würde sich alles um einen herum bewegen, während man selbst stillstand.

Kopernikus hatte schon früher den Versuch gewagt, seine Idee aufzuschreiben, und sie Freunden und Menschen gezeigt, die er für klug genug hielt, seine Gedanken zu verstehen. Aber das Gerücht, dass er eine andere Auffassung von der Welt habe, machte schnell die Runde und sorgte für große Aufregung.

Es heißt, dass ein deutscher Ritterorden in derselben Stadt ansässig war, und als die Ritter von Kopernikus' Idee hörten, heuerten sie Narren an, die durch die Stadt ziehen und sich über den verrückten Priester lustig machen sollten, der die Sonne zum Zentrum des Universums machen wollte.

Aber Kopernikus ließ sich von den deutschen Rittern nicht entmutigen – lass die Dummen nur schreien, sagte er. Die Bewegungen des Universums werden nicht im Geringsten davon beeinflusst, ob diese lächerlichen Männer sich über mich lustig machen oder ob sie mich respektieren.

Aber er entschied sich trotzdem erst dazu, seine Gedanken zu veröffentlichen, als ein junger deutscher Mathematikprofessor namens Rheticus ihn um Erlaubnis bat, sein Buch lesen zu dürfen und ihn begeistert dazu ermunterte. Und das war im letzten Moment.

Denn noch bevor das Buch fertig war, wurde Kopernikus, der inzwischen ein alter Mann war, schwer krank.

Auf seinem einsamen Totenbett in der kleinen polnischen Stadt an der Ostsee nahm er das erste Exemplar des Buchs entgegen, das die Welt verändern sollte. Er bekam nie die Möglichkeit, seine Idee zu verteidigen, aber ihm blieb auch eine Menge Ärger erspart. Und Dank der Druckpresse ging seine Idee nicht mit seinem Tod verloren, sondern lebte in Form seines Buchs weiter.«

Tante Gunvor stand auf und zog ihre karierte Hose hoch.

»Aber – eigentlich hattest du ja gefragt, woher er das alles wusste. Genau genommen wusste er das gar nicht. Er stellte es sich vor und fand eine Menge guter Gründe dafür, dass es so sein könnte – aber er konnte es nicht beweisen, und so gesehen war seine neue Idee genauso unwissenschaftlich wie die alte.«

William runzelte die Stirn.

»Was bedeutet das, dass sie unwissenschaftlich war?«, fragte er.

»Wissenschaft befasst sich mit dem, was wir wissen können. Und dem, was wir beweisen können, aber das ist gar nicht mal so viel. Deshalb untersuchen wir Wissenschaftler die Welt, wir beobachten und machen Experimente und versuchen, Modelle zu entwickeln, die das erklären, was wir festgestellt haben. Dann testen wir die Modelle, und wenn wir nicht beweisen können, dass sie falsch sind, dann stehen die Chancen nicht schlecht, dass sie richtig sind.

Den Astronomen und Philosophen des Altertums dagegen genügte es, sich die Dinge durch Nachdenken zu erklären, ohne sie unbedingt näher zu erforschen.

So war es auch noch in der Renaissance, wo Astronomie vor allem daraus bestand, alte Texte zu lesen, und nicht daraus, neues Wissen beizutragen. Auch Kopernikus machte zwar einige wenige Observationen, um zu belegen, dass sein Weltbild möglich wäre, aber das waren keine gründlichen Untersuchungen. Und dieses Vorgehen würden wir heute als unwissenschaftlich bezeichnen.«

»Aber woher wissen wir dann, dass seine Idee richtig war?«, fragte William. Noch nie war es so schwer gewesen, eine Antwort auf eine einfache Frage zu bekommen.

»Dank eines ausgetüftelten, wissenschaftlichen Puzzlespiels, bei dem jedes Teil von einem anderen Wissenschaftler gefunden wurde. Und weil es das beste Modell ist«, antwortete seine Tante.

William seufzte, aber sie überhörte es und fuhr fort: »Und so *ganz* richtig war seine Idee auch gar nicht, denn unter anderem hielt Kopernikus an der Vorstellung fest, dass sich im Universum alles in perfekten Kreisen bewegt. Trotzdem ließen sich die Bahnen der Planeten und Sterne mithilfe seines Modells besser vorhersagen, und deshalb war es leichter anzuwenden.

Sein Buch weckte den Ehrgeiz in vielen Astronomen, die in den folgenden Jahren und Jahrzehnten versuchten, seine Idee entweder zu beweisen oder zu widerlegen. Das war der Anfang der sogenannten *naturwissenschaftlichen Revolution*, in deren Verlauf die Erde ihren Platz im Mittelpunkt des Universums räumen musste und die Wissenschaft zu dem wurde, was sie heute ist.«

Tante Gunvor sah William über den Rand ihrer Brille an. »Nur die Kinder halten sich auch fast fünfhundert Jahre später noch für den Nabel der Welt und erwarten bei jeder Kleinigkeit einen Konfettiregen.«

William stutzte. Er war nicht ganz sicher, ob sie das ernst meinte oder einen Witz gemacht hatte, aber ein bisschen gekränkt fühlte er sich schon.

»Ich halte mich nicht für den Nabel der Welt«, sagte er.

»Aha. Na dann«, sagte sie. »Aber du *wärst* es gern.«

»Nein, ich ...« William stockte. Er wusste gar nicht, ob das wirklich so war. Er wusste nur, dass er nicht den ganzen Tag übersehen werden wollte.

Aber er hatte keine Lust, es seiner Tante zu erklären. Dann hätte sie bestimmt gedacht, dass er ihr recht gab. Dabei wollte er ja nur nicht allein sein.

»Was hast du gestern eigentlich in diesem Schrank gesucht?«, unterbrach Tante Gunvor seine Gedanken. Sie legte die Hand auf den alten Schrank, in dem William am Vortag die Fernrohrlinsen gefunden hatte.

»Ich, äh ...« Williams Stimme wurde sehr kleinlaut. Er legte das große Buch beiseite und starrte auf seine Hände. Jetzt, wo sie ihn danach fragte, klang es auf einmal so dumm. »Ich war auf der Suche nach ... einer Tür zu ... einer magischen Welt.«

Tante Gunvor sah ihn an. Zum allerersten Mal, wie es schien. »Ein magischer Wandschrank«, sagte sie, und einer ihrer Mundwinkel verzog sich zu einem kleinen, traurigen Lächeln. »So etwas gibt es nicht.«

»Ich weiß«, murmelte William.

»Aber weißt du was?«, sagte sie dann, »eigentlich hast du trotzdem einen gefunden. Die Fernrohrlinsen sind eins der Teile in dem großen Puzzle um das Mysterium des Universums. Sie können etwas, das genauso magisch ist wie so ein Wandschrank.«

»Wie ...«, setzte William an, aber dann wurde er von der großen **Pendeluhr** unterbrochen.

»DONGGGG«, machte es. Neunmal.

Tante Gunvor runzelte die Stirn.

»Es ist ganz schön spät.«

William nickte. Das war es wirklich.

»Aber«, setzte er an und unterbrach sich selbst ungewollt mit einem Gähnen. Sie konnte ihn doch jetzt nicht ins Bett schicken, obwohl sie ihm gerade offenbart hatte, dass er magische Glaslinsen gefunden hatte!

Am liebsten hätte er immer weitergefragt, aber seine Gedanken schwirrten herum wie kleine Sommerinsekten und ließen sich nicht mehr einfangen. Er gähnte wieder.

Tante Gunvor musterte ihn. Dann stellte sie das schwere Buch mit dem Bild von Kopernikus zurück ins Regal.

»Diese Geschichte erzähle ich dir ein andermal. Es hat keinen Sinn, heute Abend noch mehr Wissen in deinen Kopf zu stopfen. Das würde sowieso gleich wieder hinausfallen. Das Gehirn braucht Schlaf, sonst ist es zu nichts zu gebrauchen.«

William nickte widerwillig. Im selben Moment, in dem sie »Schlaf« sagte, überfiel ihn eine unendliche Sehnsucht nach dem kleinen Klappbett oben in seiner Kammer. Er gähnte noch einmal und schlurfte schläfrig zur Treppe.

»Gute Nacht, Tante Gunvor.«

»Gute Nacht, William.«

Eine Stufe nach der andern.

Pinkeln.

»Hallo, Zahnbürste.« Fünf Kreise pro Zahn. Ausspucken. »Denk bloß nicht, dass es jedes Mal *Konfetti* regnet, nur weil du meine Zähne geputzt hast.« William spülte die Zahnbürste aus und sah sie an. »Tut mir leid. Ich hab's nicht so gemeint. Schlaf gut, Zahnbürste.«

Zurück ins Zimmer. Schlafanzug an. Gutenachtnachricht von Mama. Verrückt, dass die Leute früher überhaupt nicht lesen und schreiben konnten. Er schaute aus dem Fenster, bevor er den Vorhang zuzog.

Und verrückt, dass es so viel Wissen auf der Welt gab, dass er niemals alles verstehen würde. Und dass direkt unter ihm in Tante Gunvors altem Schrank ein paar Fernrohrlinsen lagen, die auf irgendeine Art magisch waren. Und jetzt musste er nur noch vier Ferientage überstehen. Dann zog er den Vorhang zu.

»GÄÄÄÄÄHN.«

William streckte sich, als er endlich unter der Decke lag. Das Bett war weich und er selbst fühlte sich auch ganz weich. Die Erde drehte sich um die Sonne wie eine alte Tante, und Fernrohrlinsen waren Türen zu neuen Welten. Er gähnte wieder. Und dann schlief er.

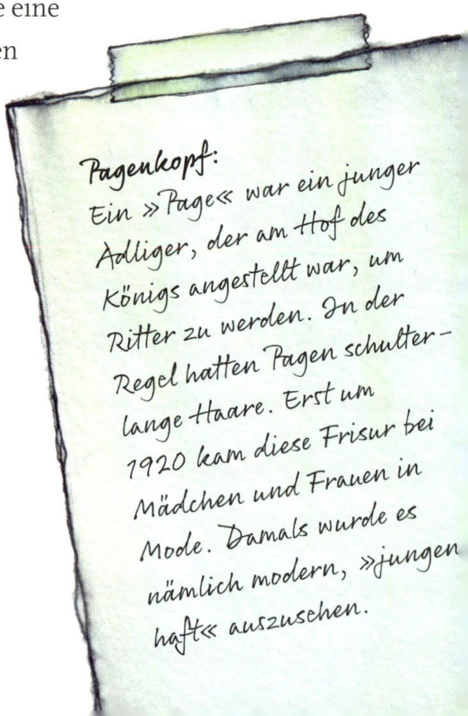

Nikolaus Kopernikus

Geboren 1473 in Thorn, Polen
Gestorben 1543 in Frauenburg, Polen
***STUDIERTE:** Eine ganze Menge unterschiedlicher Fächer*
HERAUSGEBER VON: De Revolutionibus Orbium Coelestium, *das teilweise von der katholischen Kirche verboten wurde. Aber das war erst viel später. Kopernikus selbst verstand sich gut mit dem Papst.*
***WICHTIGE BEITRÄGE ZUR WISSENSCHAFT:** Die Erde steht nicht still und ist auch nicht das Zentrum des Universums – sie kreist um die Sonne und dreht sich gleichzeitig um ihre eigene Achse.*

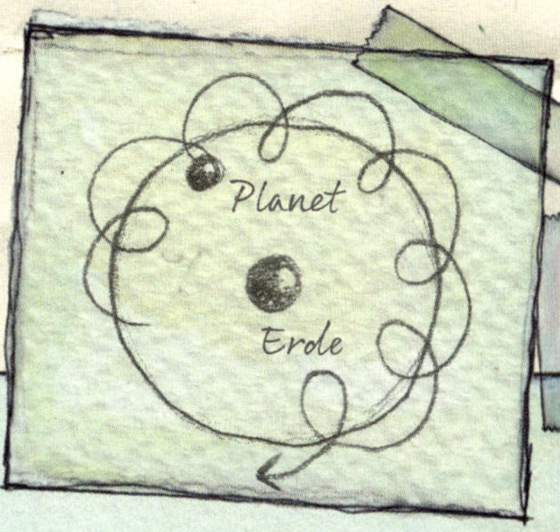

Die Planentenbahnen:
Wenn du Nacht für Nacht von der Erde aus die Planeten beobachtest, sieht es manchmal so aus, als würden sie sich rückwärts bewegen. Das liegt daran, dass sowohl die Erde als auch die Planeten um die Sonne kreisen. Früher dachte man, die Erde befände sich in der Mitte des Universums. Deshalb vermuteten die Astronomen, dass sich die Planeten in kleinen »Epizirkeln« wie Balletttänzer durch das Sonnensystem bewegen würden. Damals sahen die Zeichnungen des Sonnensystems ungefähr so aus wie diese hier oben (hübsch, aber ziemlich verwirrend).

Viertes Kapitel

Eine neue Art zu sehen – oder:
Noch vier Tage der vielleicht doch gar nicht
so schrecklichen Ferien

Als William am nächsten Tag in die Küche kam, hatte seine Tante schon gefrühstückt. Die Küche war leer, aber auf dem Tisch standen zwei Tassen, die Thermoskanne von der lustigen Kaffeemaschine, ein paar Scheiben Toastbrot und eine offene Dose mit undefinierbarem Inhalt. William nahm die Dose und roch daran. Er zuckte zurück, als ihm der strenge Fischgeruch in die Nase stieg.

»Kippers Fischfilets« las er auf dem Etikett. Er warf einen Blick in die Tasche, die seine Mutter ihm mitgegeben hatte, aber er hatte auf nichts darin so richtig Lust. Er nahm die Packung mit dem glutenfreien Brot und setzte sich an den Tisch.

»Kippers«, wiederholte er und starrte die Dose abwartend an. »Schmeckt ihr gut?« Erwartungsgemäß gab ihm die Dose keine Antwort, also nahm William all seinen Mut zusammen, angelte ein Stück von dem eingelegten Räucherfisch heraus und legte es auf sein Brot. Der Fisch triefte vor Öl und schmeckte ... anders. Aber nach ein paar Bissen fand er ihn sogar richtig gut.

»Ein bisschen wie Makrele«, sagte er anerkennend zu dem letzten Rest in der Dose. Dann schenkte er sich vorsichtig etwas Kaffee ein und nippte an der Tasse. Seine Mutter hätte ihm das nie im Leben erlaubt.

»Andere Länder, andere Sitten«, sagte er zur Kaffeetasse. Er wusste nicht so richtig, was das eigentlich bedeuten sollte, aber sein Vater sagte das immer, wenn er erzählte, was für komisches Essen er im Ausland manchmal vorgesetzt bekam.

»Ach, da bist du ja.« Plötzlich stand seine Tante in der Tür. »Wir müssen jetzt los.«

»Müssen wir?« William schluckte den letzten Bissen Fischbrot herunter. »Wohin gehen wir?«

»In die Stadt. Ein paar Dinge erledigen.«

»Okay.«

William hätte sich eigentlich gern die Fernrohrlinsen genauer angeschaut, aber nun stand er geräuschvoll auf und stellte sein Frühstücksgeschirr in die Spüle. Dann holte er seine Jacke und seine Cap und folgte seiner Tante noch immer etwas verschlafen durch den kleinen Vorgarten.

Sie hatte einen langen, hellgrauen Mantel an und trug eine abgewetzte Ledertasche über der Schulter. In der Hand hielt sie einen zugeklappten Regenschirm, den sie wie einen Gehstock benutzte, und auf die grauen Locken hatte sie sich einen alten Sommerhut gesetzt.

Sie stiefelte mit großen Schritten vor William her, und er versuchte, so gut es ging, mit ihrem Tempo mitzuhalten. An einer Bushaltestelle blieben sie stehen und warteten. Tante Gunvor schien nicht in Plauderlaune zu sein, und William war immer noch ein bisschen neben der Spur, weil er so früh schon aus dem Haus gejagt worden war, und deshalb warteten sie schweigend.

Als der Bus kam, scheuchte Tante Gunvor William mit ihrem Regenschirm vor sich her, hängte den Schirm an ihre Tasche und kramte ihren Geldbeutel heraus. Sie zückte ihr Seniorenticket und hielt die kleine Plastikkarte vor den Scanner. Sie tat ganz gelassen, aber William bemerkte, wie sie kurz zusammenzuckte, als der blaue Sensor mit einem lauten Piepton verkündete, dass er ihr Ticket nicht akzeptierte. Sie versuchte es noch einmal, und diesmal klappte es. Sie warf William, der sich ein Kichern verkneifen musste, einen strengen Seitenblick zu und schickte ihn mit einem kurzen Nicken weiter nach hinten in den Bus.

Am Bahnhof Nørreport stiegen sie aus, und mit einem Griff nach Williams Oberarm lenkte Tante Gunvor ihn durch die vielen Menschen bis zum Rundetårn, dem riesigen, runden Turm in der Kopenhagener Fußgängerzone, der Aussichtspunkt, Volkssternwarte, Museum und Touristenattraktion in einem war. Dort ließ sie William los, ging hinein und murmelte dem Ticketverkäufer etwas zu, der sie, ohne dass sie Eintritt bezahlen musste, weitergehen ließ. William lief schnell hinterher.

»Was wollen wir denn im Rundetårn?«, fragte er, aber das war offenbar keine Frage, die seine Tante zum Reden brachte. Sie marschierte einfach nur mit großen Schritten weiter den breiten, schrägen Aufgang hinauf, der sich wie ein riesiges, langes Schneckenhaus im Inneren des Turms nach oben wand.

»Wieso gibt es hier eigentlich keine Treppe?«, fragte William.

»Hm, was? Treppe?«, fragte Tante Gunvor. Jetzt hatte sie ihn also doch gehört. William wiederholte seine Frage.

»Weil man so die großen Observationsinstrumente leichter nach oben transportieren konnte.«

»Die was?«

»Die Ob-ser-va-tions-in-stru-men-te. Instrumente, mit denen man Observationen machen kann.«

»Und warum hat man die hier hochgebracht?«, wollte William wissen, aber er bekam keine Antwort, denn da blieb Tante Gunvor

vor einer Tür stehen. Sie legte die Hand auf die Klinke und sah William kurz an.

»Geh rauf und schau dir die Aussicht an, wir sehen uns dann später wieder.«

William musterte die geschlossene Tür, hinter der seine Tante verschwunden war, dann stapfte er weiter die Rampe hinauf. Als er kleiner war, war er mit seiner Mutter öfter hier gewesen, aber das war schon lange her.

Auf der Aussichtsplattform pfiff ihm der warme Sommerwind um die Ohren. Die Stadt unter ihm kochte in der Hitze, es wimmelte nur so von Sommerferiengästen, die herumschlenderten und sich die Zeit vertrieben. Sein eigenes Zuhause konnte er nicht entdecken. Es versteckte sich irgendwo hinter der Stadt. Aber der Himmel war klar, und er konnte ganz bis nach Schweden schauen.

Auf dem Weg nach unten bemerkte er über einem Durchgang an der Wand eine große Uhr. Sie sah sehr alt aus. Aber dann fiel ihm auf, dass die Uhr gar keine Zeiger hatte. Und die Zahlen waren ganz komische Schnörkel, die er auch noch nie gesehen hatte. Und dann wurde ihm plötzlich klar, dass in der Mitte des Zifferblatts eine kleine Sonne angebracht war. Und rund um die Sonne gab es zwar keine Zeiger, aber dafür hübsche kleine Planeten, die ihre Bahnen zogen.

An der Wand hing ein Kästchen mit Broschüren, auf denen »Ole Rømers **Planetenmaschine**« stand.

Eine Planetenmaschine. Von so einem Ding hatte er noch nie gehört. Aber der Name Ole Rømer kam ihm bekannt vor. Er konnte sich nur nicht mehr so richtig erinnern woher.

Er ging weiter nach unten bis zu der Tür, wo er sich von Tante Gunvor verabschiedet hatte. Erst wartete er ein bisschen, aber dann beschloss er, ihr doch lieber nachzugehen. Nicht, dass sie ihn vergessen hatte und ohne ihn nach Hause gefahren war.

Hinter der Tür war ein Gang, und etwas weiter hinten hörte er Stimmen. Durch eine offene Tür sah er Tante Gunvor und einen älteren Mann.

»Ja, was tut man nicht alles für die Jugend«, sagte der Mann gerade.

»Danke«, sagte Tante Gunvor. »Und danke für die Hilfe.« Sie nahm ein großes, längliches Paket, das in braunes Papier eingewickelt war. »Du bekommst es so schnell wie möglich zurück.«

»Nur keine Eile. Es war mir ein Vergnügen.«

»Na dann – bis bald.«

Und kurz darauf hatten sie den Turm schon wieder verlassen und standen draußen auf der überfüllten Straße.

»Fertig«, sagte seine Tante, und nach einem kurzen Stopp am Würstchenstand, wo William zwei Würstchen ohne Brot und Tante Gunvor einen Hotdog mit allem bestellte, fuhren sie nach Hause zurück.

»Komm!«, sagte Tante Gunvor und ging ins Wohnzimmer. Sie legte das lange Paket auf den Couchtisch, oder besser gesagt auf den Stapel aus Papieren und Schachteln, der sich auf dem kleinen Tischchen türmte.

»Schau aus dem Fenster«, sagte sie. »Was siehst du?«

»Äh …« Gehorsam ging William zum Fenster und zog die vergilbten Gardinen zur Seite. »Ich sehe … die Straße?«

»Ja. Was noch?«

»Ein paar Autos. Die Häuser auf der anderen Straßenseite. Da drüben sitzt ein Vogel auf dem Dach, und ich sehe den Baum vor dem einen Haus da und ...«

»Gut. Der Baum. Was kannst du mir über den Baum erzählen?«

»Es ... ist ein kleiner Baum.«

»Klein im Vergleich zu?«

»Äh, anderen Bäumen?«

»Stehen andere Bäume daneben?«

»Nein.«

»Erzähl mir nur das, was du über genau diesen Baum sagen kannst.«

»Ach so, okay. Er ist ... kleiner als das Haus.«

»Gut. Was noch?«

»Er hat grüne Blätter.«

»Woher weißt du das?«

»Das kann ich sehen.«

»Kannst du die Blätter von hier aus tatsächlich sehen?«

»Schon, ja.«

»Kannst du von hier aus die *einzelnen Blätter* sehen?«

»Nein«, gab William zu.

»Gut. Du musst alles vergessen, was du über Bäume zu wissen glaubst, und mir nur das erzählen, was du *sehen* kannst.«

»Okay. Er hat einen braunen Stamm und eine grüne Krone. Die Krone bewegt sich ein bisschen. Ich glaube, es ist ein Apfelbaum.«

Er schielte zu seiner Tante, die den Kopf schüttelte.

»Nein? Okay, ich sehe etwas, das so aussieht wie Obst. Weil es eine andere Farbe hat wie der Rest des Baums. Es sind rötliche Flecken zwischen dem Grünen.«

»Ausgezeichnet. Wenn du nichts über Bäume wüsstest – wenn das hier deine einzige Wissensquelle über diesen Baum wäre –, dann könnten wir also festhalten, dass er eine Art Stamm hat, der braun ist, und eine Krone, die grün und stellenweise rötlich ist und die sich bewegen kann.«

»Aber ich weiß doch, dass der Baum Blätter hat!?«, warf William ein.

»Nein. Das weißt du nicht. Du weißt, dass Bäume *normalerweise* Blätter haben. Du kannst nicht sehen, ob dieser Baum auch welche hat. Und es ist sehr wichtig, nicht durcheinanderzubringen, was du *sehen kannst* und was du nur aus alter Gewohnheit *zu wissen glaubst*. So hat man nämlich bis zu Kopernikus' Zeiten Wissenschaft betrieben – und das war die Ursache für die meisten Fehlschlüsse: ein bisschen Messen, ein bisschen Raten.

Aber in der Wissenschaft geht es um *Wissen*. Und wenn du herausfinden willst, ob eine neue Idee, ein neues Weltbild, richtig ist, musst du dich zuerst von deinen alten Vorstellungen verabschieden, also von dem, was du zu wissen *glaubst*. Und du musst dir klarmachen, dass deine Sinne begrenzt sind.

Es gibt sehr viel, was deine Augen *nicht* sehen können. Das ist einer der Gründe, warum es damals so schwer war, Kopernikus' neues Weltbild zu beweisen. Es gab ja nicht die Technologie, die wir heute zur Verfügung haben.«

Jetzt kommt ein Abschnitt, in dem wir etwas über Tycho Brahe erfahren, der ein echter Himmelsdetektiv war.

»Einer von denen«, sagte Tante Gunvor, »die mit Begeisterung Kopernikus' Buch über die Bewegung der Erde um die Sonne gelesen hatten, war der weltberühmte dänische Astronom und Astrologe Tycho Brahe.« Sie nahm eine dreieckige Figur aus dem Bücherregal. »Vielleicht hast du seinen Namen schon mal gehört?«

»Ich glaube schon«, sagte William. Er setzte sich auf die Fensterbank und baumelte mit den Beinen. »War das nicht der erste Däne im Weltall?«

Tante Gunvor sah ihn mitleidig an.

»Nein. Das war er nicht. Tycho Brahe lebte LANGE bevor man auch nur davon träumen konnte, dass die Menschheit eines Tages ins All fliegen würde. Er starb dreihundert Jahre bevor das erste Flugzeug erfunden wurde. Aber auf seine Weise hat auch er dazu beigetragen, dass Menschen zum Mond geflogen sind.

Tycho Brahe konnte zwar nicht endgültig beweisen, dass Kopernikus' neues Weltbild richtig war, aber er hatte erkannt, dass es nicht ausreicht, in alten Büchern zu lesen und darüber zu *philosophieren*, wie das Universum aussieht.

Es genügte ihm nicht, nur herumzuraten. Wenn man wirklich etwas über den Himmel und die Erde erfahren wollte, meinte er, dann musste man alles viel genauer untersuchen.

Seit der Antike hatte niemand mehr bedeutsame astronomische Messungen vorgenommen. Und so machte sich Tycho Brahe wie ein richtiger Detektiv daran, Beweise zu sammeln, und zwar in Form der bis dahin genauesten Observationen der Weltgeschichte. Deshalb sagt man auch, dass er die *Wiedergeburt der Astronomie* begründet hat.«

»Ah, so wie diese Rönä-Chance?«

»Re-nais-sance. Ja, so ähnlich«, sagte Tante Gunvor. »Tycho Brahe war auch so ein Renaissancemensch.

Er gab sich nicht damit zufrieden, die alten Messungen mit neuen zu ergänzen. Er wollte bessere – und viel mehr – Observationen machen und damit die Grundlagen für eine ganz neue Astronomie schaffen. Er entwickelte neue Messinstrumente, die viel größer und deshalb genauer waren. Das hier ist eins davon.«

Sie reichte William die kleine Figur, die sie aus dem Bücherregal genommen hatte. Es war eine Art Dreieck, das auf einem kleinen Stativ stand und mit der Spitze nach oben zeigte.

»Waren die alten Instrumente noch kleiner als das hier?«, fragte William verblüfft.

»Nein, natürlich nicht. Das hier ist ja nur ein Modell. Das ist ein Sextant, und der echte war größer als du. Tycho Brahe war so versessen auf seine Messungen, dass er als junger Mann deswegen sogar seine Nase in einem Fechtkampf verlor.«

»Er hat seine Nase verloren?« William fasste sich unwillkürlich ins Gesicht.

»Ja. Na ja, zumindest ein Stück davon. Und alles nur wegen eines Streits über eine astrologische Messung.«

»Astrologisch?«, fiel William ihr ins Wort. »Aber ... hast du nicht gesagt, Astrologie wäre unwissenschaftlich?«

»Doch, das habe ich gesagt. Zu Tycho Brahes Zeit galt die Astrologie allerdings immer noch als Wissenschaft, mit der man in die Zukunft blicken konnte. Tycho war ja noch nicht dazu gekommen, die Wissenschaft zu revolutionieren.

Na ja, bei dem Streit ging es irgendwie um seine Voraussage, dass ein türkischer Kaiser bald sterben würde. Das hatte er groß und breit herumerzählt, aber dann stellte sich heraus, dass der Kaiser schon seit einigen Monaten tot war.

Bei einer Abendgesellschaft mit vielen vornehmen Gästen gab es dann wohl einen jungen Adligen, der sich deshalb über Tycho lustig machte. So sehr, dass Tycho Brahe ihn zum Duell herausforderte, um seine Ehre zu verteidigen.«

Tante Gunvor fuchtelte mit einer Hand in der Luft herum, als würde sie einen unsichtbaren Degen schwingen.

»Aber wer den Schaden hat, braucht für den Spott nicht zu sorgen«, sagte sie und stellte den unsichtbaren Degen beiseite, »und so bekam Tychos Nase einen fiesen Hieb ab, und er musste für den Rest seines Lebens mit einer künstlichen Nase aus Metall herumlaufen.«

»Wow«, murmelte William und zog die Beine hoch auf die Fensterbank.

»Ja. Er war kein Mann für halbe Sachen. Und vielleicht wurde er auch deshalb der Begründer der neuen astronomischen **Methode**, um derartigen Demütigungen in Zukunft zu entgehen.«

»Der neuen was?«

»Was?«

»Du hast gesagt, er war der Begründer der neuen ... astromischen ...«

»Methode. Ach so, ja, der Begründer der neuen as-tro-no-mischen Me-tho-de. Methode – das ist die Art und Weise, auf die man etwas tut. Tycho Brahe sorgte nämlich nicht nur für die *Wiedergeburt* der Astronomie, er begann auch, die *Welt neu zu sehen* und sie auf eine neue Art zu untersuchen, die eher an einen Detektiv erinnerte als an einen Philosophen.

Er erkannte, dass die alten Messungen, die er verwendet hatte, um den Tod des Kaisers vorherzusehen, falsch waren. Sie waren zu ungenau. Er brauchte neuere, bessere Daten. Und darum führte er eine neue *Methode* für die Wissenschaften ein, die sich mit der Natur und dem Himmel befassten. Und das wurde zum Vorbild für die Art, wie wir bis heute wissenschaftlich arbeiten.«

Tante Gunvor hatte wieder angefangen, im Wohnzimmer ihre Runden zu drehen, während sie erzählte.

»Aber der Weg dorthin«, sagte sie, »war natürlich nicht so einfach. Tycho Brahe kam 1546 zur Welt. Er wurde in eine der vornehmsten Adelsfamilien Dänemarks hineingeboren, die dem Königshaus sehr nahestand. Tycho Brahe war also unheimlich reich, aber das bedeutete nicht, dass er einfach tun konnte, was er wollte.

Seine Familie wollte, dass er Beamter wurde und seine Zeit mit Gesetzen und Regeln, Kirche, Krieg und solchen Dingen verbrachte, statt ständig in den Himmel zu starren. Er wuchs bei seinem Onkel auf, der ihn zur Lateinschule schickte.«

»So wie Kopernikus?«, fragte William.

»Ja. Latein war in ganz Europa die Sprache der Gelehrten. Das ist auch der Grund, weshalb er seinen Namen vom dänischen *Tyge* zum lateinischen *Tycho* änderte.«

»Nein, das meinte ich nicht«, sagte William, »ich meinte, Kopernikus ist auch bei seinem Onkel aufgewachsen.«

»Ja, richtig, aber Tycho Brahes Eltern waren nicht tot. Sein Onkel hatte nur keine eigenen Kinder.«

»Und da hat er einfach Tycho bekommen?«

»Na ja. Bekommen oder sich genommen. Damals hatte man eine etwas andere Vorstellung von Familie.«

William starrte seine Tante an. Das wäre ja so, als hätten seine Eltern ihn einfach weggegeben, nur weil Tante Gunvor keine eigenen Kinder hatte?!

»Damals wäre auch niemand auf die Idee gekommen, Tycho zu fragen, was er mal werden wollte. Das entschied die Familie. Und deshalb schickten sie ihn«, fuhr Tante Gunvor unbeeindruckt fort, »zum Jurastudium nach Deutschland, nachdem er die Lateinschule abgeschlossen hatte – ebenfalls genau wie Kopernikus und viele andere junge Männer aus gutem Haus.

Und Tycho studierte pflichtbewusst die verzwickten Jurabücher voller Gesetze und Regeln.

Aber schon von klein auf hatte ihn der endlose Himmel mit seinen Geheimnissen geradezu magisch angezogen. Er träumte davon, sein Leben bedeutenderen Dingen zu widmen als dem belanglosen irdischen Zeug, das in seinen Augen in den Gesetzbüchern stand.

Die Familie hatte einen Hofmeister mit nach Deutschland geschickt, der auf den jungen Tycho aufpassen sollte. Aber sobald der Hofmeister eingeschlafen war, stand Tycho wieder auf und studierte die Sterne.«

Tante Gunvor schaute eine Weile hoch zur Decke, bevor sie fortfuhr.

»Tycho Brahe hatte genau wie alle seine Zeitgenossen gelernt, dass der Weltraum immer gleichbleibend sei. Die Erde war demnach der einzige Ort, wo es Leben und Tod gab und Dinge sich änderten. Der Himmel war anders. Dort galten ewige Gesetze, mit denen sich die Jurabücher nicht messen konnten.

Nach dieser Vorstellung bewegten sich Sonne, Mond, Planeten und Sterne in ewigen, vorhersehbaren Mustern, die seit dem Tag, an dem Gott sie erschaffen hatte, immer dieselben geblieben waren. Der Mond, zu dem Tycho Brahe aufschaute, war genau derselbe, den die ersten Astronomen vor Tausenden von Jahren schon studiert hatten.

Aber dann, eines Nachts im Jahre 1572, sah Tycho Brahe etwas, das seine Sicht auf das Universum für immer verändern sollte: Er sah *einen ganz neuen Stern*! Das war das größte Wunder seit Erschaffung der Welt!

Dieser Stern leuchtete hell und klar, und Tycho Brahe beobachtete ihn über Monate hinweg Nacht für Nacht, bis er sich ganz sicher war, dass es sich nicht um einen Kometen handelte. Es konnte nur ein Stern sein, und er war vorher nicht da gewesen. Aber wie war das möglich?«

»War es denn wirklich ein neuer Stern?«, fragte William.

»Nein. Heute wissen wir, dass Tycho nicht die Geburt eines Sterns, sondern den Tod eines Sterns beobachtet hatte. Eine sogenannte *Supernova*, eine Explosion, bei der ein Stern besonders hell aufleuchtet, bevor er endgültig verlischt.

Damals gab es keine Möglichkeit, das zu wissen, aber dieser Stern war für Tycho ein Zeichen, dass das Universum noch viele Geheimnisse barg, von denen die Menschen keine Ahnung hatten. Er musste dem auf den Grund gehen, und so begann er, Beweise zu sammeln.«

»Observationen?«, fragte William.

»*Observationen*«, bestätigte Tante Gunvor. »Seine Familie fand allerdings immer noch, dass Astronomie nichts für einen Adelsmann war. In ihren Augen war das nur teuer und sinnlos, und sie waren nicht bereit, ihn bei seinen Forschungen zu unterstützen.

Sophie Brahe

Dass Tycho sich dann auch noch in eine nicht-adlige Frau verliebte, machte die Sache nicht gerade besser. Die Einzige, die ihn verstand, war seine kleine Schwester, Sophie Brahe. Die beiden Geschwister verband eine sehr enge Beziehung.

Tycho war immer mehr davon überzeugt, dass er die Positionen der Sterne und die Bewegungen der Planeten ganz genau messen musste, wenn er die Sprache des Himmels entschlüsseln und seine Geheimnisse verstehen wollte. Und er wollte es viel gründlicher tun, als es je zuvor jemand getan hatte.

Und dann erfuhr Tycho Brahe von Kopernikus' Buch über das

neue Weltbild. Es war zwar schon dreißig Jahre vorher herausgegeben worden, aber aus heutiger Sicht dauerte es damals eben immer noch ziemlich lange, Ideen und Gedanken zu verbreiten, auch wenn die Erfindung der Druckpresse es schon viel leichter gemacht hatte.

Als Tycho Brahe in den 1570er Jahren also endlich auf Kopernikus und sein neues Weltbild stieß, hatten noch nicht sehr viele Menschen davon gehört. Aber der Text bestärkte Tycho darin, dass etwas Neues – etwas Großes – im Entstehen war: eine ganze neue Weltordnung.«

Tante Gunvor unterbrach ihre Wanderung durchs Wohnzimmer und starrte einen Moment vor sich hin. »Durch die Entdeckung des neuen Sterns, *Stelle Nova*, wurde Tycho Brahe weltberühmt. Aber er konnte dadurch natürlich nicht beweisen, dass die Erde um die Sonne kreiste. Dafür musste er einen anderen Weg finden.

Es waren noch mehr Himmelsbeobachtungen nötig. Mithilfe seiner kleinen Schwester Sophie wollte er das beweisen, was Kopernikus selbst nicht hatte beweisen können.«

»War sie auch weltberühmt?«, fragte William.

»Wer?«

»Seine kleine Schwester.«

»Ach so. Nein, nicht so richtig.« Tante Gunvor sah William an. »Wie gesagt – die Familie wollte ja nicht, dass Tycho seine Zeit mit Astronomie verschwendete, weil er adlig war. Aber seine Schwester Sophie Brahe war noch schlechter dran, denn sie war nicht nur adlig, sondern eine Frau.

Und Frauen durften sich damals überhaupt nicht mit wissenschaftlichen Dingen beschäftigen. Sie hatten sich um den Haushalt zu kümmern und mussten tun, was ihr Ehemann sagte. Deshalb gab es zu dieser Zeit so gut wie gar keine **Wissenschaftlerinnen**.

Allerdings war Sophie Brahes Ehemann schon früh gestorben. Als Witwe hatte sie etwas mehr Freiheit und konnte wie Tycho ihrer Leidenschaft nachgehen und sich ihrer Liebe zur Wissenschaft widmen. Worüber der Rest der Familie nicht gerade begeistert war.

Außerdem beschäftigten sie und Tycho sich mit der sogenannten Alchemie. Zum Beispiel machten sie Experimente, um Medizin herzustellen. Heute würden wir das Chemie nennen. Sie erforschten verschiedene Stoffe und ihre Eigenschaften. Sie waren auf den Gedanken gekommen, dass Himmel und Erde sich doch gar nicht so sehr voneinander unterschieden. Und dass man etwas über das Leben auf der Erde herausfinden konnte, wenn man den Himmel studierte, und umgekehrt auch etwas über den Himmel erfuhr, wenn man noch die kleinsten Teile auf der Erde erforschte.

Aber seinerzeit hatten viele Menschen Angst vor der Alchemie und hielten sie für Hexerei. Und wenn eine Frau in den Verdacht geriet, eine Hexe zu sein, weil sie vielleicht einfach ›zu klug‹ war, dann lief sie Gefahr, auf dem Scheiterhaufen verbrannt zu werden. Insofern war es also nur gut für Sophie Brahe, dass sie nicht allzu bekannt für ihre ungewöhnlichen Hobbies wurde.«

William schauderte.

»Aber Tycho war sehr glücklich über die Hilfe seiner Schwester«, fuhr Tante Gunvor fort. »Er bezeichnete sie als seine Muse.«

»Was ist eine Muse?«

»Eine Muse ist so etwas Ähnliches wie eine Göttin. Sie regt die Menschen dazu an, sich künstlerisch oder wissenschaftlich zu betätigen. Die Musik hat zum Beispiel eine eigene Muse, die Musiker oder Komponisten inspiriert. Und in der Astronomie gibt es eine Muse, die dazu inspiriert, sich mit den Sternen zu beschäftigen.

Also, daran haben zumindest die alten Griechen geglaubt. Und in der Renaissance fand man alles toll, was aus dem alten Griechenland kam.«

Tante Gunvor schaute wieder einen Moment ins Leere.

»Obwohl, wenn ich so darüber nachdenke, wäre ich lieber eine Hexe als eine Muse.«

»Warum das denn?«, fragte William verwirrt.

Er war zwar auch der Meinung, dass Tante Gunvor eher an eine Hexe als an eine Göttin erinnerte, aber trotzdem.

»Ich glaube, es wäre mir zu doof, immer nur herumzusitzen und inspirierend zu sein, damit andere großartige Sachen erfinden können«, sagte sie. »Das ist doch langweilig. Eine Hexe macht ihre eigenen Sachen – und folgt ihren eigenen Regeln.«

William nickte. Muse sein klang wirklich ziemlich öde.

»Und was denkst du, was Sophie Brahe war? Eine Hexe oder doch so eine Muse?«, fragte er.

»Das ist wirklich schwer zu sagen«, antwortete Tante Gunvor.

»Konnte man als Frau denn nichts anderes werden?«, fragte William.

»Als Hexe oder Muse? Na ja, sehr viele Möglichkeiten gab es wohl nicht, wenn man sich nicht nur um Haus und Kinder kümmern wollte. Die damaligen Männer hielten nicht viel davon, die Frauen selbst darüber entscheiden zu lassen, wer oder was sie sein wollten.«

»Durften die Männer etwa alles allein bestimmen?«

»Im Großen und Ganzen.«

»Echt jetzt?«, platzte William heraus.

»Ja. Auch wenn das heute ziemlich absurd klingt«, gab Tante Gunvor zu.

Für einen Moment blieb es still. Dann räusperte sie sich.

»Na, wo waren wir?«

»Du hast gerade erzählt, dass Tycho und Sophie Kopernikus' Idee beweisen wollten«, sagte William und richtete sich auf.

»Ah, ja. Und zum Glück waren die beiden nicht ganz allein mit ihrer Begeisterung für Himmelskörper. Sie hatten einen sehr reichen und mächtigen Verbündeten: den dänischen König Frederik II. Er war ein großer Fan der Astrologie und sorgte dafür, dass Tycho alles zur Verfügung stand, was er benötigte.

Als Astrologe des Königs wurde Tycho auch in allen wichtigen Dingen um Rat gefragt, zum Beispiel, welcher Zeitpunkt günstig war, um in den Krieg zu ziehen, denn man glaubte ja, die Planetenbewegungen würden etwas darüber aussagen. Es war also sehr wichtig, sorgfältig zu sein.

Der König gab Tycho die Insel Ven im Öresund. Dort ließ Tycho ein fantastisches Astronomie-Schloss errichten, das er nach Urania, der Muse der Astronomie, nannte: Uraniborg oder Uranienburg.

In diesem Schloss verbrachte er zusammen mit Sophie und einer Menge Assistenten und **Forscher** an die dreißig Jahre damit, haarklein alles aufzuschreiben, was sie am Himmel wann und wo beobachtet hatten.

Tycho entwickelte neue, große Instrumente, die viel besser waren als die, die Kopernikus gehabt hatte, und dadurch waren seine Observationen viel genauer. Gelehrte aus der ganzen Welt – oder zumindest aus ganz Europa – pilgerten nach Ven, um dieses neue Wissenszentrum zu besuchen.

Auf Uraniborg verzeichneten sie über tausend Sterne in einer

Himmelskarte und prüften, beobachteten und maßen nach, ob Kopernikus' Weltbild richtig war. Leider stellte sich dabei heraus, dass es viel leichter zu beweisen war, dass die Erde sich *nicht* um die Sonne bewegte.«

»Das verstehe ich nicht.« William konnte sich wirklich nicht vorstellen, wieso etwas Falsches einfacher zu beweisen sein sollte als das, was doch stimmte. Tante Gunvor kratzte sich die grauen Locken. Dann schob sie ihre Brille nach oben, zog die Hose hoch und schaute William direkt in die Augen.

Und jetzt erfahren wir etwas über eine Sache namens Parallaxe und auch, wozu Tycho Brahe Dreiecke benutzt hat.

»Es lag nicht daran, dass die Messungen falsch waren«, sagte Tante Gunvor. »Oder dass mit der Theorie etwas nicht gestimmt hätte. Aber genau wie du vorhin mit den Blättern des Baums *glaubte* Tycho etwas zu wissen, was er eigentlich gar nicht *wusste,* obwohl er alles sehr gründlich untersucht hatte. Aber darauf kommen wir später noch zurück.

Tycho war klar, dass es möglich sein müsste, eine sogenannte Parallaxe zu den festen Sternen zu messen, wenn die Erde nicht nur um sich selbst rotierte, sondern sich tatsächlich auch einmal ganz um die Sonne herumbewegte. Soweit, so gut. Da war nur das Problem mit der Parallaxenmessung, dass ...«

William kniff die Augen zusammen. »Eine Para-was-für-ein-Lachs?«

»Eine Parallaxe. Wörtlich heißt das so viel wie Hin- und Herbewegung. Wenn man einen Gegenstand von unterschiedlichen Standorten aus betrachtet, dann verschiebt sich dabei die *Sichtlinie* zu diesem Gegenstand. Wenn sich die Erde bewegt, dann bedeutet das gleichzeitig, dass sich die Sterne von der Erde aus gesehen auch bewegen. Aber das konnte Tycho Brahe nicht messen.« Sie sah William an, um zu schauen, ob er ihr folgen konnte. Konnte er nicht.

»Okay, stell dich mal dort drüben hin.« Sie zeigte zu dem Regal neben dem Sofa. William ließ sich von der Fensterbank rutschen und stellte sich so auf, dass er quer durch das Wohnzimmer zur Tür blickte.

»Gut. Und jetzt ...«, sie sah sich um, »... schau zu unserem Johann hier.«

Neben dem Schrank mit den Linsen stand eine weiße Säule, auf der eine Gipsfigur thronte, na ja, genau genommen war es eigentlich nur ein Gipskopf mit einem Stück Oberkörper. Diese Säule zog Tante Gunvor jetzt in die Mitte des Wohnzimmers.

»So. Du schaust also zu Johann. Das ist deine *Sichtlinie*. Was siehst du hinter ihm?«

»Die Tür.«

»Gut. Jetzt gehst du drei Schritte nach links. Nein, das andere links. Nach da, hinter den Schreibtisch. Gut. Stell dich wieder so, dass du unseren Johann anschaust. Was siehst du jetzt hinter ihm?«

»Jetzt sehe ich die Zimmerecke. Mit dem Bücherregal und dem Vorhang.«

»Gut. Hat Johann sich zu irgendeinem Zeitpunkt bewegt, während du deine Observationen gemacht hast?«

»Äh, nein.«

»Aber der Hintergrund hat sich trotzdem verändert?«

»Ja, weil ich mich ja bewegt habe.«

»Ganz genau. Und um diese Bewegung geht es bei den Parallaxen. Wenn man nämlich etwas von zwei verschiedenen Punkten aus betrachtet, dann ergibt sich daraus ein Dreieck. Und kannst du dich daran erinnern, dass wir uns über Geometrie unterhalten haben? Weißt du noch, dass man da unter anderem mit Dreiecken rechnet?«

William nickte ein bisschen unsicher. »War das nicht diese Sache mit dem Vermessen der Erde und so?«

»Richtig. Und wenn wir wissen, wie groß die Ecken eines Dreiecks sind – das nennt man ihren Winkel –, und außerdem wissen, wie lang die Seiten sind, dann können wir mithilfe der Geometrie herausfinden, wie weit der Gegenstand entfernt ist, den wir gerade betrachten.«

»Wie denn?«

»Hm. Möglicherweise sind die Ägypter dahintergekommen, zumindest konnten sie die Dreiecksberechnung mit ihren ganzen Pyramiden wirklich gut gebrauchen. Aber es war einer der alten griechischen Naturphilosophen, der dafür berühmt wurde. Sein Name ist Pythagoras. Er gründete eine ganze Schule, in der sie Regelmäßigkeiten in der Natur untersucht haben.

Sein Motto war: ›Alles ist Zahl‹. Oder das Verhältnis zwischen Zahlen. Und dieser Pythagoras fand heraus, dass ein besonderes Verhältnis zwischen den Seitenlängen eines Dreiecks und seinen Winkeln besteht, sodass man die Länge der fehlenden Seiten oder Winkel ausrechnen kann, solange man zumindest die Größe einiger Winkel oder die Länge der übrigen Seiten kennt.

Und das wusste Tycho. Das heißt, obwohl er kein Maßband von der Erde bis zum Mond oder zur Sonne spannen konnte, musste er nur seinen Sextanten nehmen und damit die Winkel der Dreiecke bestimmen, die Mond und Sonne mit der Erde bildeten, und konnte dann mithilfe seines Wissens über Dreiecke und Parallaxen ausrechnen, wie weit sie voneinander entfernt waren.«

»Cool«, murmelte William beeindruckt.

»Ja, nicht wahr? So gesehen sind Dreiecke wirklich genial. Und deine Augen benutzen dieselbe Methode, um herauszufinden, wie weit etwas entfernt ist, damit du nicht dagegen läufst. Oder um einen Ball zu fangen. Auch wenn du noch nie etwas von Pythagoras oder Dreiecksberechnungen gehört hast. Deine Augen machen es einfach.

Versuch mal, deinen Arm auszustrecken und benutz deinen Daumen als Orientierungspunkt für deine Sichtlinie, so wie vorhin unseren Johann.«

William tat, was sie sagte.

»Wenn du jetzt die andere Hand erst vor das eine und dann vor das andere Auge hältst, wirst du sehen, dass sich der Hintergrund hinter deinem Daumen zu bewegen scheint, stimmt's?«

William nickte, während er abwechselnd erst das eine und dann das andere Auge abdeckte.

»Das liegt daran, dass deine beiden Augen mit etwas Abstand nebeneinander angeordnet sind. Schlau, oder?«

»Hat man deshalb zwei Augen?«, fragte William.

»Das ist bestimmt auch ein Grund.«

William sah sich im Wohnzimmer um. Er hatte sich noch nie Gedanken darüber gemacht, dass er erkennen konnte, ob etwas ganz nah oder weit weg war. Aber es war bestimmt ganz schön mühsam, wenn man das nicht konnte.

»Jedenfalls«, sagte Tante Gunvor und nahm ihre Wanderung durchs Wohnzimmer wieder auf, »hatte Tycho Brahe ja diesen neuen Stern entdeckt und erkannt, dass die Sterne nicht alle auf derselben dünnen Himmelsschale hafteten, wie man bis dahin gedacht hatte, sondern dass einige Sterne weiter entfernt waren als andere.

Und weil er sich mit Parallaxen auskannte – also mit dem, was ich dir eben gezeigt habe –, wusste er auch, dass *wenn* sich die Erde im Laufe eines Jahres wirklich um die Sonne bewegt, dann müsste er einen der nächstgelegenen Fixsterne als Sichtlinie für seine Parallaxe nutzen können. Denn dann würde sich die Erde nämlich genauso fortbewegen, wie du dich gerade von der einen Seite des Zimmers auf die andere bewegt hast.

Aber es funktionierte nicht. Denn je weiter etwas entfernt ist, umso *schmaler* wird das Dreieck, das es mit dem Punkt bildet, auf den man schaut. Wenn wir unseren Johann jetzt ein Stück wegschieben«, sagte sie und schob die Säule mit dem Gipskopf in Richtung Tür, »und du dieselbe Observation machst wie vorhin – erst vom Sofa und dann von deinem Standort hinter dem Schreibtisch aus –, was siehst du dann?«

Gehorsam stellte William sich wieder am Sofa auf.

»Nun?«

»Dasselbe wie vorhin. Also die Tür.«

»Gut. Und wenn du dich bewegst, was siehst du dann?«

William ging hinter den Schreibtisch.

»Jetzt sehe ich auch die Tür.«

»Gut. Dann hat sich der Hintergrund im Vergleich zu vorhin also nicht großartig verändert?«

»Nein.«

»Okay. Und jetzt versuch dir vorzustellen, wie weit die Sterne weg sind.«

William versuchte es, aber bei dem Gedanken wurde ihm fast schwindelig.

»Sie sind so unglaublich weit entfernt«, bestätigte seine Tante, »dass das Dreieck, das bei der Bewegung der Erde mit ihnen entsteht, dünn wie ein Strich ist.

Es ist schlicht unmöglich, die Parallaxe mit bloßem Auge zu sehen, obwohl die Erde in einem halben Jahr gut und gern eine Strecke von dreihundert Millionen Kilometer von der einen Seite der Sonne zur anderen zurücklegt.

Also obwohl Tycho Brahe die neuesten, fantastischsten Instrumente benutzte, um die Parallaxe zu messen, waren die Veränderungen im Hintergrund so winzig, dass er sie nicht erkennen konnte, weil ihm nur seine Augen dafür zur Verfügung standen. Das **Fernrohr** war nämlich noch nicht erfunden worden.

Auch Kopernikus hatte die Parallaxe nicht messen können. Er hatte das damit erklärt, dass die Sterne wohl sehr viel weiter entfernt waren, als alle dachten. Aber Tycho war anderer Ansicht. In aller Bescheidenheit meinte er, dass er, der herausragendste Astronom der bekannten Welt, die Parallaxen-Verschiebung hätte messen können, wenn es eine gegeben hätte.

Weder Kopernikus noch Tycho Brahe stellten nämlich die Vorstellung in Frage, dass das Universum wie eine Kugel geformt war und die äußerste Schale mit den Sternen eine Art Hülle darstellte.

Damals hielt man Saturn für den äußersten Planeten, denn die Planeten hinter Saturn konnte man zu diesem Zeitpunkt noch gar nicht sehen. Kopernikus' Erklärung hätte also zugleich bedeutet, dass die Sterne so weit von Saturn entfernt gewesen wären, dass Tycho allein der Gedanke schon völlig absurd vorkam.

Er konnte sich ganz einfach nicht vorstellen, dass Gott bei der Erschaffung des perfekten Universums so viel Platz verschwendet hätte. So ein riesiger, leerer Raum zwischen Planeten und Sternen wäre in Tychos Augen total albern gewesen.«

»Aber … das ist das Weltall doch? Ein großer, leerer Raum, oder?«

»Ja, ja, aber so hat man damals eben gedacht. Anders als den

Menschen zu Tycho Brahes Zeit ist dem Universum die Platzverschwendung natürlich völlig egal. Aber das macht das Messen leider nicht leichter. Selbst lange nachdem man sich längst einig war, dass Kopernikus' Idee richtig war, konnte man die Parallaxe nicht messen. Das gelang erst gut dreihundert Jahre nachdem Kopernikus sein Buch geschrieben hatte.

Du siehst – im Prinzip waren Tychos Observationen und Berechnungen richtig. So richtig, wie sie mit den Hilfsmitteln, die ihm zur Verfügung standen, eben sein konnten. Seine *Methode* war *wissenschaftlich*. Aber am Ende hat der große Himmelsdetektiv trotzdem die falschen Schlüsse aus seinen eigenen Forschungen gezogen.

Das Problem war, dass er das Universum für viel kleiner hielt, als es ist, weil er nicht weit genug sehen konnte. Dass er dachte, das ganze Universum bestünde nur aus unserem kleinen, unbedeutenden Sonnensystem und wäre von einer Hülle aus Sternen umgeben. Er hätte nicht mehr danebenliegen können, aber das kann man ihm wirklich nicht zum Vorwurf machen.

Vielleicht fand Tycho, der selbst gern im Mittelpunkt des Geschehens stand, doch einfach die Vorstellung schöner, dass die Erde im Zentrum war. Und nicht allzu viel Platz im Himmel verschwendet wurde.

Außerdem stand Kopernikus' Weltbild im Widerspruch zu Gottes Wort, dass die Welt stillsteht. Und noch dazu war Kopernikus ja auch nicht gerade gründlich bei seinen Observationen gewesen.

Um sich Vorteile zur Berechnung zunutze zu machen, die Kopernikus' Modell bot, entwickelte Tycho ein eigenes Modell, das sogenannte *Tychonische Weltmodell*. Darin drehen sich Sonne und Mond zwar um die Erde in der Mitte, aber die restlichen Planeten ließ er um die Sonne kreisen.

Sowohl Tycho Brahe als auch Kopernikus irrten sich an entscheidenden Punkten. Aber mit Kopernikus' neuem Weltbild und Tychos neuer wissenschaftlicher Methode, die Welt zu erforschen – und in seinem Beharren darauf, eine Idee auch zu beweisen –, war die naturwissenschaftliche Revolution bereits in vollem Gang.

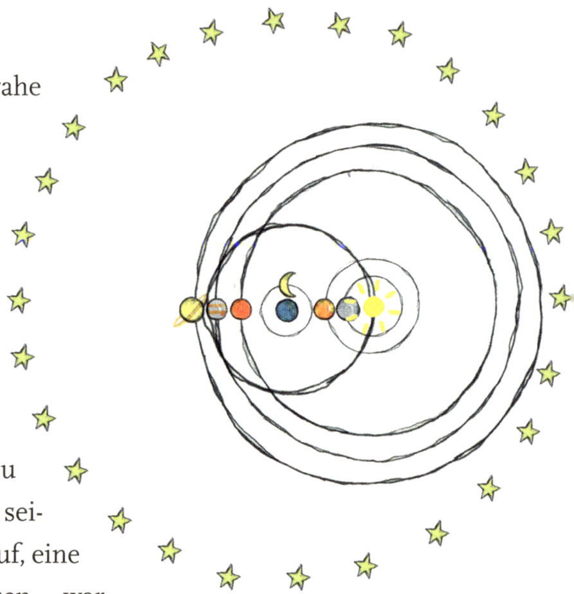

Das war bestimmt nicht das, womit Tycho Brahe sich verewigen wollte. Seine Zeitgenossen zollten ihm für die Entdeckung des neuen Sterns und auch für das Tychonische Weltmodell große Bewunderung und Respekt. Aber bekanntlich war der Stern ja nicht neu und das Weltmodell falsch.

An den vielen gründlichen Observationen Tycho Brahes gab es jedoch nie einen Zweifel. Und sie sollten – gegen Tychos Willen – noch eine wichtige Rolle bei der Verbreitung von Kopernikus' Idee spielen, dass die Sonne im Zentrum steht.«

»Wie das denn?«, fragte William.

Neuer Abschnitt, in dem wir etwas über Johannes Kepler erfahren, dem es mithilfe schlauer Mathematik und einiger ziemlich abgefahrener Ideen gelang, die Planetenbahnen zu berechnen.

Im selben Moment ertönte von unten ein seltsames Rumpeln. Diesmal spielten die Straßenarbeiter zwar nicht Klavier, aber Tante Gunvor war mit einem Satz aus dem Wohnzimmer verschwunden und hatte die Tür hinter sich zugezogen. Gleich darauf war alles wieder still.

Bis William ein anderes Rumpeln hörte. Und das kam aus seinem Magen. Er schlurfte in die Küche und machte den Kühlschrank auf. Es gab Butter und Salami. Als er die Kühlschranktür wieder zuklappte, stand Tante Gunvor in der Küche, genauso plötzlich, wie sie eben aus dem Wohnzimmer verschwunden war.

»Wie ein Ninja«, murmelte William.

»Wie bitte?«

»Äh, du warst plötzlich verschwunden und jetzt bist du wieder da – wie ein Ninja«, sagte William. »Wo warst du denn?«

»Ach, das war nur ... was mit der Heizung.«

William sah sie verstohlen an. Und was war mit den Straßenarbeiten? Und wenn es nur die Heizung gewesen war, warum hatte sie dann die anderen Male behauptet, sie hätte nichts gehört? Aber er beschloss, diesmal nicht nachzubohren.

Lieber wollte er hören, warum Tycho Brahes Observationen am Ende doch der Beweis für Kopernikus' Idee gewesen waren. Er bat seine Tante weiterzuerzählen, und zum Glück war sie dazu bereit. Sie setzten sich an den kleinen Küchentisch, er mit einem Salamibrot, sie mit Kaffee.

»Der dänische König Frederik II.«, sagte Tante Gunvor und trank einen Schluck Kaffee, »hatte für Tycho Brahes Himmelsstudien bezahlt und ihm die Insel Ven überlassen. Aber nun war er tot, und sein Nachfolger war der junge Christian IV. Hast du schon mal von ihm gehört?«

»War das nicht der König, der den Rundetårn gebaut hat?«

»Ja, ganz genau. Und der Rundetårn wurde für astronomische Messungen errichtet.«

»Echt jetzt?« Das hatte William noch nie gehört. »Und deshalb hat er diese breite, flache Rampe statt einer normalen Treppe?«

»Richtig. So konnte man die großen Messgeräte bis ganz nach oben transportieren. Aber Christian IV. war kein großer Fan von Tycho Brahe. Der dänische Staat hatte unglaublich viel Geld für Tychos Himmelsstudien bezahlt, für sein Schloss und seine kostbaren Instrumente.

Man sagt, dass Dänemark nie zuvor und auch später nie wieder so viel für Forschung ausgegeben hat wie damals für Tycho Brahe. Und der junge Christian IV. wollte das Geld lieber für andere Dinge verwenden.

Auch die Bauern auf der Insel Ven hatten angefangen, sich über Tycho Brahe zu beschweren, weil er sie zu den unmöglichsten Zeiten einspannte, um seine Sternwarten zu bauen, und sie sich nicht um ihre Felder kümmern konnten.

Außerdem häuften sich die Klagen, dass Tycho seinen Pflichten als Lehnsherr nicht nachkam. Zum Beispiel hätte es zu seinen Aufgaben gehört, die Kapelle instand zu halten, in der Frederik II. begraben war.

Tycho hielt das alles wohl für Zeitverschwendung. Seine astronomischen Projekte waren wichtiger als dieser ganze irdische Kleinkram. Also ignorierte er die Klagen. Und das ärgerte Christian IV.

Und dann war da noch die Sache mit der Alchemie – Tychos und Sophies Experimente mit Kräutern und Medizin, die sehr stark an Hexerei erinnerten, und wenn Christian IV. vor etwas wirklich Angst hatte, dann vor Hexen. Also stoppte er die Zahlungen an Tycho, der daraufhin sein Observatorium auf Ven schließen musste.

Zu guter Letzt blieb ihm, der so berühmt und für seine Entdeckungen am Himmel verehrt worden war, nichts anderes übrig, als mit Frau und Kindern das Land zu verlassen, um seine Instrumente und seine Observationen zu retten.

Er floh mit seiner Familie nach Prag, wo Kaiser Rudolf II. einen neuen Hofastronomen und Mathematiker suchte. Aber Tychos Schwester Sophie kam nicht mit. Sie war unglücklich in einen verschuldeten Alchemisten verliebt, dem sie nach Deutschland folgte. Nun musste Tycho ohne sie zurechtkommen.

Schon nach kurzer Zeit erreichte ihn jedoch ein Brief und dazu ein Buch, das ein junger deutscher Mathematiker geschrieben hatte. Das Buch war wirklich erstaunlich und voller mystischer Theorien von einer **Harmonie** des Universums.

Tycho war absolut nicht überzeugt von den Ideen des jungen Mannes – unter anderem, weil er genau wie Kopernikus behauptete, die Sonne würde im Zentrum des Universums stehen. Aber trotzdem war nicht zu übersehen, dass das Buch von einem ungewöhnlich klugen Kopf geschrieben worden war, der die Mathematik beherrschte wie kein anderer, dem Tycho je begegnet war.

Dieser junge Mann hieß Johannes Kepler, und Tycho war schnell klar, dass er genau der Richtige war, um ihm weiterzuhelfen. Tycho Brahe hatte ja alle seine Observationen aufgeschrieben. Jede einzelne. Aber er war noch nicht dahintergekommen, was sie zu bedeuten hatten. Es war ihm bisher nicht gelungen, ein System dahinter zu erkennen und endlich zu beweisen, dass das Tychonische Weltmodell richtig war.

Ihm fehlte die Unterstützung seiner Schwester, er war alt und müde, und hier war nun ein junger, talentierter Mann, der mehr als geeignet für diese Aufgabe war.

Kepler war beeindruckt von Tycho Brahe. Allerdings hielt er nicht ganz so viel von Tychos Weltmodell. Stattdessen war er überzeugt davon, dass Kopernikus recht hatte und die Sonne im Zentrum des Universums stand und sich die Erde sowohl um sich selbst als auch um die Sonne drehte. Und er war sich sicher, genau das mithilfe gründlicher Observationen beweisen zu können.

Kepler stammte aus ärmlichen Verhältnissen – sein Vater war Söldner gewesen, seine Mutter stand im Verdacht, eine Hexe zu sein. Es war reines Glück gewesen, dass er eine Lateinschule besuchen durfte und Priester geworden war. Aber anders als die Geschwister Brahe hatte er keine Möglichkeit gehabt, über Jahre hinweg den Himmel zu beobachten.

Und dann gab es noch ein weiteres Problem. Als Kind war Kepler an den Pocken erkrankt und hatte, wie es heißt, einen Augenschaden davongetragen. Also selbst wenn er alle Zeit und alles Geld der Welt gehabt hätte, hätte er die präzisen Observationen, die nötig gewesen wären, gar nicht machen können.

Aber bei Tycho Brahe am kaiserlichen Hof in Prag lagen all diese Aufzeichnungen, über viel mehr Jahre gesammelt, als Kepler überhaupt auf der Welt war. Und sie warteten nur darauf, dass er kommen und ihnen ihre Geheimnisse entlocken würde.

Doch Tycho wollte Kepler die Observationen nicht einfach nur abschreiben lassen. Er hütete sie wie einen Schatz. Nach der Flucht aus Dänemark waren sie alles, was er besaß – und er wusste nur zu gut, wie einzigartig sie waren. Er war aber gern bereit, sie Kepler zur Verfügung zu stellen, um das Tychonische Weltmodell damit zu beweisen.

Kepler nahm Tychos Angebot an und wurde sein Assistent, aber es fiel den beiden Astronomen schwer, auf einen gemeinsamen Nenner zu kommen.

Tatsächlich stritten sie so viel, dass Kepler schon bald nach Deutschland zurückreiste. Dort war in der Zwischenzeit aber ein großer Religionsstreit ausgebrochen und nur wenig später musste Kepler seinen Wohnort wieder verlassen.«

»Warum denn?«, fragte William.

»Das, was wir heute Religionsfreiheit nennen, gab es damals nicht«, erklärte Tante Gunvor, »und dort war man der Ansicht, dass Keplers Art, an Gott zu glauben, nicht richtig war. Aber da er nicht bereit war, seinen Glauben zu ändern, wurde er fortgejagt, und so fuhr er stattdessen zu Tycho Brahe zurück nach Prag.«

»Die waren aber streng!«, rief William aufgebracht. Er hatte sein Wurstbrot aufgegessen und fand es eigentlich ganz gemütlich in der kleinen Küche. Aber die Vorstellung, aus dem eigenen Haus gejagt zu werden, nur weil man einen anderen Glauben hatte, machte ihn wütend.

»Ja. Da hast du recht. Aber für uns war das ein großes Glück, denn das bedeutete auch, dass Kepler seine Zusammenarbeit mit Tycho Brahe fortsetzte.

In Keplers Augen war Tycho ein tüchtiger Handwerker, der eine Menge wertvolles Baumaterial zusammengetragen hatte. Aber er dachte auch, dass Tycho so gründlich gewesen war, dass er offenbar gar nicht mehr wusste, was er mit dem vielen Baumaterial anfangen sollte. Und mit dem Alter schwanden seine Kräfte.

Mit anderen Worten: Dem Handwerker Tycho fehlte der Architekt, der den Entwurf für das Haus zeichnen konnte, das mit dem ganzen Material gebaut werden sollte. Das Material waren die Observationen, und Kepler war der Architekt. Leider wurde Tycho Brahe kurz darauf schwer krank, nachdem er bei einem Grafen zum Abendessen eingeladen war. Er bekam starke Schmerzen und starb nur zehn Tagen später.«

»Er ist gestorben?!«

»Na ja, früher oder später sterben Menschen nun mal.«

»Schon, aber … woran ist er denn gestorben?«

»Tja, bestimmt auch an seinem ungesunden Lebenswandel. Tatsächlich hat man viel darüber spekuliert. Es wurde sogar behauptet, Tycho Brahe sei an einer geplatzten Blase gestorben, weil er aus Höflichkeit während des Abendessens nicht aufs Klo gehen wollte.«

»Daran kann man sterben?«, fragte William erschrocken und dachte daran, wie er vorgestern noch den ganzen Abend eingehalten hatte.

»Nein. Das ist unmöglich – bevor einem die Blase platzt, hat man sich schon längst in die Hose gemacht. Aber er könnte natürlich eine Blasenentzündung oder andere Probleme beim Wasserlassen gehabt haben.

Einige vermuteten, Tycho könnte an einer Metallvergiftung durch seine künstliche Nase gestorben sein. Oder er hätte sich versehentlich an einer selbst hergestellten Medizin aus Quecksilber vergiftet. Und dann gibt es auch noch andere, die glauben, dass er umgebracht wurde.«

»Umgebracht? Warum denn?«

»Nun, er war wohl jemand, der sich schnell unbeliebt gemacht hat. Aber das allein ist natürlich noch lange kein Grund, ermordet zu werden. Und das würde bestimmt auch niemand ernsthaft behaupten. Aber vor einigen Jahren wurde sein Sarg in Prag tatsächlich geöffnet, um der Sache auf den Grund zu gehen.«

»Er wurde ausgegraben? War er da … also, war das nicht superеklig?«

»Na ja, da war er ja schon über vierhundert Jahre tot, also der schlimmste Verwesungsgestank war mit Sicherheit abgezogen. Außerdem war er nicht in der Erde bestattet, sondern lag in einer Kirchengruft.«

»Und weiß man jetzt, woran er gestorben ist?«

»Nein, nicht genau. Man hat nur herausgefunden, dass es keine Quecksilbervergiftung war.«

»Die haben sich so viel Arbeit gemacht und einen toten Mann aus dem Sarg geholt, nur um am Ende festzustellen, woran er nicht gestorben ist?«

»Ja, so ist das manchmal mit der Wissenschaft.«

»Hm. Und was ist mit diesem Kepler? Könnte der es nicht gewesen sein? Immerhin war seine Mutter doch eine Hexe und alles.«

»Hast du etwa auch Angst vor Hexen?«, fragte Tante Gunvor.

»Hä? Nee«, murmelte William.

»Ich kann mir nicht vorstellen, dass es Kepler war«, sagte Tante Gunvor. »Es gibt keine Hinweise darauf, dass Tycho Brahe ermordet wurde, oder dass Kepler einen Grund dazu gehabt hätte. Tycho war ja dabei, Kepler eine Anstellung beim Kaiser zu verschaffen. Und wir können nicht einfach ohne Beweise behaupten, dass jemand ein Mörder ist, nicht wahr?« Tante Gunvor schob ihre Brille hoch und sah William an. »Das wäre unwissenschaftlich.«

William musste grinsen.

»Stimmt.«

»Jedenfalls«, fuhr Tante Gunvor fort und schenkte sich Kaffee nach, »nahm Tycho auf dem Totenbett dem jungen Kepler noch das Versprechen ab, dass er seine Observationen dazu verwenden würde, das Tychonische Weltmodell zu beweisen. *Lass mein Leben nicht vergeblich gewesen sein!*, soll er wieder und wieder im Fieberwahn gesagt haben.

Und vergeblich ist sein Leben bestimmt nicht gewesen, nur war sein Beitrag zur Weltgeschichte, wie schon gesagt, eben nicht das Tychonische Weltmodell. Eigentlich soll man ja halten, was man versprochen hat, aber Kepler war es wichtiger, die Wahrheit über das Universum herauszufinden, als das Versprechen, das er einem Mann gegeben hatte, der ohnehin tot war. Und deshalb machte er sich daran, stattdessen das kopernikanische Weltbild zu beweisen, als er die Stelle als Hofastronom in Prag übernahm.

Kepler war davon überzeugt, dass es ein von Gott geschaffenes Zahlenverhältnis zwischen den Formen des Universums und den Planetenbahnen geben musste. Er war beeinflusst von Pythagoras – das ist der alte griechische Naturphilosoph mit den Dreiecken, du erinnerst dich bestimmt noch an ihn.

Aber Pythagoras hatte nicht nur Dreiecke, sondern auch die Musik untersucht, und auch dort jede Menge Zahlenverhältnisse gefunden – die übrigens bis heute verwendet werden –, und das hatte ihn auf den Gedanken gebracht, dass womöglich alles im Universum eine große musikalisch-mathematische Einheit bildet.

Erinnerst du dich an die *Himmelssphären,* diese durchsichtigen Kugelschalen, von denen man bis zu Kopernikus dachte, dass die Planeten an ihnen befestigt wären?«

»Äh, ja.«

»Aus dieser Vorstellung ergab sich, dass die Kugelschalen durch die Bewegungen der Planeten ja geradezu zwangsläufig in Schwingung versetzt werden mussten. Und so kam Pythagoras auf die Idee, dass sie dabei eine Musik erzeugten, ungefähr so, wie wenn man mit einem nassen Finger über ein dünnes Glas reibt.«

Tante Gunvor tunkte ihren Finger in den Kaffee und rieb ihn über den Rand ihrer Kaffeetasse. Es war aber nicht viel zu hören, also holte William ein Glas mit Wasser und probierte dasselbe. Ein klarer, singender Ton erfüllte die Küche.

»Aber hätte man das nicht hören müssen, wenn es wirklich so gewesen wäre?«, fragte er, nachdem sie ein bisschen der Glasmusik gelauscht hatten.

»Ha!«, sagte Tante Gunvor. »Auf diese Frage hatte Pythagoras natürlich eine Antwort. Er sagte nämlich, wir würden den Ton nur nicht hören, weil er schon immer da gewesen sei. Wir hätten uns daran gewöhnt – so wie an das Brummen des Kühlschranks hier, das uns auch nicht mehr auffällt.

Kepler war sehr fasziniert von der Idee, dass alles auf der Welt auf diese Weise mathematisch und musikalisch miteinander verbunden sein könnte. Das hatte er gemeint, als er Tycho Brahe seinerzeit von der *Harmonie* im Universum überzeugen wollte. Für den gründlichen Tycho Brahe war das bestimmt ein bisschen zu fantasievoll gewesen, aber jetzt versuchte Kepler, die *harmonischen* Verhältnisse in Tychos Messdaten zu finden. Und tatsächlich entdeckte er schließlich *drei* Naturgesetze.«

»Was sind das für Gesetze?«, fragte William. »Sind das Gesetze, die nur draußen in der Natur gelten?«

»Ein Naturgesetz, hm, das ist ein Gesetz, das nichts mit der Polizei oder einem Richter zu tun hat. Es geht nicht darum, was man darf, sondern, wie sich etwas verhält und immer verhalten wird.

Es ist ein Gesetz, das die physischen **Kräfte** in der Natur und die Zusammenhänge zwischen ihnen beschreibt – und das unabhängig von den Menschen ist. Es ist ein Gesetz, das überall gilt, egal wo. Es gilt hier, wo wir beide sitzen, genau wie in China. Und auf dem Mars. Und in anderen Galaxien – soweit wir wissen.

Und solche Gesetze hat Kepler entdeckt. Nur mithilfe der Mathematik und dem eisernen Glauben daran, dass die Welt voll und ganz auf mathematischen Prinzipien aufgebaut ist und es die Aufgabe der Menschen ist, sie zu finden und zu verstehen.«

»Und was für Gesetze sind das, die er entdeckt hat?« William konnte sich nicht vorstellen, was für Regeln das waren, die für das gesamte Universum gelten sollten. Ihm fielen so viele Sachen ein, die immer nur für einige und nie für alle galten.

Mit dem Fahrrad auf dem Bürgersteig fahren war verboten. Aber kleine Kinder durften es trotzdem. Und über Zebrastreifen musste man sein Rad auch schieben. Aber seine Mutter fuhr trotzdem einfach drüber, wenn sie es eilig hatten.

»Besonders aufsehenerregend war sein erstes Gesetz«, sagte Tante Gunvor. »Es brach nämlich mit der Vorstellung vom perfekten, kreisförmigen Universum. Kepler entdeckte, dass Kopernikus vieles nicht richtig verstanden hatte, auch wenn seine Annahme stimmte, dass die Erde um die Sonne kreiste.

Für Kopernikus war die Sonne nur eine Lichtquelle gewesen. Aber Kepler und Tycho Brahe hatten inzwischen beide erkannt, dass die Planeten gar nicht an undurchdringlichen Kugelschalen klebten.

Sie hatten nämlich einen Kometen beobachtet, der sich quer zu den Planetenbahnen bewegte. Also durch das hindurch, was die Menschen bis dahin für feste Schalen aus einem unsichtbaren Material gehalten hatten, das man Äther nannte. Da war ihnen klar geworden, dass die Planeten sich offenbar frei im Universum bewegten.

Aber wenn nicht die Kugelschalen die Planeten in ihren Bahnen hielten, was war es dann?«, fragte Tante Gunvor und fuhr ohne auf eine Antwort zu warten fort. »Kepler grübelte und grübelte. War es womöglich eine Kraft, die von der Sonne ausging?

Währenddessen rechnete er mit den Daten, die Tycho bei seinen Observationen des Planeten Mars gesammelt hatte. Kepler war sicher, dass sie richtig waren, aber sie passten einfach nicht dazu, dass der Mars sich in einer kreisförmigen Bahn um die Sonne bewegen sollte.

Also versuchte er es mit der Theorie der alten Griechen und Araber, dass der Planet sich in kleinen Minikreisen auf seiner Umlaufbahn fortbewegte. Aber das passte auch nicht.

Schließlich probierte Kepler es mit einer Form, die er eigentlich für viel zu einfach gehalten hatte. Mit einer **Ellipse**.«

»Was ist eine Ellipse?«, fragte William.

»Eine Ellipse sieht ein bisschen aus wie ein flach gedrückter Kreis, ein Oval. Aber anders als ein Kreis, der genau einen Mittelpunkt hat, hat eine Ellipse zwei Zentren, die sogenannten *Brennpunkte*. Sie befinden sich an den gegenüberliegenden Seiten des Ovals. Und so fand Kepler schließlich heraus, dass sich alle Planeten in elliptischen Bahnen um die Sonne bewegen. Und dass die Sonne immer mit einem der Brennpunkte übereinstimmt.

Das ist Keplers erstes Naturgesetz: *Die Planeten bewegen sich auf elliptischen Bahnen, und in einem ihrer Brennpunkte steht die Sonne.* Und das war ein wichtiger Schritt, um zu beweisen, dass die Sonne im Zentrum steht.«

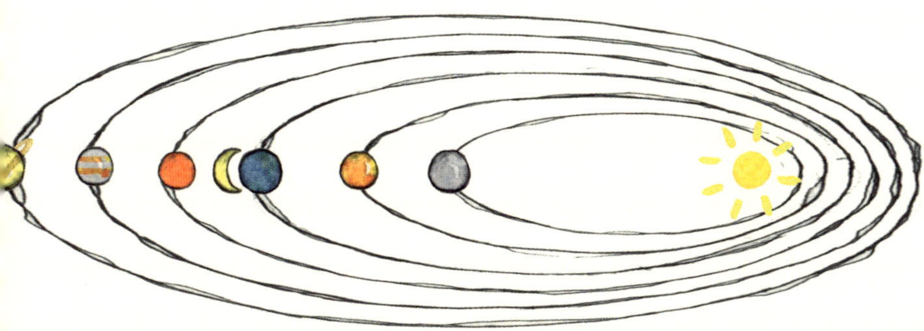

»Und welche Gesetze hat er noch gefunden?«, wollte William wissen.

»Bis zu diesem Zeitpunkt war man davon ausgegangen, dass sich alle Planeten im selben Tempo um die Sonne bewegen. Aber mit dem zweiten Gesetz zeigte Kepler, dass sich ein Planet auf seiner Bahn umso schneller bewegt, je näher er der Sonne ist. Und auch, dass er langsamer wird, wenn er sich am anderen Ende seiner Bahn befindet, also weiter von der Sonne entfernt ist.

Das dritte Gesetz zeigte etwas Ähnliches, nämlich dass sich die äußeren Planeten im Sonnensystem – Jupiter und Saturn, mehr kannte man ja noch nicht – langsamer bewegen als die inneren Planeten. Ja, dass zwischen der Entfernung eines Planeten von der Sonne und der Zeit, die er benötigt, um die Sonne zu umrunden, ein ganz bestimmtes Zahlenverhältnis besteht. Aber *warum* die Planeten sich so verhielten, das konnte Kepler nicht erklären.

Und doch sah er mit seinen schlechten Augen weiter als die meisten seiner Zeitgenossen. Und schon bald sollte die **Naturwissenschaft** die letzten großen Schritte weg vom alten Weltbild machen. Denn zur selben Zeit, als Kepler seine Planetengesetze berechnete, war eine Erfindung dabei, das Wissen der Menschheit für immer zu verändern.«

Tante Gunvor leerte ihre Kaffeetasse.

»Welche Erfindung war das?«, fragte William. Vielleicht hätte er gar nicht fragen müssen. Sie hätte es ihm bestimmt gleich von sich aus erzählt. Er konnte sich die Frage nur einfach nicht verkneifen.

»Komm!«, sagte sie und ging ins Wohnzimmer. Dort steckte sie ihren Kopf in den Schrank, in dem William nach dem geheimen Tor zu einer fremden Welt gesucht und stattdessen die Fernrohrlinsen gefunden hatte. Die, von denen Tante Gunvor behauptet hatte, sie wären genauso magisch wie ein magischer Wandschrank.

Sie holte die Schachtel mit den Glaslinsen heraus, und William trippelte aufgeregt von einem Fuß auf den anderen. Dann packte sie die Linsen vorsichtig aus und hielt sie abwechselnd vors Fenster. William konnte sehen, wie das gedämpfte Licht darin schillerte. Sie entschied sich für zwei kleine Linsen, eine von denen, die sich in der Mitte nach außen wölbten, und eine von denen, die nach innen gewölbt waren.

Tante Gunvor nahm das Paket vom Couchtisch, das sie am Morgen in der Stadt abgeholt hatten, und wickelte einen Kasten aus dem Papier. Darin lag ein langes Rohr, das in ein Tuch eingeschlagen war. Es sah ziemlich alt aus und war an beiden Enden mit Schnitzereien verziert. Ein richtiges Seeräuberfernrohr!

Außerdem lagen noch zwei runde Deckel in dem Kasten, die genauso uralt aussahen. In die legte Tante Gunvor die Glaslinsen hinein – in jeden eine – und schraubte sie vorn und hinten auf das Fernrohr.

»Weder Kopernikus noch Tycho Brahe hatten so etwas wie ein Teleskop zur Verfügung«, sagte sie dann. »Das wurde nämlich erst 1608 erfunden – nur sieben Jahre nach Tycho Brahes Tod.«

Sie ging ans Fenster und hielt das Fernrohr so, dass William hindurchschauen konnte.

»Und jetzt schau dir den Baum noch mal hierdurch an.«

William musste ein bisschen suchen, aber schließlich fand er den Baum auf der anderen Straßenseite.

»Was siehst du?«

»Ich ...« Der Tag war fast vorbei, und Abendlicht lag schon sanft über den Nachbarhäusern. »Ich kann ein Stück von dem Baum sehen. Aber ... da ist so ein grüner Rand drumrum.«

»Das liegt daran, dass bei der Herstellung der ersten Linsengläser Eisen verwendet wurde. Das führt zu dieser Fehlfarbe.«

»Ach so, okay. Ich kann die Blätter erkennen. Und die Früchte. Ich glaube … das sind gar keine Äpfel. Die sehen eher aus wie Pflaumen.«

»Na also! Danke, das wollte ich hören!«, sagte Tante Gunvor.

Im selben Moment ertönte ein durchdringendes DONGGGG von der alten Standuhr. Sie hatte schon ein paarmal geschlagen, während Tante Gunvor erzählt hatte, aber jetzt schlug sie neunmal hintereinander und Tante Gunvor sah William verwirrt an.

»Oh, mir scheint, es ist spät geworden. Mehr schaffen wir heute nicht.«

»Aber ich weiß doch noch gar nicht, warum das Fernrohr magisch ist!« William stampfte ungeduldig mit dem Fuß auf.

»Das ist eine lange Geschichte, und jetzt ist es viel zu spät. Ich …«, sagte seine Tante ausweichend. »Ab ins Bett mit dir.«

Mit diesen Worten nahm sie das Fernrohr und ging nach oben. Was hatte sie denn nur damit gemeint, dass das Fernrohr wie ein magischer Wandschrank war? William war enttäuscht. Er hatte doch bloß einen Baum und ein paar Blätter gesehen.

Und außerdem war er überhaupt nicht müde. Nur ein bisschen hungrig. Sie hatten noch nicht mal richtig zu Abend gegessen. Missmutig ging er in die Küche und schmierte sich ein paar Scheiben Brot mit Hummus.

»Gute Nacht, Küche«, sagte er, nachdem er die Brote verputzt und hinter sich aufgeräumt hatte. Dann verzog er sich nach oben. Vielleicht war er doch ein bisschen müde. Aber als er die Treppe hochkam, bemerkte er eine Luke in der Decke, die ihm vorher noch nie aufgefallen war. Jetzt stand sie offen, und eine Holzleiter war heruntergeklappt. Ein Dachboden!

William starrte die Leiter an, aber ausnahmsweise siegte die Müdigkeit über seine Neugier und er steuerte aufs Badezimmer zu, statt auf Entdeckungsreise zu gehen. Während er sich die Zähne putzte, konnte er Tante Gunvor über seinem Kopf rumoren hören.

»Gute Nacht, Zahnbürste.« Gähn.

»Hallo, Bett. Hallo, Schlafanzug. Hallo, iPad. Gute Nacht, Mama. Noch drei Tage.«

Als er seinen Schlafanzug angezogen hatte, stellte er sich ans Fenster und schaute in den Himmel. Draußen war es immer noch hell, aber er wusste, dass bald die ersten Sterne auftauchen würden. Sie versteckten sich dort draußen im Universum hinter dem hellen Sommerhimmel, auch wenn er sie jetzt noch nicht sehen konnte. Er hätte zu gern gewusst, was man eigentlich alles mit den eigenen Augen sehen konnte. Und was alles nicht?

»Gute Nacht, Sterne.«

Dann zog er den Vorhang zu. Er kroch ins Bett, und sein Blick fiel auf das Buch mit dem magischen Wandschrank, aber er war zu müde, um zu lesen. Das Bett war kühl und weich. Er gähnte. Er schlief.

Tycho Brahe

Geboren 1546 in Knudstrup in Schonen (damals Dänemark, heute Schweden)
Gestorben 1601 in Prag

FAMILIE: *Hineingeboren in die Adelsgeschlechter Bille und Brahe. Gründete als Erwachsener seine eigene Familie mit einer nicht-adligen Frau, Kirsten Jørgensdatter (was seinen Eltern überhaupt nicht gefiel!).*

STUDIERTE: *Jura (und nachts Astronomie)*

WICHTIGER BEITRAG ZUR WISSENSCHAFT: *Seine großen Instrumente und eine besonders gründliche und systematische Art, die Welt zu untersuchen. Er verbrachte die meiste Zeit seines Lebens damit, den Sternenhimmel zu studieren.*

KENNZEICHEN: *Hatte eine Nase aus Metall (wahrscheinlich Messing).*

Tychos Instrumente:

Tycho Brahe baute ein paar riesige, prachtvolle Instrumente, die ihm sehr genaue Messungen lieferten – zum Beispiel den Mauerquadranten und seinen Sextanten, der bei Tante G als Modell im Regal steht.

Sophie Brahe

Geboren ca. 1556/1559
Gestorben 1643 in Helsingør
***FAMILIE:** Schwester von Tycho Brahe*
***STUDIERTE:** Astronomie, Gartenbaukunst und Alchemie (auf eigene Faust)*

Die Parallaxenmethode:
Wenn man die Entfernung zur Sonne kennt (und das tat Tycho) und weiß, wie groß die Winkel der Sichtlinien sind (hier kam der Sextant zum Einsatz), dann kann man den letzten Winkel einfach ausrechnen. So hat Tycho die Entfernung zu den Sternen bestimmt.

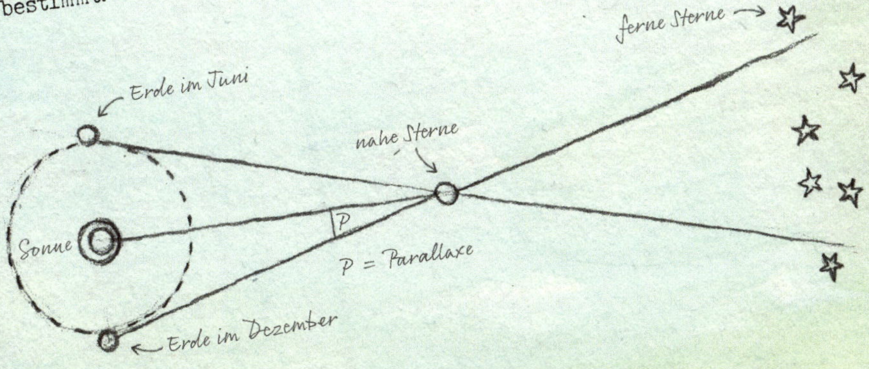

Johannes Kepler

Geboren 1571 in Weil der Stadt, Deutschland
Gestorben 1630 in Regensburg, Deutschland
STUDIERTE/BESCHÄFTIGTE SICH MIT: *Theologie und Mathematik. Und Astronomie.*
HERAUSGEBER VON: *Einer Menge Texten. Darunter ein Buch mit dem Titel* Neue Astronomie *und eins über die Harmonie des Universums.*
WICHTIGER BEITRAG ZUR WISSENSCHAFT: *Berechnete auf der Grundlage von Tycho Brahes Aufzeichnungen, dass sich die Planeten in ellipsenförmigen Bahnen um die Sonne bewegen (und nicht in perfekten Kreisen).*
ALLES ANDERE: *Stritt sich heftig mit Tycho Brahe. Rettete seine Mutter davor, als Hexe verurteilt zu werden. Brieffreund von Galilei. Erfand ein neues, besseres Fernrohr und erforschte, wie das Auge funktioniert. Bemühte sich, die Leute davon zu überzeugen, dass das, was man durch ein Fernrohr sieht, auch wirklich echt ist. Das war offenbar gar nicht so leicht zu verstehen.*

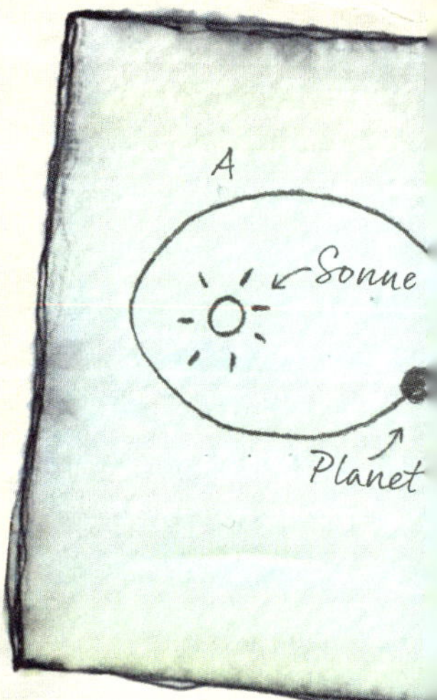

Keplers Gesetze sind ganz schön verzwickt. Ich versuche mal, sie ein bisschen einfacher aufzuschreiben:

1. Gesetz: Alle Planeten kreisen in ellipsenförmigen Bahnen um die Sonne.

2. Gesetz: Ein Planet bewegt sich dann am schnellsten, wenn er ganz nah an der Sonne ist, und am langsamsten, wenn er ganz weit von der Sonne entfernt ist.

3. Gesetz: Je weiter ein Planet von der Sonne entfernt ist, desto länger braucht er, um sie einmal ganz zu umrunden.

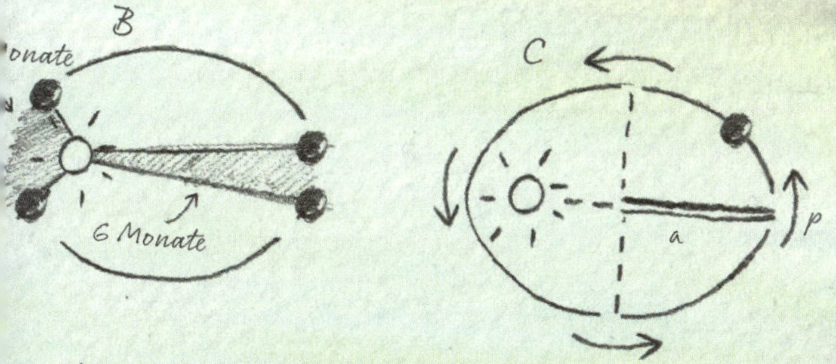

p = Zeit, die eine Umrundung dauert
a = große Halbachse

Fünftes Kapitel

Das magische Fernrohr – oder:
Noch drei Tage Sommerferien, die fast ganz sicher doch nicht so schlimm waren wie gedacht

Am nächsten Morgen verschwand Tante Gunvor, gleich nachdem sie ihr morgendliches Fischbrot verdrückt und ihren Kaffee getrunken hatte. Irgendwann hörte William sie oben auf dem Dachboden herumpoltern, aber davon abgesehen hatte er keine Idee, wo sie sich die ganze Zeit versteckte.

Es ergab sich keine Gelegenheit, sie nach dem magischen Fernrohr zu fragen.

Da es den ganzen Vormittag regnete, blieb er einfach in seiner Kammer. Erst spielte er Minecraft. Er versuchte, den Rundetårn nachzubauen, aber mit den eckigen Blöcken war es schwierig, den spiralförmigen Aufgang hinzubekommen. Schließlich gab er auf und las weiter in dem Buch über den geheimnisvollen Wandschrank. Als die große Standuhr im Wohnzimmer zwölf Uhr schlug, hörte er seine Tante in der Küche klappern und rannte sofort die Treppe hinunter. Rumms, rumms, rumms – mit drei großen Sätzen war er unten.

Tante Gunvor schaute überrascht auf. Und William schaute mindestens genauso überrascht zurück. Sie stand an der Küchenspüle, in einem nassgeregneten grünen Kittel, einen tropfenden Strohhut auf dem Kopf und Holzclogs an den Füßen.

»Ach, da bist du ja«, sagte sie. »Ich mache mir jetzt etwas zu essen. Hast du Hunger?«

William nickte. Er stand unentschlossen in der Tür und wusste nicht so richtig, wie er sich verhalten sollte. »Was ist das da?«, fragte er und zeigte auf ein paar hellrote Dinger, die seine Tante gerade abwusch.

»Radieschen.«

»Was ist das?«

Sie sah ihn ungläubig an.

»RA-DIES-CHEN«, wiederholte sie, sehr deutlich.

»Ja, aber was IST das?«

»Hast du noch nie Radieschen gegessen?« Sie schüttelte entgeistert den Kopf. »Du kannst gern eins probieren. Ich habe sie gerade aus dem Gemüsegarten geholt.«

»Du hast einen Gemüsegarten?« Irgendwie fiel es ihm schwer, sich vorzustellen, wie seine Tante in der Erde herumbuddelte.

»Ja«, sagte Tante Gunvor und sah ihn nachsichtig an – als wäre er ganz schön schwer von Begriff. »Ich. Habe. Einen. Gemüsegarten.«

Erst jetzt bemerkte er auch die kleinen dünnen Karotten und eine Handvoll Schnittlauch, die schon neben zwei Brettchen und ein paar anderen Sachen auf dem Küchentisch bereitlagen. Er schob sich an seiner Tante vorbei, holte sein glutenfreies Brot und ließ sich auf seinen Stuhl fallen.

Tante Gunvor zog ihren Kittel aus, nahm den Hut ab und setzte sich zu ihm. Sie schmierte sich einen luftigen weißen Aufstrich auf ihr Brot, schnitt einige Radieschen in Scheiben, die sie darauf verteilte, und streute ein wenig Schnittlauch über das Ganze.

Das sah lecker aus, und William machte es ihr nach. Aber als er in sein Brot biss, füllte sich sein Mund sofort mit einem undefinierbaren, kräftigen Geschmack. Scharf und sauer und rauchig, und das alles gleichzeitig. Er hustete und gab sich alle Mühe, sich nicht anmerken zu lassen, dass es ihm überhaupt nicht schmeckte.

Sehr, sehr langsam kämpfte er sich durch sein Essen. Er musste sich so konzentrieren, sein Brot herunterzubekommen, dass er überhaupt nicht dazu kam, nach dem Fernrohr zu fragen, bevor Tante Gunvor schon wieder verschwunden war. Und dann saß er da. Schon wieder allein. Er griff nach dem Becher mit dem weißen Aufstrich. »R-ä-u-c-h-e-r-k-ä-s-e« stand darauf. Es war kein Weizenmehl darin, aber das war total egal.

»Hallo, Räucherkäse«, sagte er. »Hat dir schon mal jemand gesagt, dass du echt megaeklig schmeckst? Es ist ganz schön mies, sich als Sahne zu tarnen, obwohl man Käsefußaufstrich ist.«

Als William sein Brettchen und sein Glas abgespült hatte, ging er zu der kleinen Küchentür, die in den Garten hinausführte. Da draußen war er noch nie gewesen, aber er hatte auch keine großen Erwartungen, was das betraf. Durch die Scheibe in der Tür konnte er den Gemüsegarten sehen, der tatsächlich überraschend groß war. Nicht so groß wie das Gemüsebeet, das sie im Schulgarten hatten, aber immerhin.

Es hatte aufgehört zu regnen. Er machte die Tür auf und schlich sich auf Strümpfen nach draußen. Ein Weg aus Steinfliesen führte durch den Gemüsegarten zu einer Wiese, wo ein großer Apfelbaum wuchs, und ganz hinten am Zaun stand ein kleiner Schuppen. Eigentlich war es ziemlich schön hier. Nach dem Regen duftete alles warm und grün. William legte sich in das feuchte Gras und schaute hoch in die Wolken, die gemächlich vorüberzogen und dabei die abenteuerlichsten Formen bildeten.

In diesem Moment hätte er eigentlich überall sein können, und er beschloss, sich vorzustellen, dass er gar nicht im Garten seiner

Tante lag, sondern im Garten eines Ferienhauses, in dem er und seine Eltern einmal Urlaub gemacht hatten. Dort hatte es Erdbeeren gegeben und keine Radieschen.

Aber dann hörte er Stimmen aus dem Nachbargarten. Ein Mädchen und ein paar Erwachsene, die lachten. »Pass auf, Mira!«, »Hahaha«, »Das sah aber gut aus!«

So konnte er sich nicht auf seinen Tagtraum konzentrieren. Die Stimmen hätten genauso gut *»He, William! Schau, wie einsam und langweilig es bei dir ist!«* rufen können. Also ging er zurück ins Haus und verbrachte den restlichen Nachmittag am iPad.

Als er Hunger bekam, ging er nach unten in die verwaiste Küche. Seine Tante hatte einen Topf auf den Herd gestellt, in dem sich eine undefinierbare gelbliche Masse befand. Daneben stand eine leere Konservendose. Gelbe Erbsen. Es roch ein bisschen nach Pups. Er warf einen Blick auf die Rückseite der Dose und las die Inhaltsstoffe. Weizenmehl. Natürlich. Gelbe Erbsen aus der Dose waren also nichts für ihn. Er holte sein glutenfreies Brot aus der Vorratstasche und fragte sich, ob es wohl bis zum Ende der Woche reichen würde. Und ob in dem Brot genug Nährstoffe waren. Er bekam ja so gut wie kein Gemüse hier. Also – abgesehen von Radieschen.

Dann aß er. Und spülte ab.

»Danke für die Hilfe«, sagte er zur Spülbürste.

Er schlurfte aus der Küche und verzog sich wieder nach oben in seine Kammer. Schaute aufs iPad, aber er hatte gar keine Lust, es anzumachen. Es machte überhaupt keinen Spaß mehr, wenn man einfach so viel spielen durfte, wie man wollte. Seine Mutter erlaubte ihm nie, so lange zu daddeln.

Er legte sich aufs Bett und starrte in die Luft. Nicht mal die komischen Geräusche brachten ein bisschen Leben in die Bude. Es war einfach ein unerträglich langweiliger Tag. Die Langeweile hatte sich sogar schon so in ihm breitgemacht, dass er es überhaupt nicht genießen konnte, tun zu dürfen, was er wollte. Er holte sich das Buch über den magischen Wandschrank und fing an zu lesen.

Es war eine fantastische Welt, die sich hinter diesem Schrank befand, voller Hexen, sprechender Löwen und anderer menschenähnlicher Tiere. Er konnte sich beim besten Willen nicht vorstellen, was das mit dem alten Fernrohr seiner Tante zu tun haben sollte.

Und ganz ohne zu merken, wie lange er gelesen hatte, blätterte er plötzlich die letzte Seite um und das Buch war zu Ende. Es versetzte ihm einen kleinen Stich von Einsamkeit, als er sich von den vier Kindern in der Geschichte verabschieden musste. Er drehte sich auf den Rücken. Dann streckte er sich und ging sich die Zähne putzen. Tante Gunvor hatte die Dachbodenleiter wieder ausgeklappt. Er betrachtete sie müde. Dann ging er ins Bad.

»Hallo, Zahnbürste«, murmelte er. »Ist es nicht toll, dass wir so gute Freunde geworden sind?«

Aber als er auf dem Weg zurück in sein Zimmer war, streckte seine Tante plötzlich ihren Kopf aus der Dachbodenluke.

»Es wird bald dunkel. Komm und schau dir das an!«, sagte sie und war schon wieder auf dem Speicher verschwunden. Ohne jede weitere Erklärung, warum er sich anschauen sollte, wie es dunkel wurde.

William zögerte erst, aber dann zuckte er mit den Schultern und kletterte die schmale Holzleiter hoch. Hier oben war es wirklich schon dunkel. Wie auch den Rest des Hauses hatte Tante Gunvor den Dachboden mit ihrem ganz besonderen Sinn für vollgepacktes Durcheinander eingerichtet – mit abgewetzten Möbeln, Unterlagen, Kisten, Büchern und alten Instrumenten sowie einer

Menge anderer Sachen, die William nicht erkennen konnte, weil sie mit Laken zugehängt waren (was Tante Gunvor in den anderen Zimmern nicht gemacht hatte).

Aber in der Mitte des Raums, unter einem großen Dachfenster, war eine Lichtung in dem ganzen Chaos. Vom Garten aus hatte er das Fenster gar nicht bemerkt. Jetzt war es offen, und darunter stand auf einem goldenen Stativ das alte Fernrohr im zartlila Abendlicht und zeigte nach oben in den noch hellen Sommerhimmel.

Abschnitt, in dem wir etwas über Galileo Galilei hören. Und in dem wir endlich erfahren, was es mit diesem Fernrohr auf sich hat.

»Brillen«, setzte Tante Gunvor an und gab William ein Zeichen, dass er zu ihr kommen und sich auf eine Holzkiste setzen sollte, »waren in Europa schon seit dem 13. Jahrhundert bekannt. Aber das Fernrohr wurde erst vierhundert Jahre später erfunden.

Es heißt, dass die Kinder eines holländischen Brillenmachers mit ein paar Linsen, also Brillengläsern, spielten und dabei herausfanden, dass sie den Wetterhahn auf dem Dach des Nachbarn plötzlich so deutlich erkennen konnten, als wäre er direkt vor ihrer Nase, wenn sie zwei unterschiedliche Gläser voreinander hielten – nämlich eins, mit dem kurzsichtige Leute besser in die Ferne, und eins, mit dem Weitsichtige besser in die Nähe sehen konnten.

Das brachte den Brillenmacher auf die Idee, die beiden Glaslinsen an den Enden eines Rohrs zu befestigen, und so war das Fernrohr erfunden und verbreitete sich rasch in ganz Europa.

Man merkte sehr bald, dass dieses Gerät ein geniales Hilfsmittel im Krieg war. So wusste man schon viel früher, ob sich feindliche Schiffe oder Soldaten der Stadt näherten, und man konnte aus sicherer Entfernung einen heimlichen Blick in das Lager des Feindes werfen.

Aber in Italien lebte ein Mann, der schnell erkannte, dass ein Fernrohr viel mehr war als nur ein Kriegsgerät. Sein Name war Galileo Galilei.«

»Gali ...?«, fragte William.

»Galileo Galilei«, wiederholte Tante Gunvor.

»Gali ... leo Galilei?«, sagte William zaghaft und seine Tante bestätigte: »Galileo Galilei.«

William musste lachen. Das klang wie ein Kinderreim.

»Galileo Galilei!«, sagte er laut. »Galileo Galilei.«

»Galileo Galilei«, stimmte seine Tante mit ein und ihr Mundwinkel zuckte dabei ganz leicht.

»Galileo Galilei.«

»Galileo Galilei.«

»Galileo Galilei.«

»Galileo Galilei.«

Jetzt war er sicher, dass es ein kleines Lächeln war, das er da in ihrem Gesicht bemerkt hatte. William lächelte auch. Und dann war er still, damit sie weitererzählen konnte.

»Galileo Galilei war ein sehr kluger und erfindungsreicher Mann. Er hatte Mathematik und Physik studiert und war sehr gut darin, alles Mögliche zu berechnen. Außerdem hatte er seinem Vater, einem Musiker und Komponisten, oft geholfen, wenn der mit Musikinstrumenten experimentierte, etwa um herauszufinden, in welchem Verhältnis die Saiten eines Instruments gespannt sein müssen, um harmonisch zu schwingen. Das war nichts anderes als eine Weiterentwicklung von Pythagoras' Theorie über die Musik. Erinnerst du dich noch?«

William nickte.

»War das nicht dieser Grieche, der mit Dreiecken gerechnet hat und dachte, das Universum würde Musik machen?«

»Ganz genau. Bravo.«

Tante Gunvor ging zu einer Kiste und nahm etwas heraus, das aussah wie eine dickbäuchige Gitarre. Sie spielte ein paar Töne darauf.

»Pythagoras meinte«, sagte sie, »dass das Längenverhältnis der Saite darüber entschied, ob ein Ton harmonisch war. Galileis Vater dagegen ging eher praktisch an die Sache heran und probierte solange aus, bis es sich harmonisch anhörte. Na ja«, sagte sie und stellte die Gitarre beiseite. »Was ich damit sagen will, ist, dass Galilei von Kindesbeinen an daran gewöhnt war zu forschen, zu experimentieren und Dinge zu bauen.

Im Unterschied zu den meisten anderen war er bereit, seine Vorstellungen anzupassen, wenn bei einem Experiment etwas anderes herauskam, als er erwartet hatte – er gab sich nicht mit dem zufrieden, was in den Büchern stand. Er wollte Beweise sehen.«

»So wie Tycho Brahe?«, warf William ein.

»Ja. Und es dauerte nicht lang, bis Galilei sein eigenes, verbessertes Fernrohr entwickelt hatte, das zwanzigfach vergrößern konnte. Jetzt konnte er viel, viel mehr sehen als mit bloßem Auge.«

»Wie viel kann man denn mit großem Auge sehen?«

»Nicht mit großem Auge. Mit der Größe hat das nichts zu tun.

Mit *bloßem* Auge. Das bedeutet nur mit dem Auge, ohne ein Hilfsmittel, also ohne Brille oder Fernrohr.

Wie weit man sehen kann, hängt von verschiedenen Dingen ab. Zu allererst natürlich vom Licht. Das Auge sieht Licht, und wenn kein Licht da ist, dann sieht es auch nichts. Je kräftiger das Licht ist, umso deutlicher kann man es sehen. Aber es kommt auch darauf an, wie kräftig das Licht im Vergleich zu anderen Lichtquellen ist und wie weit es entfernt ist.

Die Sterne am Himmel leuchten ziemlich hell. Aber sie sind sehr weit weg, und am Tag, wenn die Erde in Sonnenlicht badet, können wir die Sterne nicht sehen, weil das Sonnenlicht alles überstrahlt. Und das, obwohl viele Sterne größer und heller sind als unsere Sonne.

Darum ist es in einer Sommernacht wie heute auch schwerer, Sterne zu beobachten, wenn der Himmel so wie hier bei uns im Norden gar nicht ganz dunkel wird. Aber ein paar der besonders hellen Himmelskörper können wir trotzdem erkennen.

Eine Kerze ist im Dunkeln höchstens zwei, drei Kilometer weit sichtbar, und auch nur, wenn keine Straßenlaternen in der Nähe sind. Ein Stern dagegen ist so weit weg, dass die Entfernung für uns nahezu unvorstellbar ist. Dass wir sein Licht trotzdem sehen können, liegt daran, dass er viel, viel heller leuchtet als die kleine Kerze.

Deshalb ist es auch wichtig, dass alle Lichter aus sind, wenn man Sterne beobachten möchte. Das Auge muss sich an die Dunkelheit gewöhnen, um die fernen Lichter am Himmel erkennen zu können. Nach etwa einer halben Stunde im Dunkeln entwickelt sich die sogenannte Nachtsicht. Das bedeutet, dass man Dinge voneinander unterscheiden kann, obwohl nur wenig Licht zur Verfügung steht. Das funktioniert, indem sich die Pupillen des Auges weiten, sodass mehr Licht einfallen kann. Ziemlich schlau, nicht wahr? Hier in der Stadt ist die Lichtverschmutzung durch die Häuser, Autos und Straßenlaternen allerdings so stark, dass sich nie eine richtige Nachtsicht einstellt.

Na ja. Aber Licht sehen zu können ist ja nicht dasselbe, wie es *deutlich* sehen zu können. Und das war die Herausforderung, vor der die Astronomen zu allen Zeiten standen. Vor Galileo Galilei. Man spricht dabei von der *Auflösung* des Auges.«

»Der Auflösung?!«, fragte William, dem sofort einfiel, wie sein Vater damals Williams ersten ausgefallenen Milchzahn in ein Glas Cola gelegt hatte, um ihm zu zeigen, wie ätzend Cola wirkt. Am nächsten Tag hatte der Zahn schon ganz pelzig und schwarz ausgesehen. Hoffentlich war es nicht das, was Tante Gunvor damit meinte?

»Dieses Wort …«, setzte sie an, »… ist vielleicht ein bisschen missverständlich. Gemeint ist damit, dass dein Auge, selbst wenn du ganz nah rangehst, nichts erkennen kann, was kleiner ist, als dein Haar breit ist. Verstehst du?«

William betrachtete seinen Handrücken und die winzigen, blonden Härchen, die darauf wuchsen. Wenn er die Hand von sich weghielt, konnte er die Haare in dem schwachen Licht kaum noch erkennen.

»Je weiter etwas weg ist, umso größer und heller muss es sein, damit du es sehen kannst. Wenn du dich draußen auf die Straße stellst und zu der Ampelkreuzung einen Kilometer weiter schaust, dann kannst du Gegenstände von der Größe eines Fußballs gerade noch sehen, kleinere Sachen werden unscharf. Für Tycho Brahe und die anderen Astronomen vor ihm bedeutete das, dass sie eine perfekte glänzende Scheibe sahen, wenn sie den Mond betrachteten. Das kannst du selbst ausprobieren, schau.«

William stand auf und stellte sich unter das offene Dachfenster. Der Mond war nicht ganz voll, aber trotzdem ziemlich deutlich zu sehen. Er leuchtete hell über den Dächern der Nachbarhäuser.

»Da sind so Schatten auf dem Mond«, bemerkte William.

»Ja«, sagte seine Tante. »Kannst du erkennen, woher diese Schatten kommen?«

»Hm. Ne. Sind das Wolken?«

»Nein, sie verändern sich nicht. Sie sind immer an derselben Stelle. Für Tycho Brahe und die Astronomen vor ihm sah es so aus, als bestünde der Mond aus einem glatten Material. Als wäre er eine Kugel aus feinstem glatt poliertem Marmor. Aber in einer Herbstnacht im Jahr 1609 stellte sich Galileo Galilei in den Garten seiner venezianischen Villa und richtete sein Teleskop auf den Mond.«

Tante Gunvor ging zu dem Fernrohr auf dem Stativ und schaute hinein. Sie veränderte die Ausrichtung ein bisschen, dann drehte sie sich zu William um.

»Das hier ist ein Fernrohr aus Galileis Zeit. Es ist vierhundert Jahre alt und wenn du hineinschaust, dann siehst du dasselbe, was Galilei damals gesehen hat – zum allerersten Mal in der Geschichte der Welt.«

William ging zu ihr. Er hielt sich ein Auge zu und legte das andere vorsichtig an die Linse des Fernrohrs.

»Ist das ... der Mond?«

»Ja, das ist ein kleiner Ausschnitt des Monds. Was siehst du?«

»Ich sehe etwas, das ... jedenfalls nicht glatt aussieht. Wow!«

William starrte auf die helle Scheibe vor sich im Fernrohr. Die Oberfläche des Mondes sah ganz vernarbt aus, und alles wirkte so klar und deutlich, als müsste er nur die Hand ausstrecken, um sie mit den Fingern zu berühren.

»Das sieht ja aus wie Löcher. Oder ... wie Berge?«, schlug William zögernd vor.

»Ganz genau.«

William sah sich den Mond lange an und betrachtete die vielen Linien. »Aber ...«, murmelte er und sah dann seine Tante an, »warum ist das magisch?«

»Du bist so daran gewöhnt, Dinge zu sehen, die in Wirklichkeit nicht da sind – auf deinem iPad, am Computer, im Fernsehen –, dass es gar nichts Besonderes mehr für dich ist. Aber Galilei konnte als erster Mensch überhaupt einen Blick in eine Welt werfen, die vor ihm noch nie jemand gesehen hatte: die Welt des Himmels. Der Himmel war ein Ort, den ein Mensch mit seinen Sinnen nicht erfassen konnte. Deshalb hatte man diesem Ort eine Menge geheimnisvoller Eigenschaften zuschreiben können und jeder konnte sich etwas anderes darunter vorstellen.

Das Fernrohr war nun wie ein magisches Tor zu dieser unbekannten Welt, die den Menschen seit Adam und Eva versperrt gewesen war. Eine Erfindung, die einerseits zwar ganz einfach war, aber andererseits doch großes Wissen erforderte – oder zumindest Neugier.

Nur mithilfe von zwei Glasscheiben, einer **konvexen**, die das Licht bündelte, und einer **konkaven**, die das Licht streute, konnte Galilei Dinge, die so weit weg waren, dass er niemals hätte dorthin reisen können, so nah zu sich heranholen, als wären sie direkt vor seiner Nase.«

»Und was haben die Glasscheiben jetzt mit Hexen zu tun?«, fragte William.

»Hexen?« Tante Gunvor sah verwirrt aus.

»Na, du hast doch eben gesagt, dass er die Hilfe von einer Hexe hatte und von der anderen, der ... äh ... Braven?«

»Hrm. Nein, du meinst konvex und konkav?«

»Ja?«

»Okay, das ist die Form der Glaslinsen. Aber von mir aus, sagen wir, die eine ist die Hexe und die andere die Brave. Schau her!«

Sie nahm die Schachtel und nahm eine der Linsen heraus.

»Das hier ist Hexe Konvex. Sie hat sich hier in der Mitte richtig dick und rund gefuttert. Weil sie nämlich alles sammelt.«

Sie zeigte William eine Glasscheibe, die sich nach außen wölbte und in der Mitte dicker war als am Rand.

»Was sammelt sie denn?«

»Licht. Sie sammelt jede Menge Licht, und deshalb wird sie dick.«

William warf seiner Tante einen verstohlenen Blick zu und überlegte, ob das wirklich dieselbe Tante war, die sich da gerade eine Geschichte über dicke Hexen ausdachte. Sie blinzelte verstohlen zurück.

»Alles, was unsere Augen sehen, ist Licht, und die gewölbte Oberfläche vom Bauch unserer Hexe Konvex kann eine Menge Licht einsammeln. Deshalb hat Galilei sie vorn in sein Fernrohr gesteckt, damit sie das Licht der fernen Himmelskörper einfangen kann.

Das Problem für Galilei bestand nun darin, das Licht, das die Hexe Konvex für ihn gesammelt hatte, wieder in ein klares Bild umzuwandeln. Und dafür musste er sich Hilfe bei der, äh, Braven Konkaven holen.«

Tante Gunvor kramte kurz in der Schachtel und zog dann eine zweite Glasscheibe heraus, die sie William zeigte.

Sie war nach innen gewölbt und dünner in der Mitte.

»Die Brave Konkave ist sehr mager. Weil ... sie alles, was sie hat, sofort an alle anderen verteilt.«

»Ist das auch wieder Licht, das sie verschenkt?«

»Ja, genau. Die nach innen gewölbte Oberfläche der Linse streut das Licht. Diese Form nennt man konkav. Und Galilei fand heraus, dass er die Brave Konkave dazu verwenden konnte, das ganze Licht, das die Hexe Konvex eingesammelt hatte, wieder zu verteilen, wenn er die beiden gemeinsam in sein Teleskop einbaute.«

Sie gab William die Linsen, damit er sie sich genauer anschauen konnte. Ehrfürchtig nahm er sie in die Hand, setzte sich damit auf seine Holzkiste und betrachtete die Glasscheiben von allen Seiten.

»Ein Fernrohr *vergrößert* und *sammelt* das *Licht*. Aber diese beiden Dinge hängen nicht unbedingt miteinander zusammen. Die Menge des Lichts, die ein Fernrohr einfangen kann, hängt davon ab, wie groß die konvexe Linse ist, also die Öffnung des Fernrohrs. Das sorgt dafür, dass man Dinge sehen kann, die nicht ganz so stark leuchten.

Die Vergrößerung dagegen hängt nicht nur davon ab, wie groß die Linsen sind, sondern von dem Abstand zwischen den beiden. Das sorgt dann dafür, dass man etwas schärfer sehen kann, als die Auflösung des Auges es sonst erlauben würde.

Galilei experimentierte mit den Linsen und verbesserte so seine Teleskope«, sagte Tante Gunvor und richtete das Fernrohr noch einmal ein bisschen anders aus. »Und seitdem haben viele andere Wissenschaftler weiter experimentiert und noch bessere Methoden gefunden, Teleskope zu bauen, mit denen man noch viel mehr sehen kann, sodass wir immer mehr über den unergründlichen Weltraum lernen. Aber alles hat mit Galileis erstem zaghaften Besuch im All begonnen.«

Und jetzt erfahren wir mehr über das, was bei Galileis Himmelsguckerei so alles herauskam.

»Galilei war so erstaunt über das, was er gesehen hatte«, fuhr Tante Gunvor fort, »dass er ein Buch mit seinen Beobachtungen herausbrachte. Übersetzt lautet der Titel etwa *Nachricht von neuen Sternen*.

Das Buch sorgte für großes Aufsehen. Galilei beschrieb darin die Mondkrater und die **Milchstraße**, die man bis dahin für ein leuchtendes Band am Himmel gehalten hatte. Nun zeigte sich, dass sie in Wahrheit eine gigantische Ansammlung unendlich vieler Sterne war, die aus dem milchigen Nebel hervortraten, wenn man sie durch ein Fernrohr betrachtete.

Das alles schien so wundersam, dass manche meinten, Galilei hätte Bilder in sein Fernrohr gesteckt – dass das alles einfach nicht wahr sein könne. Die Menschen waren erschüttert. Für sie schien es unvorstellbar, dass man nur mithilfe von ein paar Glasstücken so weit entfernte Dinge so deutlich sehen konnte.

Aber es war die eine Sache, dass sich die Oberfläche des Mondes gar nicht so sehr von der Erde unterschied und dass es viel mehr Sterne gab, als man bis dahin gedacht hatte. Eine ganz andere war, dass Galilei etwas entdeckte, was ganz stark darauf hindeutete, dass Kopernikus mit seinem Weltbild, bei dem die Sonne im Zentrum stand, recht gehabt hatte.«

Tante Gunvor machte eine Pause und sah William bedeutungsvoll an.

»Was war das für eine Entdeckung?«, fragte er ungeduldig.

»Die Jupitermonde!«

»Die Jupitermonde? Was haben die damit zu tun?«

»Denk daran, dass noch nie ein Mensch so weit in die Ferne gesehen hatte wie Galilei. Alles, was man am Nachthimmel bis dahin erkennen konnte, waren kleine leuchtende Punkte. Und man bezeichnete alle diese Punkte als Sterne und die Planeten als

Wandersterne. Man wusste nicht, dass die Planeten nicht selbst leuchten, sondern nur das Licht der Sonne reflektieren.

Das Einzige, was die Planeten von den anderen Sternen zu unterscheiden schien, war die Tatsache, dass sie sich bewegten. Und Jupiter gehört zu den hellsten Objekten am Nachthimmel. Selbst an einem Sommerabend wie heute kann man ihn ziemlich deutlich erkennen. Schau mal.«

Sie zeigte nach oben. Es waren noch fast keine Sterne zu sehen, aber einer stand trotzdem schon leuchtend hell neben dem Mond. Ein großer, klarer Stern am blauen Himmel. Sie richtete das Teleskop neu aus, sodass es auf den Jupiter zeigte, und forderte William auf, hindurchzuschauen. Er legte die Glaslinsen zurück in die Schachtel und hielt ein Auge an das Fernrohr.

Und dann sah er ihn, den großen Stern. Und plötzlich bemerkte er ganz dicht daneben auch noch eine Gruppe winzig kleiner Sterne.

»Ist das Jupiter?«

»Ja.«

»Dann ... ist das gar kein Stern?«

»Nein, Jupiter ist ein Planet, genau wie die Erde«, antwortete Tante Gunvor.

»Und was ist mit den kleinen Sternen daneben?«, fragte William. »Sind das ...«

»Sie waren das Zeichen für Galilei, dass Kopernikus recht hatte und die Erde nicht der Mittelpunkt des Universums ist. Galilei entdeckte nämlich nicht nur, dass dieser Wanderstern, also Jupiter, sich um die Sonne zu bewegen schien – sondern dass er dabei auch noch von anderen Sternen begleitet wurde.

Zuerst dachte Galilei, es wären einfach ein paar Sterne in der Nähe, die er vorher nur noch nicht hatte sehen können. Aber als er in der darauffolgenden Nacht wieder sein Teleskop auf den Jupiter richtete, um zu überprüfen, wie weit sich der Planet in der Zwischenzeit bewegt hatte, da traute er seinen Augen kaum: Die kleinen Sterne hatten sich ebenfalls bewegt! Sie schienen den wandernden Jupiter zu begleiten. Also beschloss Galilei, sie über viele weitere Nächte hinweg zu beobachten.

Manchmal zeigten sie sich auf der einen Seite Jupiters, manchmal auf der anderen. Mal sah er vier Sterne, mal nur zwei oder drei. Das konnte nur bedeuten, dass sie sich mal vor und mal hinter dem Planeten befanden. Er beobachtete sie Nacht für Nacht und notierte sorgfältig, was er sah. Und so kam er schließlich zu dem Schluss, dass es nur eine Erklärung für seine Beobachtungen geben konnte: nämlich, dass diese Sterne genauso um den Jupiter kreisten, wie der Mond um die Erde.

Das war der Beweis, dass die Erde nicht als Einzige von anderen Himmelskörpern umrundet wurde. Und das wiederum stellte den alten Glauben in Frage, dass sich alles um die Erde drehte. Denn hier war plötzlich eine Handvoll kleiner Sterne – oder besser gesagt Monde – die um einen ganz anderen Planeten kreisten und sich dabei kein bisschen für die Erde interessierten.«

Tante Gunvor sah William an.

»Glaubst du, dass es irgendwo anders im Weltall auch Leben gibt?«, fragte sie.

»Ja!«, antwortete William wie aus der Pistole geschossen. »Ich fände es eher komisch, wenn nicht – bei so vielen Sternen und Planeten!«

Tante Gunvor nickte. »Dann versuch dir jetzt mal vorzustellen, in deinem Leben würde sich alles nur um die Erde drehen. Du hättest dir nicht einmal in deinen wildesten Träumen ausgemalt, dass es einen anderen Planeten als die Erde oder irgendwo anders im Universum Leben geben könnte. Und dann entdeckst du, dass der Jupiter vielleicht genauso ein Planet wie die Erde ist, und dass er nicht nur einen Mond hat, sondern sogar von vier Monden umkreist wird.

Eins der Argumente gegen Kopernikus' Weltbild war immer gewesen, dass die Erde sich unmöglich bewegen könne, weil sie auf dem Weg um die Sonne ja sonst den Mond verlieren würde. Aber nun konnte man sehen, dass der Jupiter wanderte, ohne seine Monde zu verlieren.

Galilei war davon überzeugt, dass der Unterschied zwischen Himmel und Erde überhaupt nicht so groß war, wie man immer geglaubt hatte. Dass die Erde vielleicht gar nicht so einzigartig war. Kannst du dich erinnern, dass Tycho Brahe nicht an Kopernikus' Idee geglaubt hatte, weil dadurch seiner Meinung nach ein viel zu großer leerer Raum zwischen Saturn und den Sternen entstanden wäre?«

William nickte.

»Tycho Brahe war wohl davon ausgegangen, dass die Sternenschicht eine gewisse ›Dicke‹ haben musste«, sagte Tante Gunvor, »also, dass die Sterne nicht an dünnen Schalen klebten. Überhaupt war er ja schon von der Vorstellung der undurchdringlichen Kugelschalen abgerückt.

Aber Galilei ahnte nun dank seines Fernrohrs, dass die Sternenschicht nicht nur eine gewisse ›Dicke‹ hatte, sondern dass sie viel, viel weiter in die Tiefe reichte, als sich je jemand vorgestellt hatte. Es deutete alles darauf hin, dass die Entfernungen im Universum wesentlich größer waren als gedacht, und damit begann Tychos Argument zu bröckeln. Denn Galilei war natürlich klar, dass es nur eine Frage von besseren Teleskopen war, bis die Menschheit noch weiter in die Ferne sehen konnte.«

Und zu allem, was bei dieser ganzen Himmelsguckerei herauskam, gehört leider auch Galileis berühmter Rechtsstreit. Und um den geht es jetzt.

»Hatte Kopernikus damit jetzt gewonnen?«, fragte William.

»Nein, so einfach war es nicht. Denn es gab Leute, die waren überhaupt nicht begeistert von Kopernikus' Ideen.«

»Wer denn?«

»Die Kirche.«

»Die Kirche?!«

»Ja. Es war zwar die Zeit der großen Entdeckungsreisen, und die Menschen waren ganz verrückt nach Entdeckungen. Aber das Land, das Galilei gefunden hatte, war nun mal kein neues Amerika oder eine neue Handelsroute. Das Land, das er erforschte, war der Himmel.

Und der Himmel gehörte der Kirche. Das war das Reich Gottes, und nur die Geistlichen hatten das Recht, sich über Dinge zu äußern, die mit Gott zu tun hatten. Deshalb waren sie gar nicht erfreut darüber, als ein übereifriger Wissenschaftler herumerzählte, er habe mit eigenen Augen gesehen, dass der Himmel anders aussieht, als es in der Bibel steht. Galilei war sich sehr wohl bewusst, dass er vorsichtig sein musste. Das schrieb er auch in einen Brief an Johannes Kepler, der ihn aufgefordert hatte, seine Erkenntnisse zu veröffentlichen.«

»Kepler? Also der von gestern? Kannten die beiden sich?«

»Ja, sie schrieben sich. Kepler hatte Galilei eine Kopie seines Buchs geschickt, weil er gehört hatte, dass Galilei sich ebenfalls für Astronomie interessierte. Und als Kepler Galileis *Nachricht von neuen Sternen* gelesen hatte, schrieb er eine begeisterte Antwort, in der er Galileis Entdeckung anerkannte, was viele andere nicht taten, weil sie gar nicht verstanden, wie so ein Teleskop funktionierte.

Galilei war sehr dankbar für Keplers Unterstützung in dieser Zeit, in der nicht viele an ihn glaubten. Tatsächlich war Kepler so begeistert von den Möglichkeiten, die das Teleskop bot, dass er sofort anfing zu untersuchen, wie unser Auge funktioniert.«

»Obwohl er nichts sehen konnte?«

»Stimmt, jetzt, wo du das so sagst, klingt das wirklich ein bisschen komisch. Ich weiß aber auch gar nicht, wie schlecht seine Augen wirklich waren – er hat nämlich trotzdem das Teleskop weiterentwickelt und seine eigenen Observationen gemacht.«

»Vielleicht«, dachte William laut nach, »vielleicht hat er ja nur deshalb so viel über Augen nachgedacht, weil er nicht so gut sehen konnte. Also darüber, wie Augen funktionieren und so? Ich denke jedenfalls viel mehr über Sachen nach, die ich nicht so gut kann, als über Sachen, die mir leichtfallen. So wie damals, als ich noch nicht pfeifen konnte, und die ganze Zeit versucht habe herauszufinden, wie das geht.«

Tante Gunvor sah ihn an. Und nickte.

»Das ist gar kein schlechter Gedanke.« Sie nickte wieder. »Na ja. Kepler und Galilei waren beide sehr gläubig. Das heißt, sie glaubten beide an Gott und waren überzeugt davon, dass alles, was die Bibel über die Menschen sagt, richtig ist. Aber sie waren auch der Meinung, dass die Natur Gottes Sprache ist und dass es die Aufgabe der Menschen ist, die Natur zu untersuchen und so diese Sprache zu entziffern. Sie wussten allerdings auch, dass nicht alle diese Überzeugung teilten.

Ein katholischer Mönch namens Giordano Bruno, der ein Anhänger von Kopernikus' Weltbild mit der Sonne im Zentrum war, war nämlich deshalb zum Tode verurteilt worden.«

»Zum Tode verurteilt?« William schauderte. »Ich dachte, man hätte die Leute nur ins Gefängnis geworfen?«

»Ähm, nein. Damals war man ziemlich brutal. Kerker war noch die barmherzige Strafe. Giordano Bruno war in ganz Europa herumgereist und hatte von Kopernikus' Buch berichtet. Aber nicht nur das. Er hatte noch eine Menge anderer Dinge gesagt – zum Beispiel, dass Jesus nicht Gottes Sohn wäre und dass das Universum unendlich sei und es unendlich viele Sonnensysteme mit Planeten wie unserem gäbe. Das wollte sich die Kirche nicht länger mitanhören.«

»Aber«, fiel William ihr aufgebracht ins Wort, »das stimmt doch! Es gibt doch andere Sonnen und Planeten!«

»Ja, schon, aber damals wusste man das ja noch nicht. Und weil Giordano Bruno nicht bereit war, damit aufzuhören, seine Vorstellungen zu verbreiten, verurteilte die katholische Kirche ihn als **Ketzer** zum Tode.«

»Was ist ein Ketzer?«

»Ein Ketzer ist jemand, der Gottes Wort widerspricht. Oder besser gesagt, der die Aussagen der Kirche in Frage stellt. Genau wie die Hexen wurden Ketzer damals auf dem Scheiterhaufen verbrannt.«

»Verbrannt?!«

»Ja. Hrmh«, Tante Gunvor sah William betreten an. »Aber das ist schon sehr, sehr lange her. Zum Glück gibt es das heute nicht mehr. Ich habe dir das nur erzählt, damit du verstehst, wie viel für Galileo auf dem Spiel stand, als er sich dafür entschied, laut auszusprechen, dass er Kopernikus glaubte. Er wusste, dass er den Tod riskierte, wenn er nicht vorsichtig war.«

William bekam richtig Bauchweh bei dem Gedanken daran, wie gefährlich es damals gewesen sein musste, die Welt zu erforschen.

»Aber«, fuhr Tante Gunvor fort, »es passierte zunächst nicht mehr, als dass die katholische Kirche nach dem Erscheinen von Galileis Buch eine Untersuchung von Kopernikus' Text über die *Kreisbewegungen der Himmelskörper* einleitete. Am Ende wurden ein paar Sätze in Kopernikus' Buch verboten und Galilei musste versprechen, Kopernikus' Idee, dass die Erde sich bewegte, nie mehr zu unterstützen.

Aber dieses Versprechen konnte Galilei nicht halten. Er war einfach zu neugierig und wollte so unbedingt wissen, wie alles zusammenhing, dass er nach sechzehn Jahren ein Buch mit dem Titel *Dialog über die beiden hauptsächlichen Weltsysteme* herausgab.«

»Dia…?«

»*Dialog über die beiden hauptsächlichen Weltsysteme: Das ptolemäische und das kopernikanische.* Um ganz genau zu sein.«

»Was ist ein Dialog?«

»Ein Gespräch. Die Sache mit den beiden Weltsystemen war ja eine ziemlich heikle Angelegenheit, deshalb war so ein Dialog eine geschickte Möglichkeit für Galileo, seinen Standpunkt zu erläutern – ohne zu verraten, was er selbst darüber dachte.«

»Was sind die zwei Weltsysteme?«, fragte William.

»Damit ist das gemeint, was wir heute Sonnensystem nennen. Aber in dem Wort *Sonnensystem* steckt natürlich schon drin, dass sich alles um die Sonne dreht, nicht wahr? Nur davon war man damals ja noch nicht überzeugt.

Also sprach man vom alten Weltsystem oder altem Weltbild: dem ptolemäischen, bei dem die Erde im Zentrum stand. Und von dem neuen, dem *kopernikanischen Weltsystem*, bei dem sich die Sonne im Mittelpunkt befand. Das alte wurde auch *geozentrisches* Weltsystem genannt und das neue *heliozentrisch*. *Ge* ist, wie du dich vielleicht erinnerst, das griechische Wort für Erde und *helios* heißt Sonne. Heute reden wir nur noch vom Sonnensystem. Über das geozentrische Weltsystem sprechen wir nur noch, wenn es um die Vergangenheit geht.«

»Ah, okay.«

»Jedenfalls gab Galilei ein Buch heraus, in dem er diese beiden Weltsysteme diskutierte. Es war aufgebaut wie ein Gespräch zwischen drei Männern, von denen einer versuchte zu erklären, warum das neue Weltsystem mehr Sinn ergab als das alte. Der zweite dagegen erklärte, warum das alte sinnvoller sei, und der dritte hörte zu – und stimmte meistens dem zweiten zu, der sich für das alte Weltsystem einsetzte.

Aber jedem, der das Buch aufmerksam las, war sofort klar, dass der Erste, der sich für das neue Weltsystem einsetzte, der Vernünftigste von allen war – und dass Galilei das kopernikanische Weltbild vertrat. Und nun wurde die Kirche in Galileis Heimatland wütend, denn Galilei hatte sein Versprechen nicht gehalten. Es begann ein Prozess gegen ihn, der weitreichende Folgen haben sollte.«

»Was ist dann passiert? Ist ... ist Galilei auch ... verbrannt worden?«

»Nein, zum Glück nicht. Galilei wusste ganz genau, dass er sich auf gefährliches Gebiet begeben hatte. Er war ein sehr gläubiger Mensch. Als junger Mann hatte er sogar davon geträumt, sein Leben als Mönch im Kloster zu verbringen.

Aber er war auch überzeugt davon, dass die Wissenschaft die Freiheit haben musste, die Welt ungehindert zu erforschen und von ihren Entdeckungen zu berichten. Es war niemandem damit gedient, wenn die Wissenschaft von der Kirche oder anderen Autoritäten eingeschränkt wurde. Also tat er alles, was in seiner Macht stand, um den Prozess zu gewinnen und den Papst und die katholische Kirche davon zu überzeugen, dass seine Entdeckungen *nicht* im Widerspruch zu Gottes Wort standen.

Das gelang ihm leider nicht, aber er hatte aus Giordano Brunos traurigem Schicksal gelernt, und so schwor er am Ende auf Knien, dass er sich geirrt habe. Auf diese Weise kam er mit dem Leben davon, aber er wurde mit lebenslangem Gefängnis bestraft. Der Legende nach hat er zuletzt *›und sie bewegt sich doch‹* gemurmelt. Also die Erde.«

»Das war aber ganz schön krass.«

»Ja. Er war ein bisschen vorlaut, der gute Galilei.«

»Nein, nicht Galilei. Die Kirche. Das war krass, dass er ins Gefängnis musste.«

Tante Gunvor nickte.

»Zum Glück«, sagte sie, »war der Papst gnädig und erlaubte Galilei, die Strafe in seiner Villa in der Nähe von Florenz zu verbüßen. Auf seine alten Tage erblindete er – vielleicht weil er mit seinem Fernrohr in die Sonne geschaut hatte –, aber so konnte er seine letzten Jahre einigermaßen bequem verbringen und seine wissenschaftliche Arbeit fortsetzen.«

Tante Gunvor schwieg, und William schaute zum Mond und in den Himmel, der inzwischen dunkler geworden war.

»Und das alles«, sagte er nachdenklich, »nur um zu sagen, dass die Sonne im Zentrum steht und die Erde sich bewegt?«

»Ja. Aber es ging wohl eher um die Frage, wer Anspruch auf die Wahrheit hatte.«

»Anspruch auf die Wahrheit? Was bedeutet das?«

»Dass es für die Kirche wichtig war, dass niemand an dem zweifelte, was sie sagte.«

»Warum denn?«

In diesem Moment drang der Gong der Standuhr aus dem

Wohnzimmer durch die offene Bodenluke nach oben. Sie schlug zwölfmal.

»Ach herrje!«, entfuhr es Tante Gunvor. »Ich glaube, du musst schleunigst ins Bett.«

»Aber«, protestierte William, »was ist mit der Wahrheit?«

»Ha! Mit dem Thema wird man nie fertig.« Tante Gunvor sah ihn mit einem kleinen Lächeln an. »Und schon gar nicht heute Abend. Ins Bett mit dir.«

»Aber ...« William versuchte vergeblich, ein Gähnen zu unterdrücken. Kaum, dass sie das Wort »Bett« ausgesprochen hatte, merkte er plötzlich, wie müde er war. Und seine Tante schien nicht mit sich handeln zu lassen. Sie hatte sich schon umgedreht und angefangen, in irgendwelchen Kartons herumzuwühlen. Als hätte die Wohnzimmeruhr ihren Redeknopf auf stumm geschaltet. William gähnte wieder und schlurfte durch das Labyrinth aus altem Krempel zur Leiter.

»Gute Nacht«, murmelte er.

»Gute Nacht, William.«

Da er ja schon Zähne geputzt hatte, verkrümelte er sich direkt in sein Zimmer und zog sich in aller Ruhe den Schlafanzug an, während er durchs Fenster den Nachthimmel betrachtete. Inzwischen waren noch mehr Sterne aufgegangen. Das sah schön aus. Und sie leuchteten so still und ruhig über den kleinen Dächern der Nachbarhäuser. Es war ein komischer Gedanke, dass etwas so Friedliches wie der Sternenhimmel so viele Probleme verursacht hatte.

»Gute Nacht, Sterne«, sagte er. »Und benehmt euch anständig!«

Dann kroch er unter die Decke. Sie war wie eine weiche Hülle und fühlte sich angenehm warm und kühl zugleich an. Sein Kopf schwirrte ihm immer noch ein bisschen von der Geschichte über

Galilei und sein Fernrohr und die vielen neuen Entdeckungen und die Kirche und den Prozess. Und die Wahrheit. Und vor allem, dass es so gefährlich gewesen war, die Wahrheit zu sagen! Aber die Gedanken ließen sich nicht mehr festhalten. Wie kleine leichte Wölkchen schwebten sie aus seinem Kopf hinaus in die Nacht, während seine Wange in das weiche Kissen sank. Er schlief.

Galileo Galilei

Geboren 1564 in Pisa, Italien
Gestorben 1642 in Arcetri, Italien
***FAMILIE:** adliger Herkunft. Verliebte sich in eine nicht-adlige Frau, mit der er den Großteil seines Lebens verbrachte. Sie bekamen drei Kinder, waren aber nie verheiratet.*
***STUDIERTE:** Medizin und Mathematik*
***HERAUSGEBER VON:** einer Menge Büchern. Die berühmtesten sind* Nachricht von neuen Sternen, Dialog über die beiden hauptsächlichen Weltsysteme *und* Unterredungen und mathematische Beweisführung zu zwei neuen Wissensgebieten.
***FORSCHUNGSGEBIETE:** Mathematik, Physik, Astronomie, Philosophie und Ingenieurskunst*
***WICHTIGER BEITRAG ZUR WISSENSCHAFT:** Verbesserte das Fernrohr, sodass es als astronomisches Instrument verwendet werden konnte.*

Die Jupitermonde:
Galilei entdeckte die vier größten Jupitermonde: Io, Europa, Ganymed und Callisto. Man nennt sie die galileischen Monde. Später hat man noch viel mehr Monde rund um Jupiter entdeckt. Über sechzig Stück!

Sonnenschäden
Im Alter war Galilei blind, womöglich weil er mit seinem Fernrohr in die Sonne geschaut hatte. Du darfst NIE mit einem Fernglas oder Teleskop direkt in die Sonne schauen!

Konvexe Linse
Hast du jemals versucht, mithilfe einer Lupe Feuer zu machen? Eine Lupe ist eine konvexe Linse, die Lichtstrahlen bündelt und zueinander biegt. Dort, wo sich die Lichtstrahlen treffen, entsteht ein kleiner leuchtender Punkt, der sogenannte Brennpunkt. An dieser Stelle sammelt sich so viel Licht, dass man damit etwas anzünden kann. So eine Linse verwendete Galilei am vorderen Ende seines Fernrohrs.

Sechstes Kapitel

*Das zögernde Licht –
und nur noch zwei Tage, um Antworten
auf tausend Fragen zu bekommen*

Am nächsten Morgen wurde William von lautem Rumoren unten in der Küche geweckt.

Er sprang aus dem Bett und rannte im Schlafanzug die Treppe hinunter, um seine Tante auf jeden Fall noch zu erwischen, bevor sie wieder verschwand.

Er hatte die ganze Nacht vom Sonnensystem, der Wahrheit, Hexen und der Kirche geträumt. Der Gedanke daran, dass man Leute einfach zum Tode verurteilen oder ins Gefängnis werfen konnte, nur weil sie eine andere Vorstellung davon hatten, wie der Himmel aussah, beschäftigte ihn immer noch. Wenn Galilei etwas gestohlen oder jemanden umgebracht hätte, dann hätte er das ja verstanden, aber er hatte doch nur in einem Buch aufgeschrieben, was er durch sein Fernrohr gesehen hatte. Das war total ungerecht!

»Guten Morgen!«

Tante Gunvor war gerade dabei, den Korken mit dem langen Glasrohr in den Kaffeemaschinenkolben zu stecken.

»Guten Morgen«, sagte sie, ohne aufzuschauen. »Hast du gut geschlafen?«

»Äh … ja. Danke. Und du?«

»Ja, danke. Ausgezeichnet.«

»Okay. Aber – ich habe über das nachgedacht …« William setzte sich an den Tisch. »Ich habe über das nachgedacht, was du gestern über die Wahrheit gesagt hast.«

Jetzt drehte Tante Gunvor sich um und sah ihn an.

»Du bist schon vor dem Frühstück bereit für die Wahrheit?«

»Ja.«

»Oha, du bist wirklich hartnäckig. Das muss man dir lassen. Aber, na ja, wir suchen zwar alle irgendwie nach der Wahrheit, aber die Geschichte lehrt uns, dass sie sich immer wieder ändert.«

»Wie kann sie denn dann die Wahrheit sein?«

»Ja, das ist eine wirklich gute Frage.«

Guten Morgen! Wir schieben kurz einen Abschnitt dazwischen, in dem William beim Morgenkaffee der Sache mit der Wahrheit nachgeht und versucht, zu verstehen, warum Religion und Wissenschaft sich nicht einigen konnten.

»Aber …«, beharrte William und versuchte, das, was er nicht verstanden hatte, irgendwie zusammenzufassen. »Galilei ist doch wegen der Wahrheit eingesperrt worden, oder? Also, weil er gesagt hat, dass etwas anderes wahr ist, als die anderen gesagt haben?«

»Ja. Gewissermaßen. Galilei kam ins Gefängnis, weil er der Meinung war, dass die Natur den Menschen eine Wahrheit zeigen konnte, über die nichts in der Bibel stand. Und das wollte die Kirche nicht zulassen.«

»Aber das ist ungerecht! Er hatte doch gar nichts falsch gemacht! Wieso hatten die Kirchenleute solche Angst, dass jemand eine andere Meinung hat als sie?«

»Tja«, Tante Gunvor dachte nach. »Als Erstes musst du dir

klarmachen, dass es zu Galileis Zeit für die Menschen nichts Wichtigeres gab als ihre **Religion**. Und niemand hatte so viel Macht in Europa wie die christliche Kirche.«

»Warum denn?« William fiel es schwer, sich vorzustellen, dass die Kirche früher so mächtig gewesen sein sollte. Er hatte nur ein paarmal an Weihnachten einen Gottesdienst besucht, und das war höchstens ein bisschen langweilig, aber ganz bestimmt nicht »mächtig« gewesen. Macht – da stellte er sich ein Heer von Soldaten vor. Oder die Staatsministerin.

»Könige, Fürsten und Kaiser und wen es damals sonst noch so gab«, sagte Tante Gunvor, »die hatten ebenfalls Macht. Sie verfügten über Geld, Grundbesitz und Soldaten. Das war deren Macht.

Aber die Macht der Kirche war anders. Und mit Kirche meine ich nicht das Gebäude. Wenn ich *die Kirche* sage, dann meine ich das ganze Drumherum – Pfarrer und Bischöfe, Kirchen, Klöster und so weiter und so fort. Die Kirche besaß Geld und Grundbesitz, aber vor allem hatte sie Macht über das *Innerste* der Menschen. Über ihre Gedanken und Gefühle.

Der Glaube an Gott begleitete die Menschen in jedem Bereich ihres Lebens. Für uns ist das heute schwer nachvollziehbar, denn auch wenn viele immer noch an Gott glauben, spielt das in unserem Alltag keine große Rolle mehr. Höchstens an Weihnachten und Ostern.«

»An Ostern?« Jetzt war William wieder verwirrt. Ständig tauchte dieses Ostern auf. Aber was hatte Ostern mit Gott zu tun?

Tante Gunvor holte tief Luft. Dann schenkte sie zwei Tassen Kaffee ein und setzte sich an den Tisch. Bevor sie antwortete, trank sie einen großen Schluck aus ihrer Tasse.

»Ostern«, sagte sie und sah William durchdringend an, »feiern wir, um an die Auferstehung von Jesus Christus zu erinnern. Deshalb hast du schulfrei. Oder dachtest du, du hättest Ferien, um nach dem Osterhasen Ausschau zu halten?«

William wusste nicht, was er darauf antworten sollte. Jetzt, wo sie das sagte, klang es ziemlich dumm, aber eigentlich hatte sie wohl recht – irgendwie hatte er das schon gedacht.

»Aber deine Frage bestätigt eigentlich nur, worauf ich hinauswollte«, fuhr Tante Gunvor fort. »Im Leben der meisten Menschen kommen Gott und die Kirche heutzutage kaum noch vor. Deshalb ist es manchmal schwer zu verstehen, wie wichtig beides in der Renaissance war, und wieso die Kirche damals so mächtig war. Vor allem die Angst, in die Hölle zu kommen, war überall gegenwärtig. Und in die Hölle kam jeder, der nicht betete und gute Taten vollbrachte.«

»Jeder?«

»Ja.«

»Aber heute kommt man nicht mehr in die Hölle, oder?«

Tante Gunvor sah William nachdenklich an.

»Das hängt ein bisschen davon ab, wen man fragt«, antwortete sie. William war sich wirklich nicht sicher, was sie damit meinte, aber er beschloss, es dabei zu belassen.

»Aber«, fragte er stattdessen, »wenn die Kirche so viel Macht hatte, warum waren die Pfarrer denn dann so wütend? Warum war es ihnen denn nicht einfach egal, was Galilei gesagt hat?«

»Die Macht der Kirche beruhte darauf, dass nur sie allein die große Wahrheit über Gott, Jesus und das ewige Leben kannte und verkündete«, sagte Tante Gunvor und trank noch einen Schluck Kaffee. »Deshalb durfte niemand Gottes Wort anzweifeln. Wenn die Leute nämlich erst einmal anfingen, daran zu zweifeln, dass die Aussagen der Kirche direkt von Gott kamen, dann würden sie vielleicht auch alles mögliche andere in Frage stellen und den

Glauben an das verlieren, was die Geistlichen predigten. Nicht auszudenken, wohin das führen würde.

Das wollte die Kirche unbedingt verhindern. Und auch wenn das gar nicht seine Absicht war, war Galilei ja tatsächlich drauf und dran zu beweisen, dass einige Dinge, die in der Bibel stehen, gar nicht stimmen, also Dinge, die Gott den Menschen gesagt hatte. Und noch dazu herrschte zu jener Zeit große Uneinigkeit darüber, wie man an Gott glauben sollte und welcher Weg der beste war, um nicht in die Hölle zu kommen. Das war irgendwann sogar so schlimm geworden, dass sich die christliche Kirche bei einem riesigen Religionsstreit, der sogenannten *Reformation*, in zwei Kirchen geteilt hatte.

Die Anhänger der alten Kirche hießen nun Katholiken und die der neuen Kirche waren die Protestanten – weil sie gegen den alten Glauben protestierten. Und mitten in diesem Streit hatte Kopernikus sein Buch über die Bewegungen der Himmelskörper herausgegeben.

Das hatte die katholische Kirche damals sehr geschwächt und deshalb war sie besonders empfindlich gegenüber allem, was Gottes Wort in Frage stellte.

Man hatte Kopernikus damit entschuldigt, dass sein Buch vor allem ein schlaues Rechenkunststück gewesen war und kein echtes Abbild der Welt. Aber nun kam Galilei an und behauptete, die Welt würde *wirklich* so aussehen, weil er es in seinem Fernrohr gesehen hätte. Und außerdem stand in der Bibel, die Erde stünde still, aber wenn dieser Galilei nun sagte, sie würde sich bewegen, sagte er damit ja auch, dass die Bibel unrecht hatte.«

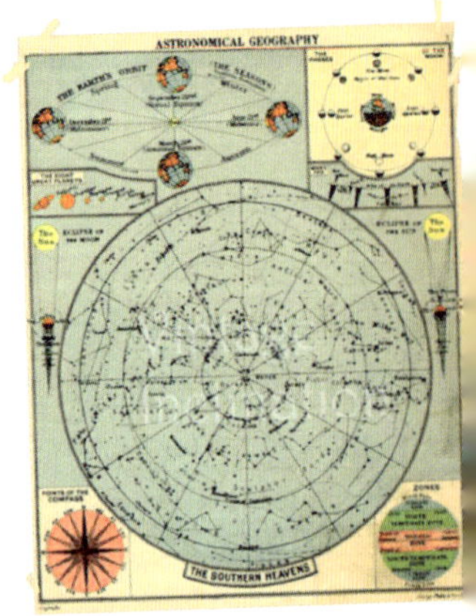

»Ich finde es gemein, jemanden in den Kerker zu werfen, nur weil er sagt, dass der Himmel anders aussieht«, sagte William. »Das ist doch nichts Schlimmes?«

»Na ja. Kommt drauf an. Für unseren Alltag macht es natürlich keinen großen Unterschied, ob sich die Erde um die Sonne dreht oder andersherum. Aber es hat großen Einfluss auf das Bild, das die Menschen von ihrer Rolle im Universum haben.

Und statt die neue Entdeckung in das Weltbild der katholischen Kirche einzufügen, versuchte man, Galilei den Mund zu verbieten. So hoffte man, all die kritischen Stimmen zum Schweigen zu bringen. Allerdings erreichte die Kirche damit genau das Gegenteil.«

»Wieso? Musste er etwa doch nicht ins Gefängnis?«

»Doch, das musste er. Aber der Prozess gegen Galilei führte dazu, dass hinterher viele Leute die Religion als das Gegenteil von Wissenschaft betrachteten. Es entstand ein Graben zwischen Religion und Wissenschaft, den es vor dem Prozess nicht gegeben hatte.

Die meisten großen Wissenschaftler der Renaissance waren wie Kopernikus, Galilei und Kepler zutiefst religiös gewesen. Ihr Ziel war es, die göttliche Wahrheit zu finden und zu verstehen. Kepler zum Beispiel benutzte in seinen Büchern fleißig religiöse Argumente. Heute dagegen«, schloss Tante Gunvor und trank den letzten Schluck Kaffee, der noch in ihrer Tasse war, »hält man Religion und Wissenschaft eigentlich immer feinsäuberlich voneinander getrennt.«

Dann stand sie auf und stellte Brot und Käse auf den Tisch.

»Ich …« William wollte gerade sagen, dass er das Brot nicht vertrug, aber dann klappte er den Mund wieder zu und holte einfach schnell die Tasche mit dem glutenfreien Brot.

»Was ist das?«, fragte Tante Gunvor und schaute überrascht auf die Packung mit den trockenen Scheiben.

»Das ist glutenfreies Brot.«

»Glutenfreies Brot? Ich dachte, es wäre der Witz an Brot, dass jede Menge Gluten drinsteckt?«

»Das weiß ich nicht. Aber ich vertrage Gluten nicht so gut.«

»Aha. Das klingt ganz schön unpraktisch.«

»Ja, ein bisschen.«

Sie saßen eine Weile schweigend über ihren Käsebroten. William nippte an seinem Kaffee, der inzwischen kalt geworden war, und versuchte, in seinem Kopf zu sortieren, worüber sie gerade geredet hatten.

»Religion und Wissenschaft ... also, ist das so ..., dass die sich nie einigen können?«

»Mja, doch, das können sie schon. Aber vielleicht hält man die beiden Bereiche lieber voneinander getrennt, um solche unangenehmen Auseinandersetzungen wie Galileis Prozess zu vermeiden. Es gab ja, wie gesagt, viele gläubige Wissenschaftler, für die Religion und Wissenschaft gar kein Widerspruch war. Aber es gibt auch viele, für die ein wissenschaftliches Weltbild überhaupt nicht mit Religion zusammenpasst.«

»Und was stimmt jetzt?«

»Das eine ist so richtig wie das andere. Wissenschaftler können beschreiben, analysieren und versuchen, das Universum zu verstehen. Wir wissen heute unglaublich viel mehr darüber, als Galilei oder Kepler damals. Aber wir wissen immer noch nicht, WARUM es existiert. Es gibt bestimmt eine Menge Wissenschaftler, die sagen würden, dass es Gottes Werk ist, und dann gibt es andere, die das anders sehen und es total verrückt finden, dass es immer noch Menschen gibt, die an Gott glauben.

Aber sie müssen sich überhaupt nicht einig sein, denn Religion ist eine Frage von Glauben. Wissenschaftler müssen sich nur in Dingen einig sein, die man messen, wiegen und observieren kann. In Bereichen, die wir nachprüfen und untersuchen können. In allem anderen können die Leute glauben, was sie wollen.«

»Was glaubst du?«

Tante Gunvor schenkte sich Kaffee nach.

»Das spielt keine Rolle«, sagte sie dann. »Ich könnte auch daran glauben, dass das Universum entstanden ist, als ein riesiger glitzernder Dachs auf einem fliegenden Teppich niesen musste. Solange ich meinen Glauben nicht mit meiner Arbeit vermische. Es sei denn, ich könnte beweisen, dass es genauso gewesen ist.«

William sah seine Tante an.

»Aber ... das glaubst du nicht wirklich, oder?«

Sie zog eine Augenbraue hoch und betrachtete ihn über den Rand ihrer Brille, die auf der Nase nach unten gerutscht war.

»Das muss ich nicht. Die Wissenschaft hat uns Zugang zu Welten verschafft, die noch magischer sind, als die hinter dem Wandschrank, nach dem du gesucht hast.

Soweit wir wissen, gibt es weder Hexen noch sprechende Löwen. Aber allein in unserem Sonnensystem gibt es Planeten, die so anders sind als unser eigener, dass wir uns das kaum vorstellen können.

Nimm zum Beispiel den Neptun, der tatsächlich erst hundert Jahre nach der ganzen Geschichte mit Galileis Prozess entdeckt worden ist. Auf dem Neptun kannst du nicht stehen, denn obwohl er viel größer als die Erde ist, besteht er tatsächlich zum Großteil aus Gas. Du würdest also einfach in ihm versinken. Andererseits ist aber der Druck im Inneren dieses Planeten so hoch, dass es dort vermutlich Diamanten regnet.«

»Wow«, murmelte William, den Mund voller Käsebrot.

»Ja. Unsere modernen Teleskope ermöglichen es uns, noch weiter zu ›reisen‹ als nur in unser eigenes Sonnensystem. Mit ihrer Hilfe können wir in Welten blicken, die wir mit unseren Körpern nicht mal im Traum besuchen können. Welten, die so weit entfernt sind, dass unsere Lebenszeit nicht ausreichen würde, um sie zu erreichen.

Aber wir können sie sehen. Und mehr als das – wir können in der Zeit zurückschauen, in Welten, die schon lange verloren sind.«

»In … in der Zeit zurückschauen?« William war baff. »Wie geht das?«

»Das liegt daran, dass sich das Licht verspätet.«

»Wieso verspätet? Was bedeutet das?«

»Das bedeutet, dass Licht nicht unendlich schnell ist, sondern eine gewisse Zeit braucht, um bei uns anzukommen. Es bewegt sich also mit einer bestimmten Geschwindigkeit. Genauer gesagt mit *dreihunderttausend Kilometern pro Sekunde*. Ungefähr.« Seine Tante sah ihn an und schob sich das letzte Stück Käsebrot in den Mund. »Deshalb dauert es einen Moment, bis das Kühlschranklicht angeht, wenn du die Tür aufmachst.«

»Echt?«

»Nein. Das war ein Witz.«

»Ein Witz?«

»Ja.«

»Sollte ein Witz nicht lustig sein?«

»Ährm, doch«, sagte Tante Gunvor. »Das Lustige ist, dass das Licht im Kühlschrank zwar länger braucht, aber dass das nichts mit der Lichtgeschwindigkeit zu tun hat, sondern mit dem Birnchen, das erst … Nein. Vergiss es einfach. Aber es stimmt, dass das Licht sich verspätet.«

William warf seiner Tante einen skeptischen Blick zu, die ihn bloß ignorierte und fortfuhr.

»Licht braucht eine gewisse Zeit für die Strecke von der Sonne bis zu uns. Acht Minuten, um genau zu sein. Und es dauert ungefähr vier Stunden, bis das Sonnenlicht den ganzen Weg bis zum Neptun zurückgelegt hat, dem äußersten Planeten unseres Sonnensystems. Das heißt also, je weiter man in die Ferne schauen kann, umso weiter schaut man auch in der Zeit zurück.«

William versuchte, sich das vorzustellen. Er sah einen kleinen Sonnenstrahl mit einem Koffer in der Hand vor sich, der von der Sonne zum Neptun reisen sollte. Aber wenn er an die Lampe über dem Küchentisch dachte, oder das Sonnenlicht, das ihn an einem Sommertag wärmte, war es schwer vorstellbar, dass dieses Licht sich bewegte.

»Aber … woher weißt du«, fragte er, »dass das Licht sich verspätet?«

So führt manchmal das eine zum anderen, und die Suche nach der Wahrheit führt uns jetzt zu einem Abschnitt, in dem wir ein paar Dinge über das Licht erfahren.

»Woher ich weiß, dass sich das Licht verspätet? Aha!« Ein Lächeln umspielte Tante Gunvors Mundwinkel. »Das hat ein junger Däne namens Ole Rømer herausgefunden. Übrigens auch mithilfe eines Fernrohrs. Er …«

Im selben Moment wurde sie von dem altbekannten, nervigen »DONGG« aus dem Wohnzimmer unterbrochen.

»Na«, sagte sie und leerte ihre Kaffeetasse in einem Zug. »Das erzähle ich dir ein andermal. Jetzt muss ich wirklich an die Arbeit.«

»Was machst du?«

»Das habe ich doch gerade gesagt: arbeiten.«

»Ja, aber – was?«

»Das ist eine längere Geschichte«, sagte sie und stand auf.

»Woher weißt du das eigentlich alles?«, startete William einen neuen Versuch.

»Na, ich habe doch viele Jahre lang geforscht«, sagte sie.

»Geforscht?«

»Ja, also«, seine Tante wirkte plötzlich ausweichend. »Ich habe an der Universität gearbeitet. Als Physikerin. In Astrophysik geforscht. Und so.«

»Okay.«

William seufzte. Das gehörte offensichtlich nicht zu den Dingen, über die sie mehr erzählen wollte, also bohrte er nicht weiter nach. Er aß sein Brot auf und deckte dann den Frühstückstisch ab.

»Hallo, Kühlschrank«, sagte er, als er den Käse wegräumte. »Es ist lustig, dass sich dein Licht verspätet. Wusstest du das?«

Der Kühlschrank antwortete nicht.

»Ja, ich weiß, was du meinst«, sagte William und klappte die Tür wieder zu.

Dann warf er einen Blick raus in den Garten. Der Himmel war bewölkt, aber es sah trocken aus, also schlurfte er nach draußen und versuchte, eine Beschäftigung zu finden. Im Schuppen entdeckte er ein paar Krocketkugeln und einen Schläger. Aber es fehlten die kleinen Bögen, die man eigentlich brauchte, um eine Krocketbahn aufzubauen. William schaute sich nach etwas anderem Brauchbaren um.

Schließlich schleppte er ein paar Stücke von einer alten Regenrinne in den Garten, die er im Schuppen gefunden hatte. Sie waren gerade hoch genug, dass eine Krocketkugel darunter durchrollen konnte. Während er sich fragte, mit wem seine Tante wohl

Krocket spielte, baute er die Bahn auf, indem er die Regenrinnenstücke kreuz und quer auf der Wiese verteilte.

Aus dem Garten nebenan hörte er Stimmen. Das war bestimmt wieder das Nachbarmädchen. Sie hatte eine Freundin zu Besuch.

»Fang, Mira! Achtung! Hahaha!«, schallte es zu ihm herüber.

Auf einmal kam es ihm albern vor, mit sich selbst Krocket zu spielen. Und als es dann auch noch anfing zu regnen, ließ er die Krocketbahn Krocketbahn sein und verzog sich nach oben in seine Kammer.

Er schielte auf sein iPad, aber er hatte keine Lust, es anzuschalten. Inzwischen regnete es richtig heftig. Das war echt kein Sommerferienwetter. Dicke Tropfen prasselten auf die kleine Dachgaube, und dann sah er den ersten Blitz am Himmel, dicht gefolgt von einem lauten Donner. Irgendwie hatte das etwas Gemütliches.

Er nahm seine Decke und setzte sich ans Fenster, um sich das Gewitter anzuschauen. Es schüttete in Strömen auf die kleinen Häuser und Gärten hinunter, die jetzt menschenleer waren.

Bis auf den Nachbargarten. Das Mädchen, Mira, rannte draußen herum und tanzte durch den Regen. Ihre dunklen Haare waren schon völlig durchnässt. Ihre Freundin konnte William nirgends entdecken, aber kurz darauf klang es, als würde auch Mira zurück ins Haus gerufen, und die Welt war wieder leer.

Der Tag wurde immer grauer und trüber. Und dann kam der nächste Blitz. Es dauerte nicht lang, bis William den Donner hören konnte. Das hieß, dass das Gewitter nicht weit weg war. Es blitzte wieder. William zählte langsam die Sekunden.

Es blitzte wieder. Seine Mutter hatte ihm beigebracht, dass man die Sekunden zwischen Blitz und Donner zählen und die Zahl dann durch drei teilen musste, wenn man wissen wollte, wie viele

Kilometer ein Gewitter entfernt war. Also zählte William langsam die Sekunden.

»Eins. Zwei. Drei.« Und dann kam schon der dröhnende Donner. Jetzt musste er nur noch drei durch drei teilen. Das war einfach.

»Hallo, Blitz! Du bist einen Kilometer weit weg! Aber warum ist das eigentlich so?«, fragte er den Blitz. »Warum hört man den Donner so viel später, als man dich sieht?«

Es dauerte einen Moment, bevor der Blitz ihm antwortete. Der graue Himmel leuchtete auf, und ein riesiger Blitz huschte über die Wolken.

»Hm«, sagte William, aber viel schlauer war er daraus nicht geworden.

Dann kam der Donnerschlag. Er war unheimlich laut und ließ die ganze Gaube wackeln. »Na, na, na, Donner!«, murmelte William. »Aber kannst *du* mir vielleicht erklären, wie das alles zusammenhängt?«

Das konnte der Donner nicht, obwohl er es ganz bestimmt ein paarmal versuchte. Es kam aber leider nur Gebrüll dabei heraus. Schließlich hatte William genug von seinem Gespräch mit dem Gewitter. Und mit sich selbst. Er ließ sich vom Fensterbrett rutschen und beschloss, seine Tante zu suchen.

Sie war weder auf dem Dachboden noch im Badezimmer. Sie war auch nicht in der anderen Kammer im oberen Stock. Nicht im Wohnzimmer, nicht in der Küche und auch nicht auf dem Gästeklo. Und da niemand antwortete, als William an der Tür klopfte, die in das Zimmer neben der Küche führte, machte er sie einfach vorsichtig auf.

Dahinter war Tante Gunvors Schlafzimmer, aber genau wie das Wohnzimmer schien sie es gleichzeitig auch noch als Büro zu nutzen. An der Wand stand ein schmales Bett und in der Mitte ein großer Schreibtisch, auf dem sich, wie überall sonst im Haus, bergeweise Bücher, Papiere und alter Kram stapelten. Nur Tante Gunvor war nicht da.

Wo in aller Welt steckte sie denn? Sie konnte doch unmöglich im Garten sein? Er ging durch die Küche zur Hintertür und spähte durch das Fenster nach draußen, aber außer Regen und einer ziemlich traurigen Krocketbahn war auch hier nichts zu sehen.

Im selben Moment hörte er hinter sich ein Geräusch. Er drehte sich um, und da stand seine Tante.

»Wo kommst du denn jetzt her?«

»Aus meinem Arbeitszimmer?«

»Aber ich ...« William zögerte. Er war sich nicht sicher, was sie davon halten würde, dass er ohne zu fragen in ihr Schlafzimmer geschaut hatte. »Ich habe dich gesucht.«

»Ach? Wolltest du etwas Bestimmtes?«, fragte sie, während sie Brot und Butter auf den kleinen Tisch stellte.

»Wie ist das denn genau mit dem Licht?«

»Wie ist was mit dem Licht?«, fragte sie und setzte sich.

»Na, das mit dem, äh, dass es sich verspätet.«

»Ah ...« Tante Gunvor dachte nach, während sie sich ein Roggenbrot schmierte. »Was ist auf der ganzen Welt am allerschnellsten, was denkst du?«, fragte sie dann.

»Ein Gepard!«, sagte William prompt. »Nein, warte. Nicht der Gepard. Eine Rakete!«

Tante Gunvor schüttelte den Kopf.

William überlegte. Was könnte es sein? Er dachte an alles, worüber sie schon gesprochen hatten. Er dachte an die Erde, die durchs Weltall sauste.

»Ist es die Erde?«

»Nein, die Erde ist zwar schnell, aber verglichen mit dem Schnellsten, das wir kennen, ist sie eher eine müde alte Dame.«

William kniff die Augen zusammen und konzentrierte sich.

»Kann ich das überhaupt erraten?«, fragte er.

»Vielleicht.«

»Das Schnellste«, murmelte er vor sich hin. »Schnell wie ... Was ist blitzschnell? Der Blitz! Ist es ein Blitz?«

»Hm. Nein. Eigentlich nicht«, sagte Tante Gunvor. »Ein Blitz ist ein riesiger elektrischer Funke, der von einem Ort zu einem anderen springt. Er ist schnell, aber nicht am schnellsten. Andererseits ist ein Blitzeinschlag eigentlich eine gute Möglichkeit, um zu erklären, was am schnellsten ist. Was nimmst du bei einem Gewitter als Erstes wahr?«

»Ich, ähm, sehe den Blitz. Und dann höre ich den Donner. Also ist der Blitz schneller als der Donner?«

»Gewissermaßen. Ich wollte darauf hinaus, dass das *Licht* des Blitzes schneller bei dir ankommt, als das *Geräusch* des Donners, obwohl beides gleichzeitig stattfindet. Das Licht ist nämlich schneller als der Ton. Deshalb *siehst* du das Gewitter, bevor du es *hörst*. Das Schnellste auf der Welt ist – soweit wir das heute wissen – das *Licht*. Und zwar egal ob die Quelle ein Blitz, die Sonne oder ein weit entfernter Stern ist. Oder das Lämpchen im Kühlschrank.«

»Das Licht!« William klatschte sich an die Stirn. »Na klar. Du hast ja gesagt, es wäre ... wie schnell noch mal?« Die Vorstellung, dass Licht sich bewegte, kam ihm immer noch so komisch vor, dass er überhaupt nicht auf den Gedanken gekommen war. Und das, obwohl er ja gerade erst danach gefragt hatte.

»Es bewegt sich mit einer Geschwindigkeit von fast dreihunderttausend Kilometern pro Sekunde«, antwortete seine Tante.

»Erinnerst du dich noch, dass wir darüber gesprochen haben, dass alles, was unsere Augen sehen, Licht ist?«

»Ja. Aber was ich nicht verstehe – wie kann das Licht denn so schnell sein? Es ist doch ... nur Licht?«

»Tja, darüber haben sich auch die Gelehrten und Wissenschaftler jahrhundertelang die Köpfe zerbrochen. Die naheliegendste Erklärung war, dass das Licht eben da ist, wenn es da ist, und weg ist, wenn es weg ist.

Galilei versuchte herauszufinden, ob das Licht wirklich unendlich schnell ist, indem er zwei Männer mit Laternen auf zwei gegenüberliegende Hügel stellte. Der eine hatte die Anweisung bekommen, dem anderen ein Lichtsignal zu senden, und der sollte dann wiederum mit einem Lichtsignal antworten, sobald er es sehen konnte.

Galilei maß unterdessen die Zeit, die zwischen den Lichtsignalen verstrich und kam zu dem Ergebnis, dass die Lichtgeschwindigkeit wohl tatsächlich so gut wie unendlich sein musste. Aber«, sagte Williams Tante mit bedeutungsvollem Blick, »Licht ist nicht einfach nur Licht, sondern eine ganz eigene Welt voller spannender und ungeklärter Fragen. Und man musste viel weiter schauen als von einem Hügel zum nächsten, um das zu begreifen.«

Und das führt uns weiter zum nächsten Abschnitt, in dem wir mehr über das Licht hören und in dem William die Erfahrung macht, dass Wissenschaft manchmal ganz schön peinlich sein kann, und außerdem lernt, dass das Sonnensystem eigentlich reine Platzverschwendung ist.

»Wie weit musste man dazu denn schauen können?«

»Bis zum Jupiter.«

»Schon wieder der Jupiter? Den haben wir doch gestern erst gesehen. Und ... das konnte Galilei doch auch?« William war verwirrt.

»Ja, das stimmt. Allerdings ging es da um etwas ganz anderes. Galilei hat zwar die Jupitermonde beobachtet, aber er hat keine Lichtexperimente auf eine Entfernung gemacht, die dem Abstand zwischen Erde und Jupiter entspricht.«

William dachte einen Moment über das nach, was Tante Gunvor gerade gesagt hatte. »Wie weit ist es denn bis zum Jupiter?«, fragte er dann.

»Das hängt ein bisschen davon ab, an welcher Stelle ihrer Umlaufbahn die Planeten sich gerade befinden. Aber im Durchschnitt sind es siebenhundert Millionen Kilometer. Grob geschätzt.«

»Okay. Das ist ganz schön weit, oder?«

»Ja, das ist weit. Vielleicht kannst du es dir leichter vorstellen, wenn wir ...« Tante Gunvor sah sich in der Küche um. Dann nahm sie einen Apfel aus einer Tüte, die auf dem Esstisch lag.

»Sagen wir, dieser Apfel hier wäre die Erde«, sagte sie und maß die Größe mit ihren Fingern ab, »dann wäre der Jupiter so ungefähr ...« Sie sah sich wieder um. Dann verschwand sie aus der Küche und kam mit einem ziemlich großen, rosaroten Ball zurück.

»Was ist das?«

»Ein Pilatesball, den mir meine Krankengymnastin mal aufgeschwatzt hat. Jetzt ist er endlich mal zu etwas nutze. Also, wenn dieser Apfel die Erde ist, dann ist der Pilatesball hier der Jupiter.«

»Ist der Jupiter SO viel größer als die Erde?«, platze William heraus.

»Ja. Der Jupiter ist riesig. Und wenn die Erde der Apfel ist und Jupiter der Pilatesball, dann ...« Sie dachte nach. »Dann beträgt die Entfernung zwischen dem Apfel und dem Pilatesball knapp drei Kilometer.«

»Wie weit ist das?«

»Drei Kilometer?«

»Mhm.«

»Das ist ... hm. Das ist ungefähr so weit wie von hier bis zu dir nach Hause. Nein, weißt du was, sagen wir lieber, der Pilatesball ist die Sonne. Dann ist Jupiter der Apfel, das kommt einigermaßen hin. Und dann wäre die Erde ...« Sie schaute sich wieder suchend in der Küche um, ging zum Tiefkühlschrank und angelte eine einzelne Erbse aus einer Packung heraus. Schließlich fiel ihr Blick auf eine dicke Rolle Bratenschnur, die über der Arbeitsplatte hing.

»Hier«, sagte sie und drückte William den Pilatesball, die Erbse und das Ende der Schnur in die Hand. »Halt die Schnur gut fest. Du bist jetzt die Erde. Also die Erbse. Und ich bin Jupiter. Ich gehe jetzt ungefähr dreihundert Meter weg.« Und dann fing sie an rückwärts zu gehen und dabei die Schnur abzurollen.

Sie ging durch die Küchentür und wäre um ein Haar gegen die Treppe gestoßen. Als sie an der Haustür war, tastete sie nach der Klinke, drückte sie einhändig herunter und marschierte rückwärts nach draußen.

William war sich nicht sicher, ob er wirklich einfach stehenbleiben sollte. Aber als er ein Poltern hörte, beschloss er, lieber doch nachzusehen. Es hatte aufgehört zu regnen und seine Tante stand vor dem Haus, rieb sich die Hüfte und starrte dabei missmutig auf ihr altes Fahrrad, das umgekippt in einer großen Pfütze lag.

»Wo war ich gerade?«, murmelte sie, als sie William bemerkte. »Egal, wir fangen einfach von vorn an. Das müssten doch ziemlich genau siebzig Meter bis zum Wendeplatz am Ende der Straße sein, oder?«

Sie wartete nicht auf seine Antwort, sondern nahm William den Pilatesball ab und kickte ihn mit Schwung die Straße hinunter. Der große, rosarote Ball hüpfte munter davon und landete in der nächsten großen Pfütze, direkt vor dem kleinen Park, der an den Wendehammer angrenzte.

»Ja, das ist doch mal eine ganz prima Sonne. Als Nächstes kommen Merkur und Venus«, sagte sie, »und hier ist unsere Erde.« Sie stellte William mit der Erbse zwischen den Fingern und der Schnur in der Hand auf den Bürgersteig vor die Gartentür der Nachbarn.

»Bleib, wo du bist. Du darfst dich jetzt nicht mehr bewegen!«

Und dann fing sie an, in die entgegengesetzte Richtung die Straße hochzugehen. Mit offenem Mund sah William zu, wie seine alte Tante mit der Brille in den Haaren, dem schief geknöpften Hemd und den Locken, die in alle Richtungen wehten, rückwärts an den Nachbarhäusern vorbeischritt, während sie die Schnur abrollte und dabei vor sich hinmurmelte, als wäre es die natürlichste Sache der Welt.

Als sie am Pflaumenbaum angekommen war, den William durch das Fernrohr betrachtet hatte, rief sie ihm zu:

»Hier ist der Mars!«

Sie pflückte eine Pflaume und legte sie auf den Bürgersteig, dorthin, wo der Mars sein sollte. William sah sich ein bisschen besorgt um, ob jemand beobachtet hatte, wie seine Tante die Pflaume geklaut hatte.

»Ja, die ist viel, VIEL zu groß«, rief sie, »aber ich habe grade nichts Besseres gefunden.«

Dann ging sie weiter, immer noch rückwärts. Als sie an der Straßenkreuzung angelangt war, bog sie um die Ecke, sodass William sie nicht länger sehen konnte. Nach einer Weile hörte er sie rufen, und er war sicher, dass die ganze Straße hören konnte, dass sie jetzt den Jupiter erreicht hatte.

»UND JETZT GEHE ICH WEITER BIS ZUM SATURN. ABER OB DIE SCHNUR AUCH NOCH BIS ZU URANUS UND NEPTUN REICHT, WEISS ICH NOCH NICHT. WENN WIR GLÜCK HABEN, SCHAFFEN WIR ES HEUTE SOGAR BIS ZUM PLUTO. DANN SEHEN WIR MAL SO RICHTIG, WIE VIEL GRÖSSER DAS SONNENSYSTEM IST, ALS TYCHO BRAHE DACHTE. HAHA!«

Im selben Moment ging hinter William die Haustür auf.

William kniff die Augen zu und betete, dass ihn niemand sah. Am liebsten wäre er einfach weggerannt.

»Was macht ihr da?«

Er machte die Augen wieder auf und schaute direkt in die Augen des Nachbarmädchens. Sie waren dunkelbraun und neugierig. Das Mädchen stand vor ihm und zeigte auf die Erbse und die Schnur in seiner Hand.

»Äh«, William starrte zu der Straßenecke, hinter der seine Tante verschwunden war. »Wir, äh, messen den Abstand zum Jupiter«, antwortete er verlegen.

»Zum Jupiter?« Das Mädchen klang skeptisch.

»Ja. Also, das hier ist die Erde«, sagte er und zeigte ihr die Erbse. Und bereute es sofort. Das klang ja total bescheuert.

»Okay«, sagte sie nur. »Wieso hast du einen Schlafanzug an?«

Erst da wurde William bewusst, dass er sich immer noch nicht angezogen hatte, sondern in seinem alten *Paw Patrol*-Schlafanzug mitten auf der Straße stand.

»Äh ...«, war alles, was ihm dazu einfiel, und er merkte, dass seine Wangen sehr heiß wurden.

»Darf ich mitmachen?«

William nickte unsicher.

»Was muss ich tun?«

Ohne eine Antwort abzuwarten, nahm sie die Schnur.

»Jetzt helfen wir uns gegenseitig, ja?«

»O-okay.«

Und dann standen sie eine Weile schweigend nebeneinander und schauten zur Kreuzung.

»Hat Frau Lund gerade so laut gerufen?«, fragte das Mädchen.

»Wer ist Frau Lund?«

»Unsere Nachbarin.«

»Ach so. Ja.«

Nach ein paar Minuten kam Tante Gunvor zurück. Sie hatte die Schnur auf dem Bürgersteig liegen lassen.

»Hallo, Frau Lund.«

»Hallo, Mira, du bist ja auch da?«

»Ja.«

»Aha. So, unser Sonnensystem ist fertig.« Tante Gunvor breitete begeistert die Arme aus. »Zum Schluss ist es ein richtiger kleiner Spaziergang geworden. Leider war die Schnur zu Ende, bevor ich den Uranus erreicht hatte. Im Grunde ist das Sonnensystem die reinste Platzverschwendung. Endlose Weiten von leerem Raum.

Ein Raumschiff wäre von hier bis zum Jupiter mehrere Jahre unterwegs, während das Licht nur eine halbe Stunde braucht.

Aber ihr könnt jetzt einfach mal um die Ecke und dann die Straße runtergehen, um unseren Jupiter zu besuchen. Also, wenn wir davon ausgehen, dass diese Erbse hier die Erde ist.«

»Cool!«, sagte Mira, aber gerade da ging die Haustür ein zweites Mal auf und ihre Mutter streckte den Kopf heraus.

»Hallo, Frau Lund.«

»Hallo.«

»Mira, wir essen jetzt.«

»Och nö, wir wollten gerade den Jupiter besuchen.«

»Na, das ist ja schön. Aber das kannst du bestimmt ein andermal nachholen. Oder du lädst ihn einfach mal zum Tee zu uns ein? Wir freuen uns ja immer über Besuch. Aber Jupiter muss jetzt bestimmt auch bald ins Bett, er ist ja schon im Schlafanzug. Also, komm jetzt, Mira. Tschüss, Frau Lund. Und bis bald, Jupiter, ja? Hat mich gefreut, dich kennenzulernen.«

Miras Mutter winkte William zu, der überhaupt nicht wusste, was er sagen sollte, also winkte er einfach zurück.

Einen Moment starrten er und Tante Gunvor die geschlossene Haustür an, dann schaute William auf die Erbse zwischen seinen Fingern, die inzwischen aufgetaut und ziemlich nass war.

Er versuchte sich zwei miniminikleine Berge auf der Oberfläche der Erbse vorzustellen, auf denen zwei winzig kleine Menschen mit ihren Laternen standen, die so mini waren, dass er sie nicht mehr erkennen konnte.

Ihm fiel nichts ein, das so schnell von einem Berg zum anderen flitzen konnte, ohne dass man messen konnte, wie lang es für den Weg brauchte. Aber das Licht konnte das.

Dann schaute er zu dem großen Pilatesball unten am Wendeplatz. Von dort aus folgte sein Blick der Bratenschnur zur Pflaume auf Höhe des Baums schräg gegenüber und von da weiter zur

Straßenecke, wo sie aus seinem Blickfeld verschwand. Den Apfel, also Jupiter, konnte er schon gar nicht mehr sehen.

Wenn man einer dieser mikroskopisch kleinen Menschen war, die er sich gerade vorgestellt hatte, dann wäre der Weg zum Jupiter wirklich ganz schön weit. Trotzdem konnte er vor sich sehen, wie diese beiden Minimenschen die ganze weite Strecke dorthin wanderten, auch wenn es echt lange dauern würde. Das war viel einfacher, als sich vorzustellen, dass sich das Licht dorthin bewegte.

»Wie bewegt sich denn das Licht?«, fragte er.

»Gute Frage! Das war auch für die Wissenschaft ein ziemliches Mysterium. Denn woraus besteht Licht eigentlich?«, sagte Tante Gunvor und folgte Williams Blick die Straße hinunter. »Soweit wir es heute wissen«, sagte sie, »hat Licht die Eigenschaft von *Teilchen* oder von Wellen. Oder beidem.«

»Von beidem?!« William war verwirrt. »Wie kann Licht denn *beides* sein? Also diese Teilchen *und* Wellen?«

»Ja, da sind sich die Forscher auch nicht ganz einig. Aber es sieht ganz danach aus, als könnte das Licht beides sein. Nur eben nicht gleichzeitig.

Teilchen ist eigentlich einfach nur eine Bezeichnung für die allerkleinsten Teile, aus denen alles besteht. Winzig kleine Bausteine ganz unterschiedlicher Art. Wenn du wissen willst, wie sich das Licht bewegt, dann kannst du dir einen Strom aus Teilchen vorstellen, der vom Jupiter auf dich zu fließt.

Aber vielleicht fällt es dir leichter, wenn du dir das Licht wie eine Welle vorstellst. Schau her!«

Tante Gunvor beugte sich nach unten und nahm eine Handvoll Kies aus dem Vorgarten des Nachbarn. Dann sah sie sich um und ging zu der größten Pfütze, die sie finden konnte. William folgte ihr.

Tante Gunvor gab ihm eins der Steinchen.

»Wirf es in die Pfütze!«

William nahm einen Kiesel und warf. Mit einem leisen Platschen versank der Stein, und dort, wo er untergegangen war, breiteten sich Ringe in nahezu perfekten Kreisen an der Wasseroberfläche aus.

»Siehst du die Ringe?«, fragte Tante Gunvor. William nickte und dachte, dass es eigentlich gar nicht so überraschend war, dass die alten Astronomen den Kreis für die Form des Universums gehalten hatten. Die Ringe breiteten sich auf der Pfütze aus und wurden immer größer, bis das Wasser sich schließlich wieder beruhigte.

»Diese Ringe sind eine Art von Wellen. Licht ist eine andere Art von Wellen, aber das Licht eines Blitzeinschlags zum Beispiel«, sagte Tante Gunvor, »breitet sich trotzdem ähnlich wie die Wellenringe in der Pfütze in alle Richtungen aus. Es ist dabei allerdings so schnell, dass wir seine Bewegung kaum wahrnehmen.

Töne sind auch Wellen. Aber Schallwellen bewegen sich ein bisschen anders. Sie sind Vibrationen, die sich als hörbare Druckwellen in der Luft ausbreiten. Und sie sind viel langsamer als Licht. Deshalb können wir ihre Verzögerung auch leichter wahrnehmen: Je näher ein Blitz einschlägt, umso früher hörst du den Donner, denn dann muss der Schall nicht so einen weiten Weg zurücklegen. Man könnte sagen, je weiter der Blitz entfernt ist, umso größer ist der Vorsprung, den das Licht bekommt.

Aber verglichen mit der Sonne oder dem Jupiter ist ein Blitz ja nie weit weg. Und man brauchte erst ein Fernrohr, um weit genug sehen zu können, damit die Verspätung des Lichts, wie Ole Rømer es nannte, überhaupt erkennbar wurde.«

»Und woran hat er das erkannt?«, warf William ein.

»Das …« Im selben Moment dröhnte ein Knall aus dem Haus. Tante Gunvor zuckte erschrocken zusammen und ließ die leere Bratenschnurrolle fallen. »Jetzt nicht!«, rief sie und stürmte davon.

William starrte ihr hinterher.

Das war komisch. Einerseits hatte er das Gefühl, eine Menge gelernt und kapiert zu haben. Aber andererseits kam es ihm vor, als hätte er jetzt noch viel mehr Fragen als vorher. Und vor allem kapierte er nicht, was Tante Gunvor eigentlich den ganzen Tag lang machte und was das für seltsame Geräusche waren.

Und dann war da dieser Name – Ole Rømer. War das nicht derselbe Mann, von dem diese Planetenmaschine stammte, die ihm im Rundetårn aufgefallen war? Und William war sich auch ziemlich sicher, den Namen schon mal irgendwo anders gehört zu haben – er wusste nur nicht mehr wo. Er seufzte und ging dann die Straße hinunter, um das Sonnensystem aufzuräumen.

Auf dem Rückweg, den Arm vollgepackt mit der Schnur, dem Apfel, der geklauten Pflaume und dem großen, rosaroten Pilatesball, fiel es ihm plötzlich wieder ein: Er war bei seiner Jagd nach dem magischen Wandschrank über den Namen gestolpert! In der hübschen Schatzkiste aus Tante Gunvors Rumpelkammer, von der er so enttäuscht gewesen war. Sie hatte so geheimnisvoll ausgesehen, aber dann hatte er nur langweilige Briefe darin gefunden. Aber genau da hatte er den Namen gelesen.

William legte die traurigen Reste des Sonnensystems in die Küche und verdrückte eine paar Scheiben glutenfreies Brot mit Feigenaufstrich. Seine Tante war spurlos verschwunden.

Also ging er nach oben in die große Rumpelkammer. Hinter Schuhkartons und anderen alten Pappschachteln fand er die schöne Kiste schnell wieder. Sie sah ganz anders aus als alle anderen. William zog sich einen großen Holzkasten heran, stellte sich auf die Zehenspitzen und holte die Schatztruhe herunter. Er setzte sich damit auf den Boden und klappte sie auf.

Und dort, ganz obenauf, lag tatsächlich ein zusammengehefteter Stapel vergilbter Blätter und auf der vordersten Seite stand »Ole Rømer«.

Er nahm das Heft heraus und fing an, darin zu blättern. Die Seiten waren dicht mit Schreibmaschine beschrieben und an den Rändern hatte jemand von Hand Notizen gemacht, aber die waren schwierig zu entziffern, sie waren nämlich in Schreibschrift. Sicherheitshalber warf William noch einen zweiten Blick in die Kiste.

Der Rest darin schienen wirklich nur Briefe zu sein, er konnte nämlich weder Deckblätter noch Überschriften entdecken. Und die meisten Seiten fingen mit »Liebe Gunvor« an. Außerdem stand da noch ein Datum. Auf dem ersten Brief las er »Kopenhagen, Sonntag, 3. April 1965«.

Kopenhagen, Sonntag, 3. April 1965

Liebe Gunvor!

Ich kann dir gar nicht sagen, wie froh ich bin, dass du dich bereit erklärt hast, mein Manuskript zu lesen. Ich bin gespannt, was du dazu sagst. Ich bin es ja nicht gewohnt, solche Texte zu schreiben, und umso mehr weiß ich zu schätzen, dass du dir die Zeit nimmst, um dir meinen ersten Entwurf anzusehen. Je länger ich darüber nachdenke, umso wichtiger erscheint es mir, Ole Rømers Geschichte zu erzählen – gerade Kinder sollten sie kennen, schließlich sind sie doch die Gestalter unserer Zukunft! Wir haben ja schon öfter darüber diskutiert, dass Tycho Brahe in der Wissenschaftsgeschichte in meinen Augen schon immer viel zu viel Aufmerksamkeit bekommen hat. Besonders im Gedanken an Herrn Einsteins Relativitätstheorie finde ich, dass der gute Ole Rømer es verdient hat, ans Licht geholt zu werden (nein, das mit dem Licht war kein Versuch, einen Scherz zu machen). Schließlich hat er bewiesen, dass das Licht eine Geschwindigkeit hat, und ohne dieses Wissen gäbe es vermutlich auch keine Relativitätstheorie. Ich habe die große Hoffnung, dass es mir vielleicht gelingt, unsere Schulkinder für die Physik zu begeistern, indem ich ihnen die Geschichte von Ole Rømer und seiner bedeutenden Entdeckung erzähle. Wir sind uns sicher einig darin, wie wichtig das wäre?
Aber vielleicht hast du recht. Vielleicht sollte man sich dabei nicht auf Ole Rømer beschränken, sondern stattdessen eine ganze Geschichtensammlung über die größten Errungen-

schaften der Naturwissenschaft für Kinder schreiben. Ich würde mich sehr freuen zu hören, was du von dieser Idee hältst. Vielleicht hast du ja auch Lust, dich mit mir darüber auszutauschen, welche Entdeckungen dir besonders herausragend oder geeignet erscheinen, um die Neugier von Kindern zu wecken?

Dein ergebener

Hans

William blätterte die anderen Briefe durch. Sie waren alle von diesem Hans, aber dann fiel William ein, dass es bestimmt nicht erlaubt war, einfach fremde Briefe zu lesen. Überhaupt – dass er schon wieder in Tante Gunvors Sachen herumgestöbert hatte!

Er wollte gerade alles wieder zusammenpacken und wegräumen, als ihm der Gedanke kam, dass es vielleicht trotzdem in Ordnung war, das Heft über Ole Rømer zu lesen, denn das war ja schließlich kein Brief?

Außerdem konnte er ja nichts dafür, dass seine Tante andauernd so beschäftigt war. Und wenn sie keine Zeit hatte, ihm etwas über Ole Rømer zu erzählen, beschloss er, dann durfte er das jetzt eben lesen.

Er stellte die Kiste mit den Briefen an ihren Platz zurück, nahm das Heft über Ole Rømer mit in sein Zimmer und legte sich damit auf sein Bett. Unten im Wohnzimmer schlug die große Standuhr.

Er zählte acht Schläge. Also war es acht Uhr. Während er die Uhr schlagen hörte, merkte er plötzlich, wie müde er war. Jetzt hätte Tante Gunvor ihn bestimmt ins Bett geschickt und gesagt, dass sie ihm ein andermal mehr darüber erzählen würde. Er schaute auf die Blätter. Und gähnte. Aber Tante Gunvor war ja nicht hier.

Und hier kommt jetzt eine längere Unterbrechung unserer Geschichte, in der William heimlich Tante Gunvors alte Post liest und etwas über Ole Rømer lernt – den Kaufmannssohn aus Aarhus.

OLE RØMER

Der Kaufmannssohn aus Aarhus, der ein weltberühmter Astronom und geachteter Mann am Hofe des Königs wurde.

Könnte man die Einleitung nicht spannender gestalten?

Im Jahr 1644 kam in der kleinen Hafenstadt Aarhus ein Junge namens Ole zur Welt. Zusammen mit seinem Bruder und seiner Schwester wuchs er im Haus seiner Eltern auf, die nicht arm, aber auch nicht wirklich reich waren. Im Winter war es kalt, dann qualmten der Kachelofen und die Öllampen, und im Sommer war es warm und der Gestank von Abfall hing in der Luft.

Sein Vater war als Kaufmann häufig lange auf See. Manchmal durfte Ole ihn begleiten. Für den Jungen gab es nichts Schöneres. An ruhigen Tagen, wenn das Schiff mit dem Strom trieb und kaum Wind in den Segeln war, überkam Ole ein Gefühl von Unendlichkeit. Vielleicht, dachte er dann, sah so auch Gottes Himmelreich aus? So still und grenzenlos.

Ist es nötig, Gott zu erwähnen? Soweit ich weiß, war Ole Rømer nicht besonders religiös?

Wenn sie zwischen Jütland und Fünen segelten, war es nicht schwer, den Weg zu finden, denn es gab immer eine Kirche oder eine andere Peilmarke an Land, um das Schiff in die richtige Richtung zu lenken. Oder zu navigieren, wie es heißt, wenn man auf See ist.

Aber wenn sie nach Norden ins Kattegat hinauf segelten, sah das schon anders aus. Dort kamen sie bisweilen so weit aufs offene Meer hinaus, dass nichts als Wasser um sie herum war, soweit das Auge reichte. Dann gab es nur noch den Himmel und das Meer, den Wind und die Wellen. Und die Sterne.

Die Enge der Stadt, all der Lärm und Gestank, waren weit weg, und Ole war glücklich, wenn nichts den Blick in die Ferne verstellte. Aber es lauerten auch Gefahren: Vor der norwegischen und der schwedischen Küste gab es viele versteckte Felsenriffs, vor denen sich nur die ahnungslosen Schiffer nicht fürchteten – denn dort ging es schnell um Leben und Tod, wenn man seinen Kurs nicht richtig berechnet hatte.

»Genauigkeit!«, sagte Oles Vater oft. »Das ist die wichtigste Eigenschaft eines Navigators.«

Er hatte ein paar wertvolle Instrumente an Bord dabei, die ihm halfen, den richtigen Weg über das Meer zu finden. Und Ole sah zu, wie sein Vater aufmerksam den Kompass im Auge behielt oder wie er sorgfältig mit einem goldenen Quadranten den Stand der Sonne ermittelte. Und wenn es dunkel wurde, begleitete Ole seinen Vater an Deck, um die Sterne zu vermessen.

Durch die unveränderliche Position des Polarsterns konnten sie herausfinden, wie weit sie nach Norden gesegelt waren. Mit seinem Quadranten bestimmte der Vater, wie hoch der Stern über dem Horizont stand und das wiederum verriet ihm, auf welchem **Breitengrad** sie sich befanden.

Viel schwieriger war es dagegen herauszubekommen, auf welchem **Längengrad** sie sich befanden. Also wie weit sie nach Osten oder Westen gesegelt waren. Dabei konnten die Sterne ihnen nicht helfen.

Die Sonne wandert nämlich quer zu den Längengraden. Deshalb kann man eigentlich leicht ausrechnen, auf welchem Längengrad man sich befindet, solange man weiß, wie viel Uhr es gerade ist. Das muss man dann nur noch mit der Uhrzeit vergleichen, zu der man losgesegelt ist. Das Problem war jedoch, dass es damals noch keine Uhren gab, die genau genug gingen und nicht von den Schiffsbewegungen beeinflusst wurden.

Zum Glück kannte Oles Vater den Weg nach Norwegen gut und wusste, auf welchem Breitengrad die gefährlichsten Riffe lauerten. Sie mussten nur lang genug nordwärts segeln, und dann ruhig Kurs Richtung Osten nehmen, dann erreichten sie sicher die norwegische Küste. Wo Osten war, zeigte ihnen der Kompass.

Ole liebte all diese Instrumente. Er fand sie schön, und es faszinierte ihn, dass sie ihnen mithilfe von Mathematik, exakten Messungen und sorgfältig erstellten Tabellen den Weg über das unergründliche Meer zeigen und sie so in den sicheren Hafen bringen konnten.

Für ihn schien die ganze Welt voller wunderbarer Zusammenhänge zu sein – wie ein riesengroßes Uhrwerk, das festen Regeln und Rhythmen folgte, die nur darauf warteten, entdeckt zu werden. Und je mehr die Menschheit begriff –

je mehr dieser Regeln sie erkannte – umso besser wurde das Leben auf der Erde. Alles hatte einen Sinn. Alles hatte seine Ordnung. Und es war die Aufgabe der Menschen, diese Ordnung zu verstehen.

Ole in der Schule

Ole kam auf die Lateinschule, und er war ein guter Schüler. Sein Vater hatte ihm schon viel über Mathematik beigebracht, während sie gemeinsam auf dem Meer navigierten, und Ole war neugierig. Er wollte mehr wissen.

Die Mathematik, fand er, folgte ihrer ganz eigenen wunderbaren Ordnung. Besonders die Geometrie, die Lehre von Kreisen, Dreiecken und Quadraten. Wie all diese Formen ineinanderpassten.

Ole liebte es, wenn er in seiner Umwelt eine geometrische Form entdeckte, wenn er ein System erkannte oder einen Zusammenhang begriff.

Wenn sich herausstellte, dass das scheinbare Chaos der Welt aus kleinen, sinnvollen Regeln aufgebaut war – ganz gleich wie schwer sie manchmal auch zu erkennen waren.

Zu jener Zeit befand sich der dänische König Frederik III. im Krieg mit Schweden. Das Leben war hart, und Ole sehnte sich danach, wie früher mit seinem Vater in See zu stechen. Doch als der Krieg eines Tages endlich vorbei war, da war Oles Vater gestorben. Er hatte den Frieden nicht mehr erleben dürfen und war nie mehr in einer sternklaren Nacht mit seinem Sohn über das Kattegat gesegelt.

Aber Ole hatte die Sterne nicht vergessen.

In der Stadt des Königs

Als Ole die Lateinschule abgeschlossen hatte, bekam er die Erlaubnis, in die Stadt des Königs zu reisen, nach Kopenhagen, um dort an der Universität zu studieren. Er war achtzehn Jahre alt und konnte es kaum erwarten, der Universität ihre wunderbaren Geheimnisse zu entlocken. Nicht als Geistlicher, wie die meisten seiner ehemaligen Klassenkameraden, sondern als Mathematiker.

In Kopenhagen war alles anders als das, was er bisher kannte. Die Stadt hinter der Wallanlage war eng und schmutzig. Und die Leute machten sich über Ole lustig und fanden, er würde komisch reden, weil er aus Aarhus kam. Ihm dagegen kam es vor, als herrschten in der Stadt lauter unsichtbare Gesetze, wie man zu reden und zu gehen und sich zu verhalten habe. Und es gab niemanden, der ihm all diese Regeln erklärte.

Er war nah daran, den Mut zu verlieren. Doch zum Glück erkannte sein Professor Erasmus Bartholin, dass Ole ein besonderes Talent für Mathematik hatte. Er holte ihn zu sich ins Haus, wo sie studierten und diskutierten. Aber es gehörte auch zu Oles Aufgaben, dem Professor zur Hand zu gehen.

Erasmus Bartholins kleine Tochter brachte Ole immer wieder zum Schmunzeln. Sie war erst drei Jahre alt und wusste noch nichts von der Welt. Aber sie war ein dickköpfiges Kind und hatte einen unersättlichen Drang, alles zu verstehen. Sie untersuchte jeden Schrank, jede Schublade, jeden Winkel im Haus. Sie nahm alles auseinander – sehr zum Leidwesen ihrer Mutter und ihrer älteren Geschwister. Dieses kleine Mädchen, das hatte Ole sofort erkannt, tat nichts anderes,

als die Welt zu erforschen. Sie wollte alle Regeln verstehen und ließ nicht locker.
Sie erinnerte ihn daran, wie er selbst als Kind gedacht hatte, dass die Welt voller unsichtbarer Regeln war, die man erst erkennen musste. Ihm wurde bewusst, dass das wohl auch für die ungeschriebenen Regeln der Stadt galt, und er nahm sich vor, sich beiden mit demselben unermüdlichen Kampfgeist zu stellen wie das kleine Mädchen – den Regeln der Stadt und denen des Universums. *Ob mein lieber Hans sich hier nicht doch ein bisschen mitreißen lässt? Schwingen da womöglich sogar autobiographische Töne mit?*

Das Erbe Tycho Brahes

Nach einiger Zeit im Haus der Familie Bartholin geschah etwas, das entscheidende Bedeutung für das weitere Leben Ole Rømers haben sollte. Der König hatte alle Aufzeichnungen aus Tycho Brahes Nachlass gekauft und bat Erasmus Bartholin, sie zu sichten und zu sortieren. Es sollte ein Buch daraus werden, damit jeder daran teilhaben konnte. Aber das war eine ziemlich große Aufgabe.
Tycho Brahe hatte seit seinem sechzehnten Lebensjahr und bis zu seinem Tod im Alter von fünfundfünfzig den Himmel nahezu jede Nacht observiert, außer es war zu bewölkt gewesen – du kannst dir also vorstellen, dass das eine Menge Papier war.
Und so bat Erasmus Bartholin Ole um Hilfe. Und Ole sagte nur allzu gern Ja. Er konnte sich keine ehrenvollere Tätigkeit vorstellen, als in die Fußstapfen des berühmten Astronomen zu treten.
Und man muss sagen, dass er das wirklich tat: Auch wenn Ole Rømer heutzutage vielleicht nicht ganz so berühmt ist, hat er doch einen der wichtigsten Beiträge dazu geleistet,

wie wir die Welt heute sehen. Wenngleich man das zu diesem Zeitpunkt natürlich noch nicht ahnen konnte.
Ole war wie besessen von dem Gedanken, genauso gut wie Tycho Brahe zu werden, und so studierte er dessen Aufzeichnungen überaus gründlich. Ihm wurde immer klarer, wie wichtig es war, die Welt über einen langen Zeitraum hinweg systematisch und sorgfältig zu untersuchen, wenn man die Zusammenhänge wirklich verstehen wollte. Aber in seinem Kopf formte sich auch noch ein anderer Gedanke: Wenn Tycho Brahe damals schon so viel herausfinden konnte, wie viel mehr könnte man dann jetzt herausfinden, wo man so viel bessere Hilfsmittel zur Verfügung hatte?
Das Teleskop hatte den Horizont der Menschen erweitert, aber auch Uhren und Messinstrumente waren besser geworden. Wäre es inzwischen nicht vielleicht möglich, das zu beweisen, was Tycho Brahe noch nicht gelungen war? Nämlich dass der berühmte Geistliche Nikolaus Kopernikus mit seiner Theorie recht gehabt hatte und die Sonne das Zentrum des Universums war? Dass die Erde und die anderen Planeten um die Sonne kreisten? Vielleicht gelang es ja mit den verbesserten Instrumenten, die Entfernung der Erde zu den Fixsternen zu messen und so zu belegen, dass sie sich bewegte?
Und dann, eines Tages, lange bevor Ole sein Studium an der Universität abgeschlossen hatte, klopfte die Welt an seine Tür. Ein Franzose namens Jean Picard kam nach Kopenhagen.
Er war Astronom an der Königlichen Akademie der Wissenschaften des französischen Sonnenkönigs und er hatte eine wichtige Frage zu Tycho Brahes Observatorium im Gepäck.

Tycho Brahe hatte den Großteil seiner Himmelsbeobachtungen in seinem Observatorium Uraniborg auf Ven gemacht, sie dienten unter anderem als Grundlage für neue astronomische Tabellen und für Johannes Keplers Berechnungen der Planetenbahnen.
Aber um Tycho Brahes Aufzeichnungen nutzen zu können, benötigte die französische Akademie den genauen Standort von Uraniborg. Sonst konnten sie Tycho Brahes Beobachtungen nicht mit ihren eigenen vergleichen, die sie in Paris gemacht hatten. Also war Jean Picard nach Dänemark gekommen, um den exakten Längen- und Breitengrad herauszufinden, auf dem sich das Observatorium befunden hatte. Dafür sollten mithilfe der neuesten Instrumente und der exaktesten Uhren sowohl auf Ven als auch in Kopenhagen eine Menge Messungen vorgenommen werden.
Aber Picard war schon ein älterer Herr, und Ven sah nicht mehr so aus wie zu Tycho Brahes Glanzzeit. Uraniborg war dem Erdboden gleichgemacht, übrig geblieben waren nur ein windgepeitschter Acker und ein paar zugige Keller. Für Picard und seine angeschlagene Gesundheit war es viel zu kalt auf der kleinen Insel. Und so schickte er den jungen Ole Rømer dorthin, während er selbst in Kopenhagen blieb. Picard erkannte schnell, dass Ole ein schlauer Schüler mit einem seltenen Talent und gutem Urteilsvermögen war. Und als sie schließlich mit den vielen Messungen fertig waren, nahm er Ole mit nach Paris. Der dänische König hatte nämlich festgestellt, dass er leider doch kein Geld hatte, um Tycho Brahes Aufzeichnungen drucken zu lassen. Und so einigte man sich darauf, dass Picard die Aufzeichnungen mit nach Paris nehmen sollte, um sie dort als Buch heraus-

zugeben. Ole sollte dafür sorgen, dass beim Druck der wertvollen Notizen keine Fehler unterliefen.

Damit begannen die zehn Jahre, die wohl die besten in Oles Leben werden sollten. Er wurde in die französische Königliche Akademie der Wissenschaften aufgenommen und begegnete einigen der klügsten Köpfe jener Zeit. Beispielsweise freundete er sich mit dem berühmten niederländischen Astronomen, Physiker und Mathematiker Christiaan Huygens an (der Name wird ungefähr »Höichens« mit kratzigem »ch« ausgesprochen), der unter anderem die Pendeluhr erfunden hat – eine ungeheuer genaue Uhr, die dafür sorgte, dass die Messdaten der Akademie viel exakter waren als andere, ältere Messungen.

Das Licht am Hof des Sonnenkönigs verzögert sich

Der französische König Ludwig XIV. wurde der Sonnenkönig genannt. An seinem Hof zweifelte nämlich niemand daran, dass die Sonne das Zentrum des Universums war. Der König saß wie die Sonne in der Mitte des Reichs, und sein Glanz erstrahlte über das ganze Volk.

Es war die Zeit der Aufklärung, und Frankreich sollte nicht länger in dunkler Unwissenheit liegen. Der Sonnenkönig hatte verstanden, dass er seine Macht stärkte, indem er mehr über die Welt und sein eigenes Reich wusste. Deshalb gab es eine Reihe ganz konkreter Dinge, die die Königliche Akademie der Wissenschaften in seinem Auftrag herausfinden sollte. Unter anderem erforschten sie die Eigenschaften des Lichts, zum Beispiel ob es sich unendlich schnell ausbreitete. Sie studierten die Kraft des Windes, des Wassers und des Schießpulvers. Sie kartierten die Fixsterne

und suchten nach Möglichkeiten, genauere Landkarten der Erde anzufertigen. Und nach einem Weg, die Größe der Erde auszumessen.
Sie untersuchten, wie Dinge fallen, wie viel Luft wiegt, wie Töne zusammenhängen und noch vieles mehr.
Ole Rømers Aufgaben in der Akademie hatten jedoch einen viel alltäglicheren Charakter. Er war unter anderem dafür verantwortlich, Versailles, das Schloss des Sonnenkönigs, mit frischem Wasser zu versorgen. Und er unterrichtete den Sohn des Königs in Astronomie.
Als Lösung für die erste Aufgabe entwickelte er prächtige Springbrunnen. Für die zweite baute er ein paar einfallsreiche Maschinen, mit denen er die Planetenbewegungen zeigen und vorhersagen konnte, um sie dem kleinen Prinzen verständlich zu machen.
Und dann bekam Ole den Auftrag, den Nachthimmel zu observieren und Daten zu sammeln, die dazu verwendet werden sollten, eine kosmologische Uhr zu erstellen. Und genau das war die Aufgabe, die dazu führte, dass er die Verzögerung des Lichts entdeckte.
Eines der großen Probleme, das alle Wissenschaftler damals beschäftigte, war nämlich die Uhr. Nicht, weil es wichtig gewesen wäre, pünktlich zu sein, sondern weil es noch niemandem gelungen war, eine Lösung dafür zu finden, wie man auf See die Längengrade bestimmen könnte.
Dabei war die Seefahrt einer der wichtigsten Wege zum Reichtum in Europa. Die Schiffe brachten Waren und Geld aus den Kolonien und von den Handelsplätzen aus aller Welt.
Es war leicht herauszufinden, auf welchem Breitengrad man sich befand. Aber es war immer noch nicht möglich, die

Längengrade zu berechnen. Eine Uhr, die wirklich genau ging, hätte dabei helfen können. Aber es hatte noch niemand eine Uhr gebaut, die nicht von den Schiffsbewegungen beeinflusst wurde.

Damals war es normal, dass eine Uhr im Laufe eines Tages mehrere Minuten »gewann« oder »verlor«. Deshalb mussten die Uhren jeden Tag nachgestellt werden, wenn sie richtig gehen sollten. Die meisten gewöhnlichen Uhren hatten nicht einmal einen Minutenzeiger, weshalb die Ungenauigkeit an Land nicht so schlimm war. Aber auf dem Meer hätte sie schreckliche Folgen gehabt.

Christiaan Huygens hatte eine Pendeluhr erfunden, die die Zeit maß, indem ein Pendel hin und herschwang. Sie war sehr viel genauer als jede andere Uhr, die es bis dahin gegeben hatte. Das war ein großer Gewinn für die Naturwissenschaft.

Aber die Genauigkeit dieser Uhr hing davon ab, dass sich das Pendel gleichmäßig hin und her bewegte. Wenn man eine solche Uhr nun auf ein Schiff stellte, das in den Wellen auf und ab schaukelte, gerieten die Schwingungen des Pendels schnell aus dem Takt. Und dann ging auch diese Uhr nicht mehr richtig. Deshalb benötigte man eine andere Uhr, die auch auf einem schwankenden Deck noch die genaue Zeit anzeigte.

Ole Rømer und die anderen Forscher der Akademie suchten also fieberhaft nach einer Methode, die Längengrade zu bestimmen. Ole Rømer wusste, wie wichtig das war. Und die Welt war doch so voll von genialen Zusammenhängen, warum also sollte es nicht bereits eine kosmische Uhr geben, die nicht von irgendwelchen Dingen auf der Erde beeinflusst

wurde? Eine Uhr, die man immer sehen konnte, wenn man nur die ewigen Himmelskörper und ihre Bewegungen betrachtete? Schon der berühmte Galileo Galilei hatte einen ganz ähnlichen Gedanken gehabt, als er zum ersten Mal die vier größten Jupitermonde um den großen Planeten hatte kreisen sehen. Und so machte man sich nun in der französischen Akademie daran herauszufinden, ob man nicht diese vier galileischen Monde als Seefahrtsuhr verwenden könnte.
Oles Aufgabe war es, Tabellen darüber zu erstellen, wann genau Io, der innerste der vier Monde, hinter Jupiter verschwand, und wann er wieder auftauchte. Waren diese Tabellen erst einmal angefertigt, hoffte man mit ihrer Hilfe die kosmische Zeit bestimmen zu können, ganz gleich, wo man sich auf der Erde gerade befand – solange die Nacht sternenklar war, wohlgemerkt.
Über mehrere Jahre hinweg notierte Ole gewissenhaft, wann Io verschwand und wann der Mond wieder hinter dem Jupiter zum Vorschein kam. Huygens Pendeluhr half ihm dabei, und so konnte er ganz sicher sein, dass seine Messungen auch wirklich exakt waren. Aber eines schönen Tages musste Ole zu seiner großen Enttäuschung einsehen, dass die Monde nicht für eine kosmische Uhr zu gebrauchen waren.
Er stellte nämlich fest, dass der kleine Mond umso später erschien, je weiter die Erde vom Jupiter entfernt war, und umso früher, je näher sie dem Jupiter kam. Oder anders gesagt, dass die »Jupiter-Uhr« entweder zu langsam oder zu schnell ging, je nachdem wie weit Erde und Jupiter gerade voneinander entfernt waren.
Ole rechnete und rechnete und observierte und observierte, und schließlich kam er zu einer aufsehenerregenden

Vielleicht solltest du erwähnen, dass John Harrison später das Chronometer entwickelte, damit deine jungen Leser auch noch erfahren, wie es gelang, die Längengrade zu messen?

Schlussfolgerung: Die einzige Erklärung für diese Beobachtung war, dass das Licht des kleinen Jupitermondes umso länger für den Weg zur Erde brauchte, je größer die Entfernung zwischen den beiden war. Und das war schließlich der Beweis dafür, dass das Licht eine Geschwindigkeit hat. Oder dass es sich »verzögert«, wie Ole es beschrieb.
Diese Entdeckung erweckte großes Aufsehen in der Akademie. Der Leiter des Observatoriums wollte Ole nicht so recht zustimmen, aber Oles guter Freund Christiaan Huygens hatte keinen Zweifel.
Er hatte das Licht schon lange studiert und war begeistert von diesem Beweis, dass das Licht »Zeit braucht, wenn es ausgesendet wird«. Es war ein entscheidendes Puzzlestück, um die Eigenschaften des Lichts zu entschlüsseln, und weckte große Erwartungen in den jungen Astronomen.

<u>Ole der Erfinder</u>

Aber Ole durfte nicht als Astronom in Paris bleiben.
Seine vielen anderen Fähigkeiten als Brunnenmeister und Planetenmaschinenbauer waren dem dänischen König zu Ohren gekommen. Und Frederik III. wollte seinen begabten Untertanen lieber wieder zu Hause haben, damit sein Glanz in Dänemark erstrahlte.
Und das aus gutem Grund. Kopenhagen war nach dem langen Krieg eine kaputte, arme Stadt. Die Straßen waren verdreckt und schlammig. Die Leute kippten den Inhalt ihrer Nachttöpfe in die Rinnsteine, das Trinkwasser kam aus den Kopenhagener Seen außerhalb der Stadtmauern.
Das Wasser wurde durch ausgehölte Baumstämme geleitet, die morsch und von Würmern zerfressen waren. Es roch

faulig, und es war bestimmt nicht angenehm, sich damit zu waschen – und du kannst dir sicher vorstellen, wie schlimm es erst gewesen sein muss, damit sein Essen zu kochen. Kein Wunder, dass die meisten Menschen damals lieber Bier statt Wasser tranken.

Ole Rømer, der Mann mit den vielen Talenten, wurde als Brunnenmeister nach Hause beordert. Er sollte dafür sorgen, dass frisches Trinkwasser in die Stadt hineinkam, und das Regenwasser und alles, was sonst noch so durch die Straßen plätscherte, wieder aus der Stadt herausfließen konnte. Fortan waren den Aufgaben, die der König ihm übertrug, keine Grenzen gesetzt.

Ole war ein echter Erfinder, und so wurde er auch genannt. Er erfand unglaublich viele einfallsreiche Maschinen. Er entwickelte standardisierte Maßeinheiten, damit das Land vermessen werden konnte und man sich nicht mehr streiten musste, wie schwer etwas war. Ab jetzt sollte im Land Ordnung herrschen, und Ole sorgte dafür.

Er führte einen neuen Kalender ein und wurde nebenbei auch noch Kopenhagens erster Polizeidirektor – denn bis dahin hatte es in der Stadt gar keine richtige Polizei gegeben.

Aber all die vielen königlichen Aufträge ließen ihm nicht viel Zeit für die Astronomie. Ole Rømer wurde zwar Professor für Astronomie an der Universität, aber der Rundetårn war kein guter Ort für Observationen.

Der Aufgang zum Turm war zwar in Form einer breiten, eher flachen Rampe gebaut worden, sodass man die schweren Messinstrumente mit Karren bis ganz nach oben fahren konnte. Aber der Rundetårn war eben auch ein Kirchturm, und wenn die Kirchenglocken schlugen, zitterte und vibrierte der Turm und mit ihm die Teleskope. Das machte präzise Messungen unmöglich.

Also richtete Ole sich stattdessen ein kleines Heimobservatorium in seiner Professorenwohnung in der Nachbarstraße ein. Aber auch dort war es nicht so einfach, einen klaren Blick auf die Sterne zu bekommen. Das Haus auf der anderen Straßenseite stand im Weg und versperrte ihm die Sicht. Schließlich kaufte Ole das störende Haus und ließ ein Loch ins Dach schlagen. Endlich konnte er wieder den Himmel observieren!

Was er jedoch nie bekam, waren Kinder. Nachdem er als berühmter Astronom nach Kopenhagen zurückgekehrt war, hatte er die Tochter seines alten Lehrers Erasmus Bartholin geheiratet. Dasselbe kleine Mädchen, das einst so beharrlich jeden Winkel seines Elternhauses erforscht hatte. Aber obwohl sie beide so neugierige Menschen waren, entfernte gerade diese Eigenschaft sie voneinander. Zumindest beklagte Oles junge Frau sich darüber, dass er nie Zeit für sie habe: Am Tag stand er im Dienste des Königs, in der Nacht hatte er nur Augen für die Sterne.

Tatsächlich heiratete er ja erst die Tochter und später, nachdem sie gestorben war, ihre Cousine. Aber wahrscheinlich ist das hier wirklich nicht so wichtig.

Und trotzdem werden wir nie erfahren, wie weit Ole Rømer es als Astronom hätte bringen können, wenn er nur die Zeit dafür gehabt hätte. Der Großteil seiner Aufzeichnungen ging 1728, viele Jahre nach seinem Tod, bei einem Brand verloren. Nur seine letzten Observationen sind erhalten.

Sie entstanden in drei Herbstnächten auf dem Landsitz der Familie. Hier hatte er sich ein bescheidenes Observatorium fernab von allem eingerichtet. Hier entwickelte er ein besonderes Teleskop, den sogenannten Meridiankreis. Er

selbst sagte, dass die Himmelsbeobachtungen mit dem Meridiankreis in jenen drei Nächten die wichtigsten seines Lebens gewesen seien.
Da er nichts veröffentlichen wollte, von dem er nicht absolut sicher war, dass es stimmte, wissen wir bis heute nicht, warum er diese Beobachtungen für so wichtig hielt. Niemand anderes konnte es aus diesen Aufzeichnungen herauslesen.
Was ihm jedoch gelang, war eine der wichtigsten Entdeckungen der modernen Naturwissenschaft: Die Erkenntnis, dass Licht eine Geschwindigkeit hat.
Und wie sich später herausstellen sollte, hat es nicht nur irgendeine Geschwindigkeit, sondern immer dieselbe Geschwindigkeit. Und das wiederum ist eine der Entdeckungen, die den Physiker Albert Einstein auf seine Relativitätstheorie brachte, auf der wiederum unsere moderne Physik basiert.
Und noch etwas ist spannend an der Tatsache, dass das Licht seine Zeit braucht, und vielleicht denkst du daran, wenn du das nächste Mal in den Sternenhimmel siehst: Wenn das Licht aus dem Weltall verzögert bei uns auf der Erde ankommt, dann bedeutet das zugleich, dass wir in die Vergangenheit schauen, wenn wir die Sterne betrachten.
Und je weiter wir in die Ferne sehen können, um so weiter blicken wir in der Zeit zurück.

Guter und lehrreicher Text. Vielleicht etwas zu lehrreich.
Könntest du ihn ein bisschen kürzen?

Als William alles gelesen hatte, drehte er sich auf den Rücken und schaute an die Decke. Jetzt wusste er, wer Ole Rømer war.

Aber was war diese Relativitätstheorie? Und was hatte sie mit der Geschwindigkeit des Lichts zu tun? Und warum war es für die moderne Physik eigentlich so wichtig, dass das Licht eine Geschwindigkeit hatte? In Williams Kopf machte das gar keinen so großen Unterschied. Aber anscheinend ja schon.

Und stimmte das wirklich, dass man in die Vergangenheit blickte, wenn man den Sternenhimmel betrachtete? Wie hatte denn dann der Anfang des Universums ausgesehen?

Und wer war eigentlich dieser Hans, der das alles geschrieben hatte? William konnte sich nur schwer vorstellen, dass jemand seiner Tante Gunvor Briefe schickte. Oder dass sie überhaupt so etwas wie Freunde hatte.

Wieder schlug die große Pendeluhr unten im Wohnzimmer. Zehnmal. William hatte sich noch nie darüber Gedanken gemacht, warum Uhren eigentlich erfunden worden waren. Es gab sie halt, und sie sorgten dafür, dass man nicht zu spät zur Schule kam. Oder zu spät ins Bett ging.

Aber er wäre nie auf die Idee gekommen, dass sie den Menschen eigentlich helfen sollten, sich auf der Welt zurechtzufinden. William hätte zu gern gewusst, ob es den Leuten damals gelungen war, das Problem zu lösen. Er musste sich die Pendeluhr unbedingt genauer anschauen.

Er stand aus dem Bett auf, aber setzte sich beinahe sofort wieder hin. Vor Gähnen hätte er fast das Gleichgewicht verloren. Und er gähnte gleich noch einmal. Na ja. Vielleicht sollte er die Pendeluhr lieber ein andermal untersuchen. Er rieb sich die Augen, tapste ins Bad und spähte dabei verstohlen zur Treppe.

Nachdem er die Zahnbürste benutzt und danach ausgespült

hatte und in seinem wirklich albernen Schlafanzug wieder in seiner Kammer stand, ging er zum Fenster und machte es auf. Der Himmel war klar, und außer dem Mond konnte er hier und da ein paar vereinzelte Sterne sehen. Ihm fiel eine Zeile aus einem Schlaflied ein, das seine Mama ihm früher manchmal vorgesungen hatte. »*Glaubst du, das sind Jungen, Mama, die auf mich heruntersehn, und glaubst du, dass sie Betten haben, in die sie schlafen gehn?*«

Als kleines Kind hatte er sich oft ausgemalt, dass lauter kleine Jungen wie er auf den Sternen lagen und zu ihm heruntersahen. Aber wenn er beim Blick in den Himmel in die Vergangenheit schaute, überlegte er jetzt, dann müsste das ja für die Jungen auf den Sternen genauso gelten. Und das würde bedeuten, dass die Jungen dort oben ihn erst viele Jahre später sahen, wenn er in Wirklichkeit schon erwachsen war. Und die Jungen, die er in diesem Augenblick dort oben sehen konnte, wären ja auch nicht mehr dieselben, die sich jetzt tatsächlich dort oben befanden. Ihm wurde ganz schwindlig bei diesem Gedanken.

Er atmete tief ein. Nach dem Regen duftete die milde, feuchte Abendluft intensiv nach Sommer. William seufzte, machte das Fenster zu und kroch unter die Decke.

Es war verrückt, über all diese Vorstellungen nachzugrübeln. Irgendwie füllte Tante Gunvor lauter Dinge in seinen Kopf, über die er sich noch nie Gedanken gemacht hatte. Aber trotzdem, dachte er dann, änderte sich dadurch ja gar nichts. Es war alles genauso, wie es immer schon gewesen war. Er wusste einfach nur mehr darüber.

Aber die Decke, unter der er lag, war weich und roch ein bisschen nach Staub und ein bisschen nach Schaf, egal ob es Leben im Weltraum gab oder nicht. Egal ob sich das Licht verspätete oder unendlich schnell war. Und egal ob ihn da draußen jemand sehen konnte – heute oder in hundert Jahren.

Er war William, der in dem kleinen Haus seiner Tante im Bett lag. Und er war müde. Seine Gedanken durften von ihm aus gern zu den Sternen fliegen und dort oben spielen, wenn sie wollten. Er gähnte. Und in der nächsten Sekunde war er eingeschlafen.

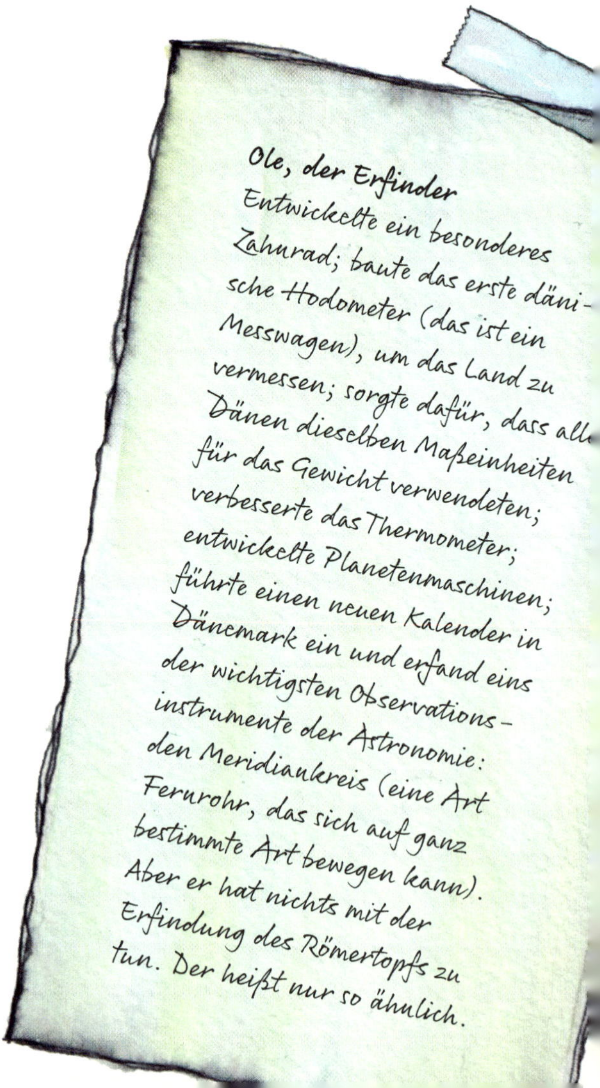

Ole Rømer

Geboren 1644 in Aarhus
Gestorben 1710 in Kopenhagen
FAMILIE: *Sohn eines Kaufmanns. Später verheiratet mit der Tochter seines Professors Erasmus Bartholin. Nach ihrem Tod heiratete er ihre Cousine.*
STUDIERTE: *Mathematik*
HERAUSGEBER VON: *nichts, leider. Er sagte selbst, er wäre zu beschäftigt damit gewesen, die vielen Befehle des Königs auszuführen. Die Entdeckung der Verspätung des Lichts wurde als Notiz beim wöchentlichen Treffen an der Akademie der Wissenschaften vorgelegt.*
ARBEITSGEBIETE: *Astronom, Ingenieur, Brunnenmeister, Professor an der Kopenhagener Universität, Polizeidirektor*
OBSERVATIONSINSTRUMENTE: *Meridiankreis*
WICHTIGER BEITRAG ZUR WISSENSCHAFT: *Entdeckung der Verspätung des Lichts – oder anders gesagt, dass das Licht eine Geschwindigkeit hat und nicht unendlich schnell ist.*

Nichts ist schneller als das Licht. Soweit wir wissen.

So lang braucht das Sonnenlicht bis zu den Planeten des Sonnensystems:

Merkur:	3 Minuten und 13 Sekunden
Venus:	6 Minuten
Erde:	8 Minuten und 19 Sekunden
Mars:	12 Minuten und 40 Sekunden
Jupiter:	43 Minuten und 15 Sekunden
Saturn:	1 Stunde, 37 Minuten und 19 Sekunden
Uranus:	2 Stunden, 39 Minuten und 35 Sekunden
Neptun:	4 Stunden, 9 Minuten und 58 Sekunden

Siebtes Kapitel

Das Geheimnis der Anziehung – und nur noch ein einziger Tag

Als William aufwachte, blieb er noch ein bisschen liegen, um sich zu erholen. Er hatte eine Menge verrücktes Zeug geträumt, von Planeten und Licht, das aus winzig kleinen Menschen bestand, die so schnell rannten, wie es nur ging, um nicht gesehen zu werden.

Und dann war er in seinem Traum plötzlich in einem Raumschiff gewesen. Und das Raumschiff war so schnell geflogen, schneller als die Zeit. Und während es auf einen Planeten zugeflogen war, waren die Bewohner des Planeten blitzschnell erwachsen und alt geworden, während er selbst nur um ein paar Tage gealtert war.

Er war immer noch total durcheinander. Aber dann hörte er unten im Wohnzimmer die Standuhr schlagen und beschloss, auf dem Weg zum Frühstück bei ihr vorbeizuschauen.

»Hallo, Uhr«, sagte er.

»Tick-tack«, antwortete die Uhr.

»Und du warst also richtig wichtig für die Wissenschaft.«

»Tick-tack-tick-tack.«

William betrachtete das Pendel, das hin- und herschwang.

»Aber als Schiffsuhr warst du nicht zu gebrauchen, was?«

Dann ging er in die Küche. Tante Gunvor hatte schon gefrühstückt und war wie üblich nirgends zu sehen. Also aß William alleine und fragte sich mal wieder, wo sie wohl gerade steckte. Und außerdem grübelte er darüber nach, ob es den Seeleuten damals doch noch gelungen war herauszufinden, wo sie sich auf dem Meer gerade befanden. Und wie so eine Pendeluhr eigentlich die Zeit maß. Und darüber, warum das Licht überhaupt so wichtig für die Wissenschaft war. Und was es mit dieser Relativitätstheorie auf sich hatte. Und wer Hans war.

Er wusste nur nicht, wie er Tante Gunvor nach all diesen Dingen fragen sollte, ohne dabei zu verraten, dass er in ihren Sachen gestöbert hatte, und so verzog er sich mit seinen Grübeleien in den Garten, statt nach ihr zu suchen.

Es war ein sonniger Tag, aber seine Krocketbahn war immer noch nass. In den abgeschnittenen Regenrinnenstücken stand das Wasser. Er hob eins von ihnen hoch und hielt es schräg, damit das Wasser rauslaufen konnte. Es plätscherte in einem hübschen kleinen Bogen durch die Luft ins Gras. Er wiederholte dasselbe mit den anderen Regenrinnenresten, und das brachte ihn auf eine Idee. Musste eine Krocketbahn unbedingt flach auf dem Boden stehen?

Er ging in den Schuppen und suchte sich alte Kisten, leere Blumentöpfe und noch ein paar andere Sachen zusammen. Dann stellte er alles auf die Wiese und platzierte die Regenrinnen so, dass manche von ihnen schräg nach oben führten.

Außerdem baute er Hindernisse, bei denen man die Kugel mit einem Schlag durch ein Regenrinnenstück nach oben, um die Kurve und durch die nächste Regenrinne wieder nach unten bugsieren musste. Das war gar nicht so einfach. Er brauchte ziemlich viele Versuche, bis er herausgefunden hatte, wie alles stehen musste, damit es funktionierte.

Er vergaß darüber nicht nur seine Grübeleien, sondern auch

die Zeit und merkte erst, wie lange er schon im Garten war, als Tante Gunvor nach draußen kam, um ein paar Radieschen für die Mittagsbrotzeit zu holen.

»Hunger?«, fragte sie.

Kein Wort zu viel. Ihr Redeknopf war eindeutig nicht gedrückt. Allerdings hatte William tatsächlich Hunger, und so stapfte er hinter ihr her in die Küche. Nur den Räucherkäse mit Radieschen würde er garantiert nicht mehr anrühren. Dann schon lieber ein Brot mit Hummus, auch wenn es inzwischen nicht mehr ganz so frisch war. Das Hummus.

Beim Essen war Tante Gunvor ganz in ihre Gedanken vertieft, also ließ er sie in Ruhe und überlegte stattdessen, wie er seine Krocketbahn weiter verbessern könnte.

Er lehnte sein Messer an sein Wasserglas und ließ versuchsweise ein Radieschen die Klinge hinunterkullern. Es nahm dabei allerdings so viel Tempo auf, dass es über den ganzen Tisch rollte und auf dem Boden landete. Zum Glück bekam Tante Gunvor davon nichts mit, und William hob das Radieschen unbemerkt auf und probierte es gleich noch einmal. Aber dann stieß er aus Versehen gegen seinen Versuchsaufbau und alles zusammen fiel krachend vom Tisch. Überall Wasser und Glassplitter. Und das riss sogar Tante Gunvor aus ihren Gedanken.

»Was zum Kuckuck machst du denn da?«

»Ich … hab aus Versehen mein Glas umgeworfen.«

»Wolltest du testen, ob die Schwerkraft auf alle meine Gläser wirkt?« Verärgert starrte sie den Scherbenhaufen auf dem Fußboden an.

»Tut mir leid«, murmelte William und ging den Handfeger holen.

»Das tut sie nämlich.«

»Wer tut was?«

»Die Schwerkraft. Sie wirkt.«

William hatte keine Ahnung, wovon seine Tante da redete, aber er sah ihr an, dass ihr gerade eine Idee gekommen war: Sie hatte die Augenbrauen gerunzelt und schien durch die Glasscherben hindurchzustarren.

»Komm«, sagte sie und ging in den Garten. William kehrte schnell die Scherben zusammen und rannte hinterher.

»Was ist passiert, als du das Glas umgeworfen hast?«, fragte sie auf dem Weg durch den Gemüsegarten.

»Es ist zerbrochen«, antwortete William kleinlaut.

»Ja. Richtig, das ist natürlich die Konsequenz. Es geht uns jetzt aber nicht um **Entropie**. Was ist passiert, bevor das Glas zerbrochen ist?«

»Da ... habe ich es umgestoßen?«, fragte William unsicher.

»Na, ich meine, als du das Glas umgestoßen hast, was ist da passiert – in dem Moment, bevor es kaputtgegangen ist?«

»Es ist vom Tisch gefallen und ...«

»ES IST GEFALLEN! Ja!«, fiel ihm Tante Gunvor energisch ins Wort. »Es ist gefallen. Und warum ist es gefallen?«

William sah seine Tante hilflos an. Er hatte keine Ahnung, was sie von ihm hören wollte. Aber zu seinem Erstaunen nickte sie nur und sagte: »Das weißt du natürlich nicht. Die Menschheit hat immerhin fünf Millionen Jahre gebraucht, um herauszufinden, warum Dinge auf den Boden fallen, es wäre also wirklich ein bisschen viel verlangt, von einem normal begabten Jungen zu erwarten, dass er von allein darauf kommt.«

William stutzte, während seine Tante unbeirrt fortfuhr: »Nachdem die Menschheit erst einmal angefangen hatte, die Zusammenhänge der Welt zu begreifen und zu verstehen, wie das Universum aussieht und dass die Monde um die Planeten und die Planeten um die Sonne kreisen, entdeckte der englische Mathematiker Isaac Newton, dass *dieselbe* Kraft, die den Mond auf seiner Bahn um die Erde und die Erde auf ihrer Bahn um die Sonne hält, auch dafür verantwortlich ist, dass Dinge auf den Boden fallen. Tja, und obwohl du nicht weißt, was es ist, kennst du es trotzdem ganz genau.«

William war verwirrt.

»Weil«, fuhr Tante Gunvor fort, »die Schwerkraft zu den frühesten Erfahrungen gehört, die alle Menschen machen.«

»Okay?«

»Setz dich mal da hin!«, sagte sie und zeigte auf die Bank unter ihrem Apfelbaum.

William setzte sich.

Erst stand Tante Gunvor nur da und betrachtete mit gerunzelter Stirn die Baumkrone.

Dann knurrte sie leise »Sommer«, ging in den Schuppen und kam kurz darauf mit einer Rosenschere zwischen den Zähnen wieder zurück. Und dann kletterte sie in den Baum. William sah ihr mit einer Mischung aus Sorge und Verwunderung dabei zu. Weder der Baum noch seine Tante schienen sich bei dem Unterfangen besonders wohlzufühlen.

»Kann ich dir helfen?«, fragte er und stand auf.

»Gnein«, quetschte Tante Gunvor zwischen ihren Zähnen hervor. Sie rettete sich schnaufend auf einen Ast, nahm die Schere aus dem Mund und sah sich um.

»Setzt dich wieder hin, und tu so, als wäre ich nicht da. Und halt ja still!«

Also setzte William sich wieder auf die Bank, starrte in die Luft und versuchte so zu tun, als würde nicht direkt über ihm eine ältere Dame im Apfelbaum hocken. Und dann erschrak er sich fast zu Tode: Ein unreifer Apfel rauschte direkt an seiner Nase vorbei und landete vor seinen Füßen im Gras.

»Was ist denn jetzt passiert?«, rief er erschrocken. Wollte sie ihn etwa umbringen?

»Ja, genau das will ich ja von dir wissen«, entgegnete seine Tante mit einem breiten Grinsen. »Was ist gerade passiert?«

»Äh, du bist in einen Baum geklettert und hast einen Apfel abgeschnitten, und der wäre mir dann fast auf den Kopf gefallen?«

»Ach was, da war genug Abstand zu deinem Kopf – denkst du, ich wüsste nicht, welchen Apfel ich abschneiden muss, damit ich dich nicht treffe?«

»Hmpf ...«

»Wir können ja schlecht warten, bis die Äpfel im Herbst von allein runterfallen. Außerdem wäre es dann noch schwieriger geworden zu zielen – also sei froh, dass *ich* heute Herbst gespielt habe.«

»Aber warum hast du das gemacht?«

»Um dir zu zeigen, was Newton nach seiner eigenen Aussage auf die Idee gebracht hat, die Schwerkraft zu berechnen. Was ist passiert, als ich den Apfel abgeschnitten habe?«

»Er ist runtergefallen?«

»Ja. Warum ist er nicht nach oben gefallen? Wo doch die Erde frei durch das Weltall schwebt? Wieso fallen du und ich nicht nach oben?«

»Weil ... wir schwer sind?«, tippte William.

»Hm. Das ist zumindest nicht falsch.«

Abschnitt, in dem wir mehr über Newton und den Apfel erfahren und darüber, warum Dinge auf die Erde fallen. Und unser alter Freund Galilei taucht auch wieder auf. Und außerdem geht es um Uhren.

Tante Gunvor klemmte sich die Rosenschere wieder zwischen die Zähne und machte sich an den mühsamen Abstieg. Es knackte sowohl in ihren Knochen als auch im Apfelbaum, aber zu Williams großer Erleichterung stand die alte Dame schon bald wieder auf festem Boden. Dann schnitt sie noch einen Apfel ab und reichte ihn William, der langsam den Verdacht bekam, dass sich ein ähnliches Szenario wie gestern mit dem Erbsenexperiment wiederholen könnte.

Aber dann entdeckte Tante Gunvor seine Krocketbahn.

»Was ist das?«, fragte sie.

»Meine, äh, Krocketbahn.« William war sich plötzlich nicht ganz sicher, ob es überhaupt in Ordnung gewesen war, dass er in ihrem Schuppen herumgewühlt hatte.

»Natürlich«, murmelte sie und marschierte zu einem der Hindernisse. »Das ist ja genial. Genau das, was wir jetzt brauchen. Weißt du, Newton hat die Schwerkraft natürlich auch nicht alleine entdeckt. Er hat genau in diesem Zusammenhang einen sehr berühmten Satz gesagt.« Sie senkte ihre Stimme und verkündete dann mit ernstem Blick: »*Wenn ich weiter gesehen habe als andere, dann nur weil ich auf der Schulter von Giganten stand.*«

»Was hat er damit gemeint?«, fragte William.

»Dass das, was andere vor ihm herausgefunden hatten, die Grundlage für seine Entdeckungen war. Auch wenn er das mit den Giganten wahrscheinlich vor allem deshalb gesagt hat, um seinen Erzrivalen Robert Hooke zu ärgern. Hooke war durch eine

Krankheit nämlich verkrüppelt und alles andere als ein Riese. Und Newton wollte sichergehen, dass Hooke sich von dieser Ehrung nicht angesprochen fühlte.«

»War das nicht ganz schön fies, das so zu sagen?«, fragte William.

»Doch, natürlich war es das. Newton und Hooke forschten im selben Bereich und fanden viele Dinge gleichzeitig heraus. Sie kämpften darum, wer von ihnen als Erster das Rätsel der Erdanziehung lösen würde, und hatten riesige Angst davor, dass der eine dem anderen die Entdeckungen stehlen könnte.«

»Warum denn?«, fragte William. »Warum haben sie sich nicht einfach gegenseitig geholfen, wenn sie das Thema doch beide so spannend fanden?«

»Tja, gute Frage. Na ja, genug davon. Über Hooke wollte ich gar nicht mit dir reden. Es gibt einen anderen Giganten, bei dem sich Newton auch nicht direkt für die Hilfe bedankt hat, aber dessen Arbeit trotzdem große Bedeutung für seine Entdeckung hatte. Kannst du erraten, wen ich meine?«

William schüttelte den Kopf.

»*Galileo Galilei*«, sagte seine Tante bedeutungsvoll.

»Galileo Galilei?«

»Galileo Galilei«, bestätigte Tante Gunvor. William setzte gerade an, es noch einmal zu wiederholen, aber dann bremste er sich.

»Wegen dem Fernrohr?«, fragte er stattdessen.

»Nein. Das heißt, das war natürlich auch wichtig, aber ich denke vor allem an die *Experimente*, die Galilei durchgeführt hat, als er unter Hausarrest stand.

Die Inquisition, also das Gericht der katholischen Kirche, hatte ihm verboten, sich mit Astronomie zu beschäftigen. Aber etwas sehr Wichtiges, das Galilei entdeckt hatte, war ja, dass Himmel und Erde sich gar nicht so sehr voneinander unterschieden, wie man bis dahin geglaubt hatte. Also, dass etwas, das im Himmel galt, auch auf der Erde galt und umgekehrt.

Und so fing Galilei stattdessen an, alles Mögliche zu erforschen, was ihm auf der Erde ins Auge stach. Und einige seiner wichtigsten Entdeckungen machte er bei den Fallexperimenten in seiner Villa.«

»Fallexperimente?«, fragte William.

»Experimente mit Dingen, die hinunterfallen. Sehr berühmt ist die Geschichte, wie Galilei zwei verschiedene Kugeln vom schiefen Turm in Pisa fallen ließ. Eine massive Kugel und eine hohle.«

»Hast du nicht gerade gesagt, dass er da schon in seiner Villa gefangen war?«, unterbrach William seine Tante.

»Doch, doch, aber damit es ein bisschen glaubwürdiger klang, erzählte Galilei, er habe das schon als junger Mann herausgefunden. Und der schiefe Turm ließ das Ganze vielleicht noch ein bisschen … beeindruckender wirken. Je tiefer der Fall war, umso überzeugender war die Geschichte. Er stand also auf dem schiefen Turm und …« Sie unterbrach sich selbst, hob eine Krocketkugel auf und gab sie William, der schon den unreifen Apfel in der Hand hielt.

»Was ist schwerer?«, fragte sie. William wog Kugel und Apfel in den Händen ab.

»Die Krocketkugel«, antwortete er, ohne zu zögern.

»Und was kommt schneller unten an, wenn du es von einem Turm herunterfallen lässt, was denkst du?«

»Die Krocketkugel«, wiederholte er.

»Probieren wir es aus. Aristoteles dachte das übrigens auch – das war der, auf dessen Lehre bis zu Kopernikus mehr oder weniger das gesamte Wissen über die Natur begründet war.«

William überkam das dumpfe Gefühl, dass es vielleicht nicht so gut war, derselben Meinung wie Aristoteles zu sein, aber ehe er seine Antwort ändern konnte, war Tante Gunvor schon wieder auf dem Weg hoch in den Baum.

»Wir haben zwar keinen Turm«, ächzte sie und suchte sich einen sicheren Platz, »aber gib mir bitte die Kugel und den Apfel rauf. Und dann hol ein Brett und leg es unter den Baum. Im Schuppen steht bestimmt eins.«

»Ein Brett? Wozu brauchen wir das?«

»Sonst kannst du ja nicht hören, ob die beiden gleichschnell fallen oder nicht. Vergiss nicht, dass Galilei keine exakte Uhr hatte.«

»Ach ja.« William nickte. »Die hat ja erst dieser Freund von Ole Rømer erfunden, Christiaan Huygens, oder so?«

Tante Gunvor sah ihn überrascht von oben herunter an. Als würde sie ihn mit den Augen prüfen.

»Ja«, sagte sie. Und klang beeindruckt. »Ja. Haben wir gestern über Ole Rømer gesprochen? Ach stimmt, jetzt erinnere ich mich, dass wir über die Verspätung des Lichts geredet haben. Und über Huygens auch?« Sie sah verwirrt aus, aber William hatte nicht das Bedürfnis, sich zu erklären.

»Aber du hast recht. Er hat die Pendeluhr erfunden. Was es für Ole Rømer erst möglich gemacht hat, die Verspätung des Lichts zu messen. Aber das passierte alles erst 1656, da war Galilei schon mehrere Jahre tot.«

»Wie … wie ist Huygens eigentlich auf die Idee mit der Uhr gekommen?«, fragte William, froh, dass er endlich über ein paar Sachen reden konnte, die ihn beschäftigten, und dass er seine Tante noch dazu beeindruckt hatte, ohne sich dabei zu verraten.

»Die mechanischen Uhren wurden irgendwann im 14. Jahrhundert erfunden«, erzählte Tante Gunvor oben auf ihrem Ast.

»Aber sie gingen alle entweder zu schnell oder zu langsam, und zu Galileis Zeit gab es auch noch keinen Minutenzeiger. Tatsächlich war es eine von Galileis Entdeckungen«, fuhr Tante Gunvor fort, »die Huygens zu seiner Pendeluhr inspirierte. Es gibt nämlich noch eine andere berühmte Geschichte, wie Galilei eines Tages in einer Kirche saß, in der ein riesiger Kronleuchter von der Decke hing, der im Windzug hin und her schaukelte.

Früher konnte so ein Gottesdienst manchmal sehr, sehr lang dauern und während Galilei also dort saß, vertrieb er sich die Zeit damit, den Puls an seinem Handgelenk zu fühlen und dabei den großen Kronleuchter zu betrachten. Und dabei fiel ihm etwas auf ...« Tante Gunvor stockte. Es sah aus, als hätte sie etwas entdeckt.

»Komm mal zu mir hoch«, sagte sie dann. William kletterte in den Baum und setzte sich auf den Ast neben sie.

»Schau«, sagte sie und zeigte in den Nachbargarten. Mira hatte Besuch von einer Freundin, und die beiden Mädchen saßen jede auf einer Schaukel.

»Wer schaukelt am höchsten?«, fragte Tante Gunvor.

»Mira?«, sagte William.

Seine Tante sah ihn bedeutungsvoll durch ihre Brillengläser an.

»Genau. Mira schaukelt *höher* als ihre Freundin«, stellte sie fest. »Ihre Freundin schaukelt ziemlich kurz. Aber schau mal genau hin! Mira braucht fast genauso lang für den Weg vor und zurück wie ihre Freundin für das kurze Stück. Siehst du das?«

»Ja, ich glaube schon.«

»Und genau das ist Galilei damals aufgefallen, als er den Leuchter in der Kirche beobachtete. Er zählte immer gleich viele Pulsschläge während der Pendelbewegung, und zwar ganz egal, ob der

Wind den Leuchter kräftig oder nur leicht hin- und herschwingen ließ.

Sowohl der Leuchter als auch die Schaukeln sind so etwas wie Pendel. Galilei erkannte, dass die Zeitspanne, die ein Pendel braucht, um hin- und herzuschwingen, *immer gleich lang ist*, egal wie weit es ausschlägt. Also, egal ob es stark schwingt oder sich nur ein bisschen bewegt. Es sei denn die Schwingungen sind riesig. Die Schwingungsdauer hängt eigentlich nur davon ab, wie *lang* das Pendel ist.

Vielleicht haben die vielen Experimente mit Musikinstrumenten, die er als Kind gemacht hatte, Galileis Interesse für Schwingungen geweckt«, sagte Tante Gunvor nachdenklich. »Auf jeden Fall kam ihm die Idee, dass man ein Pendel nutzen könnte, um damit eine Uhr zu entwickeln, deren Zeiger sich mit gleichbleibender Geschwindigkeit bewegen.

Und Huygens war in der Lage, auf dieser Idee aufzubauen und die wissenschaftliche Erkenntnis mit seinem technischen Geschick zu kombinieren. Er erfand eine Uhr, deren Zahnräder sich mit der Genauigkeit des Pendels bewegten, und die deshalb sehr exakt war. Nicht zu schnell und nicht zu langsam. Und so entstand die Pendeluhr, eine der wichtigsten Erfindungen für die Naturwissenschaft im 17. Jahrhundert.«

»Hast du deshalb die alte Standuhr im Wohnzimmer?«

»Na ja, also die habe ich vor allem, damit ich weiß, wie spät es ist. Ich vergesse gern mal die Zeit, wenn ich arbeite. Deshalb ist es ganz geschickt, dass sie zur vollen Stunde schlägt. Aber für meine wissenschaftlichen Untersuchungen benutze ich lieber modernere Uhren, die noch genauer sind.«

»Kann man diese modernen Uhren auch benutzen ... um auf dem Meer den richtigen Weg zu finden?«, fragte William.

Tante Gunvor sah ihn verwirrt an.

»Na ja, weil mit einer Pendeluhr ging das ja nicht, oder?«, erklärte er.

Er war sich nicht sicher, ob sie ihn misstrauisch oder immer noch beeindruckt ansah.

»Nein, das stimmt«, sagte sie. »Dieses Problem wurde erst Mitte des 18. Jahrhunderts gelöst. Ungefähr hundert Jahre nachdem Huygens die erste Pendeluhr gebaut hatte. Ein Tischler namens John Harrison, der sich das Uhrmacherhandwerk selbst beigebracht hatte, entwickelte eine Uhr, die statt eines Pendels von einer Feder gesteuert wurde.

Sie wurde auf See nicht durch die Wellenbewegungen beeinflusst, und all die klugen Wissenschaftler waren außer sich, dass ein einfacher Handwerker so etwas Tolles erfunden hatte und nicht sie. Inzwischen ist die Technologie natürlich viel weiter. Wir stehen nämlich auch auf den Schultern von Giganten. Jedes einfache Handy kann dir heute überall auf der Welt haargenau verraten, wo du gerade bist.« Tante Gunvor nickte vor sich hin und schaute auf ihre Hände, in denen sie immer noch die Krocketkugel und den Apfel hielt.

»Aber das ist eine ganz andere Geschichte. Für den Moment müssen wir uns mit dem zufriedengeben, was Galilei zur Verfügung hatte, wenn wir sein Fallexperiment wiederholen und herausfinden wollen, ob die schwere oder die leichte Kugel schneller fällt – und er hatte weder eine Pendeluhr noch ein Handy oder etwas Vergleichbares. Der Puls, den Galilei benutzt hat, um die Schwingungen des Kronleuchters zu messen, ist nicht genau genug. Wir müssen also gut hinhören, ob diese beiden hier gleichzeitig landen. Und dafür brauchen wir das Brett. Na los!«

William schüttelte den Kopf, als würde das helfen, die ganzen vielen Worte darin zu ordnen. Dann kletterte er vom Baum und ging zum Schuppen. Er fand ein Holzbrett hinter dem Rasenmäher, schleppte es zum Apfelbaum und legte es ins Gras. Als alles vorbereitet war, streckte Tante Gunvor die Arme aus.

»Und jetzt schau – und vor allem HÖR – gut zu!«, sagte sie und ließ beide, Apfel und Kugel, gleichzeitig auf das Brett fallen.

»D-dunk«, machte es, als sie aufprallten.

»Was ist als Erstes angekommen?«, fragte sie.

»Sie ... waren fast gleichschnell«, antwortete William.

»Ganz genau.«

Währenddessen hatte William beiläufig an einem Blatt herumgefummelt, das an einem niedrigen Zweig hing, den er jetzt losließ. Das Blatt fiel ab und segelte gemächlich durch die Luft und landete schließlich im Gras. Er betrachtete es nachdenklich.

»Aber warum fällt das Blatt denn nicht auch so schnell?«, fragte er.

»Das ist eine richtig gute Frage! Genau diese Beobachtung brachte Aristoteles und die alten Griechen – genau wie die meisten anderen – ja zu der Auffassung, dass schwere Dinge schneller fallen als leichte. Aber im luftleeren Raum tun sie das nicht.«

»Was bedeutet das?«

»Dass die Luft in der Erdatmosphäre Gegenstände beim Fallen bremst. Der Luftwiderstand sorgt dafür, dass du langsamer fällst, wenn du einen Fallschirm trägst.

Der Luftwiderstand wiederum hängt von mehreren Dingen ab. Unter anderem davon, wie schnell du dich bewegst, wie viel du wiegst und wie groß deine Oberfläche ist. Vereinfacht gesagt.

Oder anders ausgedrückt – je größer deine Oberfläche ist und je weniger du wiegst«, erklärte sie und breitete die Arme aus, »umso größer ist der Luftwiderstand.«

Für einen kurzen Moment fürchtete William, sie würde gleich vom Baum springen. Zu seiner Erleichterung klappte sie die Arme aber wieder ein und machte sich an den Abstieg, während sie mit ihrer Erklärung fortfuhr.

»Und deshalb segelt ein Blatt, das im Vergleich zu seinem Gewicht eine sehr große Oberfläche hat, ganz langsam zur Erde. Hättest du es allerdings auf dem Mond fallen lassen, wo es keinen Luftwiderstand gibt, wäre es genauso schnell nach unten geplumpst wie der Apfel oder die Krocketkugel.

Aber weil Apfel und Krocketkugel ungefähr gleichgroß sind, haben sie etwa denselben Luftwiderstand, obwohl die Krocketkugel viel schwerer ist. Und deshalb fallen sie auch fast gleich schnell.«

William nickte, während er versuchte zu begreifen, was seine Tante da gerade erzählte. Es war nicht leicht, sich vorzustellen, dass ein Blatt genauso schnell nach unten fiel wie ein Apfel, wenn keine Luft mehr da war.

»Dieser Versuch war ein sehr wichtiger Schritt auf dem Weg, die Schwerkraft zu verstehen. Aber Galilei hat noch mehr Fallexperimente gemacht«, fuhr Tante Gunvor fort und betrachtete nachdenklich die Krocketbahn. »Ein weiterer wichtiger Schritt waren seine Versuche, bei denen er die Kugeln schräge Flächen hinunterrollen ließ. Und schau, deine Krocketbahn ist wie dafür gemacht. Nimm doch mal dieses Stück Regenrinne da und ...« Sie sah sich um. »... Und stell es auf die Bank. Ja, genau, sodass es schräg steht.«

William befolgte ihre Anweisung und hielt die Regenrinne so, dass das untere Ende auf der Bank auflag. Der Aufbau sah jetzt fast genauso aus wie das, was er beim Essen mit seinem Wasserglas und dem Messer ausprobiert hatte. Dann nahm Tante Gunvor eine der Krocketkugeln und ließ sie die Regenrinne hinunterkullern, genau wie er es mit dem Radieschen gemacht hatte.

Die Kugel sauste los, schoss die Regenrinne hinunter, rollte mit Schwung über die Bank und über die Kante, flog in einem perfekten Bogen durch die Luft und landete schließlich im Gras. Genau wie das Radieschen. Und das Regenwasser, als William es heute Morgen ausgekippt hatte.

»Hast du das gesehen?«, fragte seine Tante begeistert.

»Ja.«

»Was ist passiert?«, fragte sie.

»Äh, die Kugel ist nach unten gerollt, durch die Luft geflogen und auf dem Boden gelandet?«, antwortete William ein bisschen unsicher.

»Ganz genau. Aber sie ist ja nicht erst geradeaus durch die Luft geflogen, hat dann die Richtung gewechselt und ist plötzlich runtergefallen, richtig? Sondern sie ist gleichzeitig geradeaus und nach unten geflogen, könnte man sagen. Bis sie auf dem Boden aufgekommen ist.

Als die Kugel die Bank verlassen hat, hatte sie eine Geschwindigkeit, durch sie in eine waagrechte Bewegung versetzt wurde. Gleichzeitig wurde sie von einer Kraft beeinflusst, die sie nach unten bewegt hat.

Das, was die Kugel nach unten zieht, ist die Erde, und Galilei hat herausgefunden, dass die Kugel eine Parabel in die Luft zeichnet, bevor sie auf dem Boden aufkommt. Weißt du, was eine Parabel ist?« Tante Gunvor sah William gespannt an.

»Nein«, sagte er.

»Natürlich nicht, nein, woher solltest du das auch wissen. Ähm, eine Parabel ist ... wie erklärt man das jetzt? Das ist eine Kurve, die, äh ... mit *einer Ellipse verwandt ist.* Ja. Und was war noch gleich wie eine Ellipse geformt?«, fragte sie. Diesmal kam Williams Antwort schneller:

»Die Planetenbahnen!«

»Genau.«

Neuer Abschnitt, in dem wir mehr über die Schwerkraft lernen und erfahren, warum der Mond nicht auf die Erde fällt.

»Und siehst du, damit wären wir schließlich wieder bei Newton und seinem Apfel angekommen«, sagte Tante Gunvor. »Hier stehen wir also, in der zweiten Hälfte des 17. Jahrhunderts.« Sie blickte zur Krocketbahn. »Dank der Druckpresse und einer Reihe neugieriger Wissenschaftler, die das Bedürfnis hatten, ihre Gedanken aufzuschreiben und mit anderen zu teilen, wissen wir von Kopernikus, dass sich die Sonne in der Mitte des Sonnensystems befindet. Und dass die Erde um die Sonne kreist.«

Sie fing an, um die Krocketbahn herumzulaufen, während sie unermüdlich weitererzählte: »Von Tycho Brahe haben wir gelernt, dass wir genaue Observationen brauchen, wenn wir die Welt verstehen wollen. Von Kepler wissen wir, dass die Planetenbahnen ellipsenförmig sind und die Planeten sich umso schneller fortbewegen, je näher sie an der Sonne sind, und langsamer werden, wenn sie sich von ihr entfernen.

Wir wissen jetzt auch, dass leichte und schwere Körper in einem luftleeren Raum gleich schnell fallen. Und außerdem wissen wir, dass Körper, die nicht senkrecht nach unten fallen, eine *Parabel* in die Luft zeichnen. Aber wir wissen nicht warum.«

Tante Gunvor verstummte und sah William bedeutungsvoll an.

»Was ist das für eine *Kraft*«, sagte sie dann mit Nachdruck, »die Gegenstände zur Erde herunterzieht, wenn sie fallen? Und was ist das für eine *Anziehung*, die den Mond auf seiner Umlaufbahn um die Erde hält? Oder die Erde und die anderen Planeten auf ihren Umlaufbahnen um die Sonne? Nachdem die Idee der alten Griechen von den durchsichtigen Kugelschalen jetzt ja vom Tisch war?

Kepler stellte sich eine Art magnetische Kraft vor, die von der Sonne ausging. Aber wenn sie von der Sonne ausging, wie ließ sich dann erklären, dass sowohl die Erde als auch der Jupiter ihre eigenen Monde anzogen?«

Sie wartete nicht auf Antwort, sondern erzählte weiter, während sie ihre Wanderung um die Krocketbahn fortsetze: »Schau, und genau das fand Isaac Newton als ganz junger Mann heraus, als er an einem Herbsttag 1665 im Garten seiner Eltern unter einem Apfelbaum saß. So hat er die Geschichte zumindest selbst erzählt.

Er war Student, als die furchtbare Pest in London wütete und die Universität für ein ganzes Jahr geschlossen wurde. Newton musste zu seiner Mutter und seinem Stiefvater nach Hause aufs Land ziehen. Er konnte die beiden nicht ausstehen, und während er sich danach sehnte, dass die Universität endlich wieder geöffnet wurde, flüchtete er sich in eine Welt aus wissenschaftlichen Überlegungen.

Und dort auf dem Land machte er also nach eigenen Angaben einige der bahnbrechendsten Entdeckungen, auf denen die gesamte klassische Physik begründet ist.

Und eine davon ist die Schwerkraft.«

Tante Gunvor hatte inzwischen einige Runden um die Krocketbahn gedreht. Jetzt blieb sie neben William an der Bank unter dem Apfelbaum stehen.

»Newton war im Obstgarten spazieren gegangen«, sagte sie,

»und hatte über ein Problem nachgedacht, das zu diesem Zeitpunkt viele Naturwissenschaftler beschäftigte: Die Frage, *was* den Mond auf seiner Umlaufbahn um die Erde hielt.

Als er sich auf einer Bank unter einem Apfelbaum ein wenig ausruhte, geschah etwas, das für diese Jahreszeit gar nicht ungewöhnlich und schon Millionen Male davor passiert war: Ein reifer Apfel fiel vom Baum. Genau vor der Nase des jungen Newton.«

Tante Gunvor streckte ihren langen Zeigefinger aus und stupste William damit auf die Brust, der rückwärts auf die Bank plumpste.

»Aber diesmal«, fuhr sie fort, »passierte etwas, das all die anderen Male nicht passiert war: Newton erkannte, dass dieselbe Kraft, die den Apfel hinunterfallen ließ, auch den Mond an der Erde festhielt. Diese Kraft nennen wir *Schwerkraft*.«

Tante Gunvor setzte sich neben William.

»Das ist eine Kraft, die ... ganz einfach immer entsteht, sobald etwas eine **Masse** hat. Ähm, oder *schwer* ist, wie du vorhin gesagt hast. Das heißt – es ist die Kraft, die uns das Gefühl gibt, schwer zu sein. Daher der Name *Schwer*kraft, nicht wahr?

Die Schwerkraft zwischen zwei Körpern hängt von zwei Dingen ab: von der Größe ihrer Massen und davon, wie weit sie voneinander entfernt sind. Je schwerer etwas ist und je geringer der Abstand ist, umso größer ist die Anziehungskraft.

Die Erde zieht den Mond an. Und den Apfel und dich und mich, und deshalb schweben wir nicht im Weltall herum. Und genauso zieht der Mond die Erde an. Das sieht man nur nicht so deutlich, weil die Erde so viel größer ist als der Mond. Aber man merkt es an den Gezeiten – der Mond ist nämlich der Hauptgrund für Ebbe und Flut, weil er an dem Wasser zieht, das sich auf der Erdoberfläche befindet.«

»Das ... klingt, als hättest du es dir ausgedacht«, sagte William.

»Ja ... ja, das mag sein. Und das dachten auch viele Wissenschaftler damals«, antwortete seine Tante. »Auch Ole Rømer und Christiaan Huygens waren der Meinung, dass es einigermaßen magisch klang, von einer geheimnisvollen Kraft zu reden, die einfach da ist, nur weil etwas eine Masse hat.

Newton verbrachte die folgenden Jahre damit, eine Rechenmethode zu entwickeln, um seine Theorie zu beweisen. Aber er veröffentlichte seine Ergebnisse erst, als er schon ein alter Mann war.

Er sammelte sie alle in einem Buch, das *Die Mathematischen Grundlagen der Naturphilosophie* heißt. Die meisten nennen es aber nur *Principia*, das ist das lateinische Wort für Grundlagen. Es ist eins der berühmtesten Bücher in der Geschichte der Naturwissenschaft, denn nach und nach wurde deutlich, dass die mathematischen Beweise darin mehr oder weniger alles erklären, was wir um uns herum sehen können.«

William dachte einen Moment darüber nach, was sie ihm gerade erzählt hatte.

»Aber ...«, setzte er dann an und musste sich sehr konzentrieren, um nicht den Faden zu verlieren. »Warum fällt der Mond dann nicht auch auf die Erde, so wie der Apfel?«

»Aha, ja. Das war genau das, was Newton herausgefunden hatte. Indem er sich an Galileis Fallexperimente erinnerte, war ihm klar geworden, dass der Mond in seiner Bahn bleibt, weil er sich *quer* zur Schwerkraft bewegt. Schau dir den Apfel hier an.«

William sah zu dem kleinen Apfel, der vor ihnen auf dem Brett lag.

»Bewegt er sich?«, fragte Tante Gunvor.

»Nein.«

»Was ist, wenn du ihn hochhebst und loslässt?«

»Dann fällt er runter«, antwortete William.

»Ja. In einer geraden Linie?«

»Äh, ja, ich glaube schon?«

»Probier es aus!«

William stand auf, nahm den Apfel und ließ ihn fallen. Er fiel senkrecht nach unten.

»Der Apfel fällt nicht weit vom Stamm, wie man sagt«, bemerkte seine Tante.

»Was?«

»Ach, nichts. Aber der Apfel ist in Bewegung gekommen, richtig? Er wurde von der Schwerkraft beeinflusst, die dafür gesorgt hat, dass er sich in einer geraden Linie auf die Erde zubewegt. Und jetzt wirf den Apfel dort drüben ins Gras.«

Vorsichtig warf William den Apfel auf die Wiese.

»Was ist jetzt passiert?«

»Ich habe den Apfel ein Stück geworfen, und ...« William zögerte.

»Und was dann?«, fragte Tante Gunvor.

»Dann ist er auf den Boden gefallen.«

»Aber ist er senkrecht nach unten geplumpst?«, fragte sie.

»Nein. Er hat eher so einen Bogen gemacht.«

»Genau. So, wie die Kugeln, die Galilei eine Rampe hinunterrollen ließ. Oder die Krocketkugel bei unserem Versuch vorhin mit der Regenrinne. Und Newton hat ein paar Naturgesetze über Bewegungen aufgestellt, die genau das erklären konnten.

Eines davon heißt *Trägheitsgesetz*. Es besagt, dass jeder Körper entweder ruht oder eine geradlinige Bewegung ausführt, *es sei denn*, er wird von äußeren Kräften beeinflusst.«

»Ahh ... okay?«, murmelte William.

»Das bedeutet, dass sich dein Apfel zuerst in einem Ruhezustand befindet. Und weil du ihn mit einer Kraft beeinflusst, wenn du ihn wirfst, führt er eine geradlinige Bewegung aus. Und diese Bewegung würde er bis ins Unendliche fortsetzen, wenn nicht weitere Kräfte ins Spiel kämen, die den Apfel ebenfalls beeinflussen.

Was denkst du, welche Kraft dafür gesorgt hat, dass der Apfel nicht einfach immer weiter geradeaus geflogen ist?«

Sie sah ihn abwartend an.

»Die Schwerkraft?«, antwortete William vorsichtig.

»Ganz genau!«, rief Tante Gunvor begeistert. »Na ja, und der Luftwiderstand, denn der bremst den Apfel natürlich mit der Zeit ab, aber das ist jetzt nicht so wichtig. Die Schwerkraft der Erde zieht am Apfel. Und deshalb bewegt er sich in einem Bogen durch die Luft auf die Erde zu.

Aber was wäre, wenn du dem Apfel so viel Schwung gegeben hättest, dass er ganz bis auf die andere Seite der Erdkugel geflogen wäre?« Tante Gunvor sah William gespannt an.

»Äh ... was wäre denn dann?« William wusste nicht so richtig, was er sagen sollte.

»Versuch mal, so weit zu werfen, wie du kannst«, befahl seine Tante und pflückte ihm einen neuen Apfel vom Baum.

Er gehorchte und schleuderte den kleinen Apfel krachend gegen den Gartenschuppen. Zerknirscht betrachtete Tante Gunvor den Apfelrest auf dem Boden, der jetzt eher einem Matschhäufchen glich. Sie griff nach dem nächsten Apfel und gab ihn William.

»Wirf ein bisschen höher. In diese Richtung.«

Er zielte und warf wieder so fest er konnte. Genau wie beim Brennball in der Schule. Der Apfel sauste durch die Luft, flog in hohem Bogen über den Holzzaun der Nachbarn

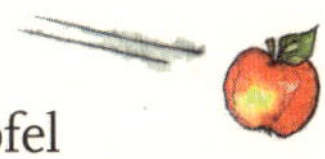

und war nicht mehr zu sehen. Eine Millisekunde später hörten sie einen lauten Schrei.

»AUUUAA!«

William und Tante Gunvor wechselten nur einen kurzen Blick, dann flüchteten sie schnell durch den Gemüsegarten zurück ins Haus und machten hastig die Tür hinter sich zu.

Außer Atem kauerten sie sich hinter die Tür und lauschten. William spähte durch das kleine Fenster nach draußen. Er sah, wie Miras dunkelhaariger Kopf hinter dem Zaun auftauchte und sich umsah, und ging lieber schnell wieder in Deckung. Keiner von ihnen sagte etwas. Aber dann schaute er Tante Gunvor an und bemerkte das Glitzern in ihren Augen.

»Hoppla«, flüsterte sie.

Da fingen sie beide an zu kichern und konnten überhaupt nicht wieder aufhören zu lachen. Prustend krabbelten sie von der Tür weg und setzten sich an den Küchentisch. Tante Gunvor nahm ihre Brille ab und wischte sich die Tränen aus den Augen.

William hielt sich den Bauch.

»Das arme Kind«, sagte seine Tante noch ganz außer Atem. Sie schüttelte den Kopf und musste schon wieder lachen. »Aber hättest du sie nicht getroffen«, sagte sie glucksend, »wäre der Apfel bestimmt um die halbe Welt geflogen.«

Sie rieb sich wieder die Augen, setzte ihre Brille auf und versuchte, ein ernstes Gesicht zu machen. Was nur dazu führte, dass William in einen erneuten Lachanfall ausbrauch.

»Also, Newton«, sagte Tante Gunvor nach einer Weile und räusperte sich ein paarmal. Dann seufzte sie tief und zufrieden. William richtete sich auf. Er wollte die Erklärung wirklich gern hören.

»Also, Newton stellte sich vor«, startete sie einen neuen Versuch, »dass er von einem sehr hohen Berg eine Kanonenkugel abfeuern würde. Und dann rechnete er aus, wie groß die Geschwindigkeit der Kugel sein müsste, damit sie durchgehend an der Erdoberfläche *entlangfliegen* würde – also auch nicht auf der anderen Seite einschlagen, sondern die Erde einmal umrunden würde.

Außerdem rechnete er aus, dass eine noch höhere Geschwindigkeit dafür sorgen würde, dass die Kanonenkugel die Erde ganz verlassen und in den Weltraum fliegen würde.

Damals war das nur ein Gedankenexperiment. Es gab noch keine Motoren, man war also gar nicht in der Lage, eine so große Kraft zu erzeugen. Aber mit derselben Berechnung werden heute noch Satelliten oder Raketen ins All geschickt.«

William hatte schon mal ein Video von einem Raketenstart gesehen. Das war aber in irgendeiner Wüste gewesen und nicht auf einem Berg. Er stellte sich vor, wie winzig Newtons Kanone im Vergleich mit so einer Rakete gewesen war.

Währenddessen fuhr Tante Gunvor fort: »Und mit dieser Rechnung war auch das Rätsel gelöst, was unseren Mond in seiner Umlaufbahn hält: Newton erkannte nämlich, dass sich die Bewegung des Mondes auf genau dieselbe Art erklären ließ.

Genau wie die Kanonenkugel in dem Gedankenexperiment bewegt sich der Mond mit so großer Geschwindigkeit quer zur Schwerkraft, dass sein Fallbogen die Erde immer verfehlt. Deshalb landet er nicht wie der Apfel auf der Erde, obwohl er eigentlich die ganze Zeit fällt, sondern bleibt auf seiner ellipsenförmigen Umlaufbahn.

Erinnerst du dich noch, dass die Schwerkraft davon abhängig ist, wie schwer zwei Dinge sind und wie weit sie voneinander entfernt sind?«

William nickte.

»Je näher etwas der Erde ist«, fuhr Tante Gunvor fort, »umso schneller muss es sich bewegen, um nicht herunterzufallen. Dasselbe gilt für die Sonne und die Planeten. In unserem Sonnensystem ist die Sonne am schwersten.«

William nickte und dachte daran, wie viel größer der Pilatesball im Vergleich zu der winzigen Erbse gewesen war, die er zwischen den Fingern gehalten hatte.

»Kreisen deshalb alle Planeten um die Sonne?«, fragte er.

»Ganz genau«, sagte Tante Gunvor. »Und je näher ein Planet entlang seiner elliptischen Umlaufbahn der Sonne kommt, umso schneller bewegt er sich, denn sonst würde er in die Sonne hineinstürzen. Das hat Kepler uns mit seinen Naturgesetzen bewiesen: Deshalb kreisen auch die Planeten im Inneren des Sonnensystems schneller um die Sonne als die am Rand.

Aber die Planeten ziehen ihrerseits auch die Sonne an, genau wie der Mond die Erde anzieht. Und sie ziehen sich gegenseitig an. Die Schwerkraft ist übrigens auch die Erklärung für den leeren Raum, den Tycho Brahe für Platzverschwendung hielt, wie du dich vielleicht erinnerst. Denn alle Stoffe im Universum ziehen sich gegenseitig an.«

»Stoffe?« William sah den Baumwollstoff vor sich, aus dem seine Mutter sich gerade ein Sommerkleid nähte. Aber er vermutete stark, dass Tante Gunvor irgendwelche anderen Stoffe meinte, die im Universum herumflogen und dort die Fäden zogen.

»Stoffe ...« Tante Gunvor dachte nach. »Also, Dinge. Stoff kann alles Mögliche bedeuten. Gestein. Staub. Material. Solche Sachen eben. Und weil es, soweit wir das beurteilen können, zu Beginn des Universums eine ungleiche Verteilung von Stoffen gab, haben sich aufgrund der Schwerkraft aus diesen Stoffen Klumpen gebildet, aus denen dann wiederum Sterne und Planeten entstanden sind, Monde, Asteroiden und so weiter. Und dort, wo von vornherein nicht so viel Stoff ist, wird es noch leerer. Viel, viel leerer, als es Tycho Brahe gefallen würde.

Und du und ich und der kleine Apfel, wir ziehen uns auch gegenseitig an. Wir merken es nur nicht, weil wir so klein sind. Obwohl … ich glaube, ich weiß jemanden, der den Impuls des Apfels vor Kurzem wahrscheinlich schon gespürt hat.« Tante Gunvor gluckste wieder, aber dann hörten sie plötzlich ein komisches Geräusch. Erst ein tiefes, rhythmisches Rumpeln, dann einen Knall. Es klang, als käme es von unten. Und in derselben Sekunde sprang Tante Gunvor auf, verschwand aus der Küche und zog die Tür hinter sich zu. Ohne ein Wort oder eine Erklärung.

Verwirrt stand William auf und ging in die Diele, um nach ihr zu schauen, aber sie war wie vom Erdboden verschluckt. Und dann hörte er auf einmal wieder dieses komische Klaviergeklimper. Und ein paar andere Instrumente. Es erinnerte ihn an ein Konzert, zu dem seine Mutter ihn einmal mitgenommen hatte. Es hatte ihm überhaupt nicht gefallen. Seine Mutter hatte gesagt, das wäre »Avantgarde«. Was auch immer das bedeutete.

William machte die Augen zu, um besser heraushören zu können, woher die Geräusche kamen. Dummerweise wurde es schon wieder still, doch es hatte geklungen, als wären die Töne aus dem Schuhschrank unter der Treppe gedrungen. Das konnte zwar eigentlich gar nicht sein, aber er machte den Schrank trotzdem auf.

Und genau wie beim ersten Mal, als er einen Blick hinter diese Tür geworfen hatte, sah er nichts als unglaublich langweilige alte Schuhe und Schuhspanner. Von hier konnten die seltsamen Klänge unmöglich kommen, es sei denn, die Schuhe feierten heimlich Partys, sobald sie unbeobachtet waren.

William seufzte und ging zur Gartentür. Die Luft schien wieder rein zu sein. Er ging nach draußen und schlich sich vorsichtig zum Zaun. Er reckte sich, um sicherzustellen, dass Mira und ihre Freundin wirklich nicht mehr da waren.

Dann atmete er erleichtert auf, betrachtete die traurigen Reste des Apfels vor dem Schuppen und ging nachsehen, was von seiner Krocketbahn noch übrig geblieben war. Und plötzlich merkte er, wie müde ihn das ganze Apfelwerfen und das viele Reden über Schwerkraft gemacht hatten.

Er hatte keine Lust mehr auf die Krocketbahn, legte sich ins Gras und schaute in den Himmel. Die Sonne schien, der Nachmittag war angenehm warm. Ein paar zottige weiße Wolken zogen über ihm vorbei, und es war kaum zu glauben, dass dieser Himmel so voller Geheimnisse steckte. Und voller Antworten. Jetzt, in diesem Moment, war es einfach nur ein schöner, hellblauer Sommerhimmel. Ihm fielen die Augen zu.

Abschnitt, in dem William beinahe mit Mira spielt. Und in dem es ihm fast gelingt herauszufinden, was die Verspätung des Lichts für die moderne Naturwissenschaft bedeutet, ohne zu verraten, dass er in Tante Gunvors Unterlagen herumgestöbert hat. Fast.

Etwas kitzelte William an der Nase. Er schlug danach, aber das Kribbeln hörte nicht auf. Dann kitzelte es seine Wange. Er machte die Augen einen Spalt auf und versuchte zu erkennen, was es war. Er sah einen Grashalm, der über sein Gesicht huschte. Und dann sah er auch noch ein Paar dunkle Augen und einen Kopf, der sich über ihn beugte.

»Hallo, Jupiter«, sagte der Kopf.

Es war Mira. William blinzelte verwirrt. Dann wurde ihm bewusst, dass er immer noch im Garten war. Inzwischen lag die

Wiese im Schatten, und Mira saß neben ihm und kitzelte ihn mit dem Grashalm im Gesicht.

»Hast du gut geschlafen, Jupiter?«

»Äh, ich heiße nicht Jupiter.«

»Das weiß ich doch. Aber wie heißt du denn richtig?«

»William«, murmelte William und rappelte sich zum Sitzen hoch.

»Hast du meiner Freundin vorhin den Apfel an den Kopf geworfen?«

Mira klang nicht so, als ob sie sauer wäre, aber William lief trotzdem rot an. Er konnte schlecht schon wieder weglaufen.

»Ähm, tut mir leid. Das war nicht mit Absicht, das war nur ...«

»Ist nicht schlimm. Ich hatte sowieso keine Lust mehr, mit ihr zu spielen. Sie hat die ganze Zeit nur gemeckert. Hast du gehört, wie laut sie geheult hat?«

»Äh, nein. Denkst du, es hat ihr sehr wehgetan?«

»Keine Ahnung. Wollen wir spielen?«

Aber da rief Miras Mutter von nebenan:

»Mira! Miiraaa! Wir essen jetzt. Wo bist du?«

»Ach, menno, nicht schon wieder«, murmelte Mira genervt. Und dann kletterte sie flink wie eine Katze auf den Bretterzaun.

»Tschüss, Jupiter«, sagte sie und hüpfte auf ihrer Gartenseite wieder hinunter.

»Tschüss«, murmelte William und schaute zu der Stelle, wo sie verschwunden war. Dann schüttelte er sich und ging in die Küche, wo Tante Gunvor gerade angefangen hatte, Fischfrikadellen für das Abendessen zu braten.

»Holst du bitte die Remoulade und die gekochten Kartoffeln aus dem Kühlschrank?«, sagte sie, als er durch die Gartentür kam.

»Hallo. Ja, klar«, murmelte William und machte die Kühlschranktür auf. Es dauerte einen winzigen Moment, dann ging das Lämpchen im Kühlschrank an, und er konnte die Vorräte darin sehen. Er klappte die Tür wieder zu und machte sie gleich darauf ein zweites Mal auf, um noch einmal zu beobachten, wie das Licht anging. Und noch einmal.

»Was machst du da?«

William hörte sofort damit auf.

»Ach, nichts«, murmelte er.

Tante Gunvor sah ihn an, die eine Hand an der Bratpfanne, die andere in die Hüfte gestemmt.

»Das war nur wegen dem Licht. Weil es sich verspätet ...«

»Aber das hat doch nichts mit dem Kühlschrank zu tun«, sagte Tante Gunvor. »Ich habe dir doch schon erklärt, dass das nur ein Witz war.«

»Ich weiß. Mir ist das nur gerade wieder eingefallen und ...« William dachte nach. »Also, ich meine, klar ist das ganz schön abgefahren, dass man eigentlich die Vergangenheit sieht, wenn man ins Weltall schaut. Aber ... ist das alles? Oder ist das der einzige Grund, warum die Verspätung des Lichts so wichtig für die Wissenschaft war?«

»Habe ich das so gesagt?«

»Äh, ich weiß nicht? Ich ... äh.« William hatte ein bisschen Angst, dass er zugeben musste, in ihren Briefen gestöbert zu haben, wenn er eine Antwort auf seine Frage wollte. »Ich habe ... ein paar alte Papiere gefunden, und da war auch eine, ähm, Geschichte über Ole Rømer dabei. Ich glaube, da stand das. Und da habe ich mir gedacht ...«, sagte er, aber Tante Gunvor unterbrach ihn.

»Eine Geschichte über Ole Rømer?« Statt böse zu werden, wanderte Tante Gunvors Blick in die Ferne, als wären ihre Gedanken längst nicht mehr in der kleinen Küche, sondern irgendwo weit, weit weg.

»Wo hast du die denn gefunden?«, fragte sie abwesend.

»Ähm, in meinem Zimmer, glaube ich?«

»Ah. Ach so.«

Tante Gunvor starrte vor sich hin. So lange, dass es anfing, verbrannt zu riechen. Der Gestank holte sie zurück an den Herd.

»Oh. Ich denke, dass Essen ist fertig«, murmelte sie, immer noch ganz in Gedanken. »Hast du die Kartoffeln?«

Hastig machte William den Kühlschrank wieder auf. Er holte Kartoffeln und Remoulade heraus und stellte beides auf den Tisch.

»Ich wollte nur wissen«, unternahm er einen neuen Versuch, während sie sich setzten, »warum diese Entdeckung so wichtig war?«

»Welche?«, murmelte Tante Gunvor und tunkte ihre verbrannte Frikadelle in die Remoulade.

»Die Verspätung des Lichts«, wiederholte William geduldig. »Was ist daran so wichtig? Und was ist die Rela ... tivi ... theorie?«

»Die Relativitätstheorie!? Das ist ziemlich schwierig zu erklären«, antwortete Tante Gunvor und schien wieder in der Gegenwart angekommen zu sein. »Dafür braucht man deutlich mehr Grundkenntnisse über die Physik, als wir uns heute Abend erarbeiten können. Aber hast du schon mal von Albert Einstein gehört?«

William nickte. Zumindest hatte er den Namen in dem Ole-Rømer-Text gelesen. Aber er hatte ihn bestimmt auch schon woanders gehört. Plötzlich fiel ihm das Poster ein, das der Vater seines Freundes Eigil zu Hause im Arbeitszimmer hängen hatte. Darauf war ein Foto von einem alten Mann mit zerzausten,

weißen Haaren und Schnauzbart, und darunter stand irgendwie, dass Kreativität wichtiger sei als Wissen und dass Fische nicht auf Bäume klettern könnten. Oder so ähnlich. Und dieser Mann, der war Albert Einstein.

»Er war ein berühmter deutscher Physiker und gilt als eins der größten Genies des zwanzigsten Jahrhunderts«, sagte Tante Gunvor.

William nickte wieder, ein bisschen unsicher. Aber vermutlich war dieses Zitat mit den Fischen nicht Einsteins größter Geniestreich gewesen.

»Einstein entwickelte einige Theorien, die die gesamte klassische Physik und alles das, worüber wir in den letzten Tagen gesprochen haben, ziemlich auf den Kopf stellten. Und auf manche seiner Theorien, unter anderem auch die sogenannte ›spezielle Relativitätstheorie‹, ist er gekommen, indem er sich Gedanken über die Geschwindigkeit des Lichts gemacht hat.

Man hatte nämlich herausgefunden, dass die Geschwindigkeit des Lichts nicht nur begrenzt, sondern *immer dieselbe ist.* Zumindest in einem luftleeren Raum. Einstein folgerte daraus, dass das Licht auch dann nicht schneller oder langsamer wird, wenn man selbst stillsteht oder sich bewegt. Und dass es für seine Geschwindigkeit auch keine Rolle spielt, ob die Lichtquelle selbst sich bewegt oder nicht.

Das heißt, zwei Personen, die dasselbe Ereignis observieren, können unterschiedlicher Meinung sein, wann das Ereignis eintrifft und wie lange es andauert, und zwar abhängig von ihrem eigenen Standort und ihrer eigenen Geschwindigkeit im Verhältnis zum Ereignis. Aber die Geschwindigkeit des Lichts bleibt trotzdem immer dieselbe.

Die Geschwindigkeit des Lichts ist also nicht relativ, aber das gilt nicht für Zeit, Entfernungen und Masse, denn *die* sind im Gegenzug sehr wohl relativ. Soll heißen, dass Zeit langsamer vergeht, Entfernungen kürzer werden und Gegenstände schwerer, wenn sie sich mit einer Geschwindigkeit bewegen, die sich der des Lichts annähert. Dass wir tatsächlich ein winziges bisschen in der Zeit reisen, jedes Mal, wenn wir uns bewegen.

Das ist natürlich nichts, was wir wahrnehmen, weil wir uns nie so schnell bewegen, aber würden wir das zum Beispiel nicht berücksichtigen, wenn wir Satelliten zum Navigieren nutzen, würden unsere GPS-Geräte uns dauernd an falsche Orte schicken.

Übrigens war es auch Einstein, der herausgefunden hat, dass Licht sowohl aus Partikeln als auch aus Wellen besteht. Und der später die ›allgemeine Relativitätstheorie‹ veröffentlichte, die unter anderem besagt, dass die Schwerkraft gar nicht die Ursache für die Ausformung des Universums ist. Dass das, was wir als Schwerkraft *auffassen*, in Wahrheit der *Krümmung des Raums* geschuldet ist, die durch Masse verursacht wird. Aber das hat nicht so viel mit der Geschwindigkeit des Lichts zu tun.

Die Schwerkraft funktioniert als Modell aber trotzdem so gut, dass man es heute immer noch verwendet, wenn man zum Beispiel eine Rakete ins All schickt, wie ich vorhin schon erklärt habe.«

Sie schob sich ein Stück kalte Kartoffel in den Mund und kaute einen Moment darauf herum.

»Alles andere ist«, sagte sie und schluckte den Bissen herunter, »eine längere Geschichte. Für den Moment können wir es gut bei der Annahme belassen, dass Newtons Erklärung richtig ist. Für den Alltagsgebrauch ist sie jedenfalls bestens geeignet. Aber ... wo hast du noch gleich etwas darüber gelesen, sagtest du?«

William wurde rot und steckte sich schnell eine volle Gabel in den Mund.

»Ach, daff bfar nur irgendfo ein Hebft«, murmelte er mit vollem Mund und versuchte dabei möglichst unschuldig auszusehen.

»Ach so«, sagte Tante Gunvor. »Ich hatte ganz vergessen ...«

Dann schwieg sie wieder, und William bekam nichts mehr aus ihr heraus. Der Redeknopf stand auf Stopp. Wobei sie nicht so unzugänglich wirkte wie sonst, wenn sie keine Lust hatte, sich mit ihm zu unterhalten. Eher verträumt.

Während sie den Abwasch machten, war sie ganz in Gedanken versunken. Sie summte eine leise Melodie vor sich hin, und dann verschwand sie aus der Küche und ging nach oben. William sah ihr nach und schüttelte den Kopf.

Er verbrachte den Abend mit einem Zeichenblock und Buntstiften in seiner Kammer. Er hatte so viele Gedanken im Kopf, dass es richtig guttat, sie auf Papier zu bringen.

Als Erstes zeichnete er ein Sonnensystem. Mit dem iPad googelte er Bilder der Planeten, die er abmalen konnte. Außerdem war er in seiner Kammer über einen alten Atlas gestolpert, in dem er ein paar der Orte heraussuchte, die Tante Gunvor in der letzten Woche erwähnt hatte.

Da war Griechenland, dort Polen, Deutschland, Frankreich, Italien und Amerika. Und da war ein winzig kleiner Punkt namens Ven.

Dort war die arabische Halbinsel. Das musste die Gegend sein, wo die arabischen Astronomen gelebt hatten. Aber wie hatten sie noch gleich geheißen, diese ersten Astronomen? Die mit der Mathematik und diesem anderen Zahlensystem? Waren das die Sumerer gewesen? Im Atlas konnte er darüber nichts finden.

Stattdessen versuchte er die verschiedenen Wissenschaftler zu zeichnen, über die Tante Gunvor ihm etwas erzählt hatte. Er fand auch von ihnen Bilder im Internet. Kopernikus malte er mit Pagenkopf-Frisur. Und dann zeichnete William ein kleines Sonnensystem daneben, bei dem man erkennen konnte, dass sich die Sonne in der Mitte befand.

Tycho Brahe bekam einen dicken Bart gemalt und eine silbergraue Nase. William war ein bisschen unsicher, wie er Tycho Brahes Entdeckungen zeichnen sollte. Er war ja vor allem gründlich gewesen. Das konnte man ja schlecht malen? Also malte er lieber noch Tychos Schwester Sophie und einen großen Sextanten dazu, wie den, den Tante Gunvor ihm gezeigt hatte.

Von Kepler gab es auch Bilder im Internet. Er sah sehr ernst aus, fand William. Er zeichnete ein paar platt gedrückte Kreise rund um Kepler, um zu zeigen, dass Kepler die Ellipsenbahnen der Planeten entdeckt hatte.

Dann war Galilei an der Reihe. Er sah lustig aus. Ein bisschen wie einer, der sich gern Lügengeschichten ausdachte. Aber es fiel William wirklich schwer, sich zu entscheiden, was er neben ihn zeichnen sollte. Es gab so viele Möglichkeiten. Erst entschied er sich für ein Fernrohr. Dann für den Mond. Dann für eine Kirche und den schiefen Turm von Pisa. Dann für einen Kronleuchter und dann für eine Regenrinne und eine Krocketkugel.

Ole Rømer bekam schöne lange Locken. Fast wie eine Prinzessin. William zeichnete einen Sonnenstrahl dazu. Und daneben noch Huygens und eine Pendeluhr.

Newton hatte eine schmale Oberlippe und guckte grimmig. William malte ihm einen Apfel auf den Kopf. Und daneben eine Erdkugel mit einem hohen Berg und einer kleinen Kanone auf dem Gipfel.

William war so mit seinen Zeichnungen beschäftigt, dass er

gar nicht bemerkte, dass Tante Gunvor oben auf dem Dachboden herumrumorte. Als er nach einer Weile genug vom Malen hatte, legte er alle seine Bilder aufeinander. Es war ein richtiges kleines Buch geworden. Aber da hörte er plötzlich ganz neue Geräusche von oben.

Sie klangen anders als die komischen Laute, die er sonst in Tante Gunvors Haus zu hören bekam: Erst ein Kratzen und dann ertönte eine tiefe, weiche Männerstimme. Die Stimme sang von den Sternen. Sie klang wie aus einer anderen Zeit, und William stand sofort auf, kletterte die schmale Holzleiter hoch und streckte den Kopf durch die Bodenluke.

Abschnitt, in dem wir mehr über Teleskope erfahren und darüber, was man eigentlich wissen kann. Und in dem William beinahe eine Zeitmaschine erfindet.

Auf einer Kiste unter dem Dachfenster saß Tante Gunvor und schaute in den Himmel. Sie saß ganz still, und William fiel auf, dass er sie noch nie so gesehen hatte. So still. Sonst war sie immer mit irgendetwas beschäftigt.

Jetzt saß sie einfach nur da. Neben ihr stand die Schatztruhe mit den alten Briefen, in der William die Ole-Rømer-Geschichte gefunden hatte. Er hatte das Heft noch nicht wieder zurückgelegt, also wenn sie danach gesucht hatte, dann war ihre Suche umsonst gewesen.

Sie hatte aber auch irgendein Fernrohr aufgebaut. Und hinter Tante Gunvor stand so ein komisches altes Gerät mit einem großen, goldenen Trichter, auf dem sich eine schwarze Platte drehte. Aus diesem Ding kam die Musik. Dann musste das wohl einer von diesen uralten Plattenspielern sein, dachte William.

Vorsichtig ging er näher. Auf dem Boden lag eine Schallplattenhülle. *Lied der Sterne* stand darauf. William kannte weder das Lied noch den Sänger. Er legte die Hülle zurück und setzte sich ganz still neben seine Tante. So saßen sie eine Weile, hörten der Musik zu und sahen dabei in den Himmel. Als das Lied zu Ende war, fragte William:

»Wie weit kann man noch gleich nur mit den Augen sehen?«

»Das hängt ein bisschen davon ab, wie gut man sieht. Und von der Stärke des Lichts. Und solchen Dingen«, antwortete seine Tante leise.

»Aber wenn man ein Fernrohr oder ein Teleskop hat, dann kann man viel weiter sehen, richtig?«

»Ja, auch. Man kann damit Dinge sehen, die nicht so stark leuchten oder die sonst zu weit weg wären. Und je besser ein Teleskop ist, umso mehr kann man damit sehen. Dieses hier zum Beispiel«, sie zeigte auf das Fernrohr neben sich, »ist ein neueres Teleskop, ein sogenanntes Spiegelteleskop. Es ist anders aufgebaut als Galileis Fernrohr. Ich wollte es dir zeigen, weil Newton die Idee dazu hatte. Aber na ja ... ich war ein bisschen abgelenkt.

Jedenfalls Newton – eigentlich hatten viele dieselbe Idee, aber Newton hat sie ausgeführt. Newton fand heraus, dass man Teleskope verbessern konnte, indem man einen *Spiegel* statt einer Linse verwendet.«

»Das verstehe ich nicht«, sagte William.

»Newton hat das Licht über viele Jahre hinweg erforscht und dabei herausgefunden, dass weißes Licht, also beispielsweise das Sonnenlicht, aus allen Farben des Regenbogens zusammengesetzt ist.«

»Stimmt das echt?«

»Ja. Er hat das herausgefunden, indem er die Sonnenstrahlen

durch ein Prisma gebrochen hat. Hast du das schon mal ausprobiert?«

William schüttelte den Kopf. »Was ist ein Prisma?«

»Ein optisches Prisma ist eine Art dreieckige Linse. Na ja, jetzt gerade haben wir natürlich keine Sonne hier, aber wenn das Licht durch ein Prisma fällt, dann werden die Farben voneinander getrennt und auf der anderen Seite kommt ein Regenbogen heraus. Dasselbe passiert, wenn du einen Regenbogen am Himmel siehst. Wenn die Sonne scheint und gleichzeitig Regen in der Luft ist, wirken die Regentropfen wie kleinen Prismen, die das weiße Licht brechen und in seine Farben auffächern.«

»Wow«, murmelte William.

»Ja. Und Newton erkannte, dass das die Ursache dafür war, warum die früheren Fernrohre mit den Glaslinsen ein paar Fehler hatten. Denn Linsen funktionieren, wie du dich vielleicht erinnerst, indem sie das Licht in ihren gewölbten Oberflächen bündeln und wieder verteilen. Aber außen am Rand wirkt eine Linse tatsächlich wie ein kleines Prisma. Das heißt, dort wird die Linse gewissermaßen zum Dreieck und deshalb bricht sich dort das Licht, was zu einer Fehlfärbung führen kann, wenn man etwas betrachtet.

Das brachte Newton auf die Idee, einen konkaven Spiegel statt einer Linse in sein Fernrohr einzubauen.

Dabei fällt das Licht vorn durch die Öffnung des Fernrohrs und trifft auf einen gewölbten Spiegel am Boden. Genau wie eine Linse kann der Spiegel das Licht des Gegenstands, den man betrachten will, mit seiner Wölbung bündeln. Aber nun muss das Licht nicht mehr durch eine Linse, wo es womöglich aufgefächert wird, sondern wird *gespiegelt*, durch das Fernrohr zurückgeworfen, von einem zweiten kleinen Spiegel, diesmal einem flachen, aufgefangen und von dort zum Okular weitergeschickt, in das du hineinschaust.

Allerdings war es zu jener Zeit noch ziemlich schwierig, gute Spiegel herzustellen, weshalb sich diese Art von Teleskopen erst rund hundert Jahre später durchsetzen konnte. Dafür werden sie aber auch heute noch in der Astronomie verwendet.«

William stand auf und sah sich das Fernrohr neugierig an. Er legte ein Auge an das kleine Okular und betrachtete den Mond. Die geheimnisvollen Krater zeichneten sich ganz deutlich vor seinem Auge ab. Noch deutlicher, als er sie durch Galileis Fernrohr gesehen hatte.

Verrückt, dass ein Spiegel dafür verantwortlich war, dass man so viel klarer sehen konnte.

»Aber«, sagte er und setzte sich wieder, »obwohl die Teleskope viel besser geworden sind, können wir trotzdem nicht alles damit sehen?«

»Ja, natürlich nicht! Zum Beispiel gehen die Forscher inzwischen davon aus, dass es hinter Pluto noch weitere Planeten und Zwergplaneten in unserem Sonnensystem geben könnte. Wir können sie nicht sehen, aber wir können sehen, dass es dort draußen Dinge gibt, die sich so verhalten, als wären sie Planeten. Und dann gibt es die *dunkle Materie*, die wir nicht sehen können. Und bestimmt auch noch eine Menge mehr, von dem wir noch gar keine Ahnung haben.«

»Ja.« William dachte nach. Da war etwas, das er nicht so richtig greifen konnte. Es war ein bisschen schwierig, es in Worte zu fassen, weil er selbst nicht wusste, was es eigentlich war.

»Aber die Wissenschaft hat doch eher recht, oder?«

»Schon«, seine Tante sah ihn prüfend an. »Was beschäftigt dich?«

»Also, die Wissenschaft ist klüger als die Kirche, ja?«

»Puh, na ja, schau, da stellst du mir eine Frage, auf die es eigentlich keine Antwort gibt. Es gab eine Zeit, in der Religion, also alles, was Gott betrifft, und Wissenschaft ein und dasselbe waren. Beide versuchen, die Welt zu verstehen und zu erklären. Aber heutzutage sind die Wege, das zu tun, so verschieden, dass es eigentlich überhaupt keinen Sinn macht, die beiden miteinander zu vergleichen.«

»Hm.« William dachte einen Moment darüber nach. »Aber die Wissenschaft hat doch bewiesen, dass die Religion sich getäuscht hat, oder etwa nicht?«

»Zumindest hat sie bewiesen, dass manche Dinge anders sind, als die Religion behauptet hat. Aber wenn es um Gott geht, ganz egal ob man ihn Allah, Jahwe, Krishna oder Odin nennt, oder an wen die Menschen auch immer glauben, geht es genau darum – um Glauben, verstehst du? Religion stellt die Frage, *warum* die Welt so ist, wie sie ist. Und sie fragt nach dem Sinn des Lebens. Auf diese Fragen kann die Wissenschaft dir keine richtige Antwort geben.

Die Wissenschaft interessiert sich viel mehr dafür, *wie* die Natur und das Universum funktionieren. Das sind zwei ganz unterschiedliche Blickwinkel auf die Welt, und man bekommt ein Problem, wenn man versucht, das eine mit dem anderen zu erklären.

Kannst du dich daran erinnern, dass ich dir erzählt habe, dass viele Wissenschaftler, die in der Renaissance die Naturwissenschaften verändert haben, sehr gläubig waren?«

William nickte.

»Eigentlich war es Newtons Ziel gewesen zu beweisen, dass es Gott gibt«, sagte Tante Gunvor, »aber dann läutete ausgerechnet sein Buch *Principia* das Ende der Renaissance und den Beginn der

Aufklärung ein, also eine Zeit, in der Gott eine deutlich kleinere Rolle spielte. Denn jetzt begründete die Schwerkraft die Zusammenhänge des Universums, und die Wissenschaftler brauchten Gott nicht mehr, um diese Dinge zu erklären.«

»Aber«, William war es immer noch nicht so richtig gelungen, das zu fragen, was ihn eigentlich beschäftigte. »Wenn wir eine Menge Sachen doch gar nicht sehen können ... wie können wir denn dann sicher sein, dass das, was wir wissen, nicht falsch ist? Also, dass da nicht noch viel mehr ist, was wir nicht sehen? Und von dem wir gar nicht wissen, dass wir es nicht sehen? Und das vielleicht alles ändert, was wir jetzt wissen ... weil das, was Galilei damals gesehen hat, ja auch alles verändert hat, was man damals wusste! Also, woher wissen wir, dass wir nicht ganz falsch denken, weil wir vielleicht gar nicht richtig sehen können?«

Tante Gunvor zog die Augenbrauen hoch.

»Das ist eine *richtig* gute Frage«, sagte sie und schob ihre Brille zurecht. »Und tatsächlich können wir das nicht mit Sicherheit sagen. Unter dem Begriff ›Wissen‹ versteht man in der Naturwissenschaft das, was unsere erlebte Welt am besten beschreibt. Was sich in der Theorie und in der Praxis als richtig herausstellt und verschiedene Abläufe vorhersagen kann.

Aber die Wahrheit ist nun mal nicht in Stein gemeißelt. Wenn wir die Welt erforschen, sind wir durch unseren Körper und unsere technischen Mittel begrenzt.

Wir haben Apparate erfunden, die uns Licht zeigen können, das weiter weg ist oder eine andere Farbe hat, als das menschliche Auge wahrnehmen kann. Aber du hast ganz recht ...« Sie nickte gedankenversunken. »Wir können nicht sicher sein, dass wir in Wirklichkeit nicht alles missverstehen, weil unsere beschränkten Sinne uns nur einen Teil des Bildes zeigen.«

»Dann …«, William starrte vor sich hin und versuchte sich zu konzentrieren, »wissen wir also gar nicht, ob das mit diesem Weltbild und dem Universum und so, ob das wirklich stimmt?«

»Hm.« Tante Gunvor nickte und sah sehr nachdenklich aus. »Tatsächlich«, sagte sie, »arbeitet die Naturwissenschaft heute ja mit viel fortschrittlicheren Weltbildern als denen, die Kopernikus oder Newton vertraten. Also soweit wir wissen, sieht das Sonnensystem tatsächlich ziemlich genau so aus, wie Kepler es sich vorgestellt hat. Und auch Newtons Naturgesetze werden immer noch angewandt, wenn beispielsweise eine Rakete ins All geschickt wird. Die sind nicht falsch.

Aber wenn wir das Universum wirklich verstehen wollen, müssen wir uns unter anderem mit Einstein und der Relativitätstheorie beschäftigen. Aber schau, selbst die Relativitätstheorie kann nicht alles erklären.« Sie runzelte so konzentriert die Augenbrauen, dass William lachen musste.

»Die Geschichte werde ich heute Abend wohl nicht mehr hören«, tippte er und Tante Gunvors konzentrierter Gesichtsausdruck verwandelte sich in ein schiefes Lächeln.

»Nein. Aber zumindest wissen wir«, sagte sie dann, »dass die Menschen früher Dinge geglaubt haben, die eindeutig falsch waren. Wir können mit ziemlich großer Sicherheit sagen, dass die Erde ungefähr 4,6 Milliarden Jahre alt ist – also rund eine Million Mal älter, als man in der Renaissance dachte, da glaubte man nämlich, sie wäre nur rund 5600 Jahre alt. Und wir wissen, wie groß die Erde ist. Und wie weit sie von der Sonne entfernt ist. Und dass sie um die Sonne kreist. Weil wir Beweise dafür gesammelt haben.

Einige Dinge, die die Naturwissenschaften herausgefunden haben, sind sehr sicher. Andere sind nicht so sicher, aber trotzdem sehr wahrscheinlich, weil sie auf gründlichen Untersuchungen basieren. Dann wieder gibt es Dinge, über die sich die Wissenschaftler streiten – noch. Und wir wissen bis heute nicht, warum wir eigentlich hier sind. Oder was der Sinn des Lebens ist. Darauf hat die Wissenschaft keine Antwort. Wir können nur raten.«

»Und was glaubst du, warum wir hier sind?«, fragte William.

Tante Gunvor sah ihn an.

»Vielleicht ...« Sie zögerte. »Vielleicht gibt es gar keinen Grund dafür«, sagte sie dann. »Vielleicht ist es reiner Zufall.«

»Oder vielleicht«, sagte William, »sind wir hier, weil das Leben schön ist?«

Tante Gunvor lächelte. »Vielleicht. Aber oft muss ein wissenschaftliches Modell gar nicht richtig sein, um die Entwicklung voranzubringen. Das haben wir von Kopernikus gelernt – sein Modell hatte jede Menge Fehler, aber schau, wohin es geführt hat! Und nicht nur die Wissenschaft selbst bringt uns in unseren Bemühungen weiter, die Welt zu verstehen.

Genau wie Wissenschaft und Erfindungen sich gegenseitig vorangetrieben haben«, fuhr seine Tante fort, »haben auch Religion, Kunst und fantastische Geschichten, die in Büchern stehen, so manchen Wissenschaftler auf Ideen gebracht, die zu neuen Entdeckungen führten. Und zu Erfindungen.

Denk nur an die Romane von Jules Verne. Fast jede Erfindung, die darin vorkommt, gibt es heute wirklich, obwohl sie noch total unvorstellbar waren, als er seine Geschichten geschrieben hat. Und der magische Wandschrank, nach dem du gesucht hast? Manche Theorien gehen tatsächlich davon aus, dass es so etwas wie Portale im Universum gibt. Sogenannte Wurmlöcher, die wie eine Art Abkürzungen zwischen den Welten funktionieren könnten.

Oder denk an die Musik, die Pythagoras und Kepler dazu inspiriert hat, nach harmonischen Formen im Universum zu suchen. Und Galilei und ...«

»Es gibt ganz schön viel Musik in der Wissenschaft, kann das sein?«, fragte William.

Tante Gunvor drehte sich um und sah ihm direkt in die Augen. Er war sich nicht ganz sicher, was ihr Blick zu bedeuten hatte.

»Bis vor ungefähr zweihundert Jahren zählte die Musiktheorie noch zu den Naturwissenschaften«, sagte sie. »Aber dann gelangte man zu der Auffassung, dass Musik Kunst ist und dass Kunst und Wissenschaft nicht zusammengehören. Aber überleg mal: Was ist Musik, William?«

»Äh, singen und ... dazu tanzen?«, antwortete er unsicher.

»Vielleicht ist es nur ein psychologisches Phänomen«, überlegte Tante Gunvor laut. »Im Grunde genommen ist Musik nichts anderes als Vibrationen. Rhythmus, Töne, Geräusche. So angeordnet, dass sich ein harmonisches Klangbild ergibt, das sich mathematisch beschreiben lässt. Aber warum gibt es Musik?«

»Keine Ahnung?«

»Nein. Aber alle Menschen haben eine Beziehung zu Musik. Sie berührt etwas tief in unserem Inneren. Schon ganz kleine Kinder erkennen Musik. Sie beruhigen sich, wenn man ihnen etwas vorsingt. Die ersten Worte werden immer in Rhythmen ausgedrückt. Ga-ga, ba-ba, da-da. Genau wie unser Herz seinen Rhythmus durch unsere Adern pumpt. Dunk-dunk, dunk-dunk, dunk-dunk. Oder der Rhythmus, wenn wir gehen.

Bewegung ist Klang. Und Klang ist Bewegung, nicht wahr? Klang besteht schließlich aus Wellen. Eine physikalische Größe, die Teilchen in der Luft in Bewegung versetzt, die wiederum andere Teilchen in Bewegung versetzen, die dich und mich in Bewegung versetzen. Wir können uns gegenseitig erreichen, uns gegenseitig bewegen, nur durch den Klang unserer Stimmen. Ganz ohne uns zu berühren.

Alles hat einen Klang. Es ist nur die Frage, ob man ihn hören kann. Und manche Klänge bewegen uns mehr als andere. Aber wenn *das Leben* einen *Klang* hätte, denkst du dann nicht, es wäre Musik?«

William versuchte, ihr zu folgen. Hatte das Leben einen Klang? Aber bevor er wirklich darüber nachdenken konnte, wechselte Tante Gunvor das Thema und sagte: »Na ja, kurz gesagt, alles hängt irgendwie zusammen, nicht wahr? Zu Tycho Brahes und Galileis Zeit gab es diesen Unterschied zwischen Wissenschaft und Glaube, Fantasie und Erfindung jedenfalls nicht in dieser Form wie heute. Ein echter Renaissancemensch interessierte sich für alles zwischen Himmel und Erde.«

»So wie du?«, fragte William.

»Bitte?«

»Du hast doch selbst gerade gesagt, dass alles zusammenhängt. Und außerdem hast du alte Kinderbücher im Regal stehen und … deshalb bist du wie diese Renai … chance-Menschen.«

»Hm. Ich habe mich eigentlich immer für einen sehr naturwissenschaftlichen Menschen gehalten, aber vielleicht hast du recht.« Tante Gunvor dachte nach. »Ich würde mich nur nie so verrückt anziehen.«

»Nicht ganz«, gab William grinsend zu.

Aber dann wurde er wieder ernst. Er konnte nicht aufhören sich zu fragen, was man denn nun wirklich wissen konnte. Was die Wahrheit war. Er dachte an all das, was große Wissenschaftler herausgefunden hatten. Und dass man heute schon fast darüber lachen musste, was man früher für die unerschütterliche Wahrheit gehalten hatte.

Und gab es eigentlich auch Sachen, über die man früher besser Bescheid wusste, an die sich jetzt niemand mehr erinnerte?

Worüber würde man in der Zukunft lachen? Was würde in hundert Jahren total lächerlich klingen? Es war gar nicht so sehr ein einzelner Gedanke, sondern eher ein Gefühl, das William nicht loswurde. Ein unsicheres und gleichzeitig irgendwie aufregendes und schönes Gefühl.

Abschnitt, in dem William endlich herausfindet, wer dieser Hans ist.

Der Plattenspieler hinter ihnen drehte sich immer noch, aber das Lied war vorbei und sie hörten nur noch ein rhythmisches Knistern. Tante Gunvor stand auf und startete die Platte noch einmal von vorn. Der kleine Dachboden füllte sich mit der sanften Männerstimme und der langsamen, wiegenden Melodie.

William betrachtete die kleine schwarze Scheibe, die sich im Kreis drehte und den Dachboden mit seinem zugleich sanften und knisternden Klang erfüllte.

»Was ist das für ein Lied?«

»Hm?«, machte Tante Gunvor. »Ach, das ist nur ein alter Schlager aus meiner Jugend. Ich habe ihn damals oft gehört. Das ist so lang her, aber er … du … er ist mir plötzlich wieder eingefallen.«

Sie wurde wieder still.

»Glaubst du, dass die Sterne singen?«, fragte William.

»Absolut«, antwortete Tante Gunvor.

»Warum können wir sie dann nicht hören?«

»Weil Schallwellen sich im leeren Raum nicht fortbewegen können. Da sind keine Teilchen, die sie in Schwingungen versetzen können.«

William brauchte einen Moment, um darüber nachzudenken, was sie gerade gesagt hatte.

»Aber«, sagte er dann, »das Licht der Sterne besteht doch auch aus Wellen? Und das kommt trotzdem bei uns an.«

»Ja, aber das ist auch eine andere Art von Wellen.«

»Was für eine Art?«

»Elektromagnetische Wellen.«

»Erklärst du mir das?«

»Ein andermal.«

William nickte. Dann sah er sie verstohlen von der Seite an.

Und dann die Schatztruhe mit den alten Briefen.

»Wer ist eigentlich dieser Hans?«, fragte er.

»Hans?«

»Der, der ... die ...« Erst da fiel William ein, dass er ja gar nicht gebeichtet hatte, wie er an die Ole-Rømer-Geschichte gekommen war, und dass Tante Gunvor überhaupt nicht wusste, dass er in ihren alten Briefen herumgeschnüffelt hatte. Er hatte ihr ja nur erzählt, dass die Geschichte in seinem Zimmer gelegen hatte.

»Äh, diese Ole-Rømer-Geschichte, von der ich dir erzählt habe«, sagte er vage, »die hat jemand geschrieben, der Hans hieß.«

Tante Gunvor zog eine Augenbraue hoch und schaute William über den Rand ihrer Brille hinweg an.

»Tatsächlich? Und wo, sagtest du, hast du sie gefunden?«

William seufzte.

»In meiner Kammer. In dieser Kiste da«, sagte er und nickte zu den Briefen. »Als ich nach dem Wandschrank gesucht habe. Die Kiste sah so schön aus. Aber, äh, ich habe nur ganz kurz reingeschaut. Und als du von dem Licht erzählt hast, ist mir wieder eingefallen, dass ich diesen Namen schon mal irgendwo gelesen hatte, also Ole Rømer, und ...«

Tante Gunvor sah ihn an, und William fühlte sich auf einmal sehr klein.

»Ich dachte eigentlich … weißt du nicht, dass man fremde Briefe nicht lesen darf?«

»Nein, nein, oder doch, also, das habe ich ja auch gar nicht gemacht. Ich habe nur das mit Ole Rømer gelesen … vielleicht ein bisschen von dem obersten Brief, aber …«

»Du bist ein richtiger kleiner Detektiv, was?«, sagte sie und schüttelte den Kopf.

»Ja. Das war total spannend. Aber … wer ist denn nun dieser Hans?«

»Hans? Na, dein Großvater natürlich.«

»Du hast meinen Großvater gekannt?«

»Was ist denn das für eine Frage? Natürlich habe ich ihn gekannt.«

»Ach so, ja, klar. Aber … wieso habt ihr euch Briefe geschrieben?«

»Wir waren Studienkollegen, und als ich in Bologna studiert habe, haben wir … uns geschrieben.«

»Aber dann hat er meine Oma geheiratet?«

»Ja.«

»War sie auch eure Studienkollegin?«

»Nein. Sie war ein bisschen jünger als ich, und außerdem hat sie erst Cello studiert, bevor sie ihr Physikstudium angefangen hat. Wobei – ich habe auch erst Philosophie studiert. Na ja, ich kann mich jetzt auch nicht mehr ganz genau erinnern, wie es war, jedenfalls haben wir nicht gleichzeitig studiert. Aber ich habe die beiden miteinander bekannt gemacht.«

»Warum hast du eigentlich nie geheiratet?«

Tante Gunvor kniff die Augen zusammen und musterte William.

»Du bist heute ganz schön neugierig.« Dann versank sie in Gedanken.

»Warst du in ihn verliebt?«

Tante Gunvor schaute ihn verblüfft an.

»Verliebt? Nein, das ... wie kommst du auf die Idee?«

»Weil du seine Briefe in so einer schönen alten Schatztruhe aufgehoben hast. Und weil du summst und alte Schallplatten hörst, und da dachte ich ...«

Tante Gunvor seufzte. Und lächelte so ein bisschen schief.

»Es ist sehr lange her, dass ich an diese Zeit gedacht habe. Ehrlich gesagt hatte ich die Briefe ganz vergessen. Aber als du den Text über Ole Rømer erwähnt hast, sind sie mir wieder eingefallen. Wir hatten damals die Idee, zusammen ein Kinderbuch zu schreiben. Stell dir das mal vor ... Und dann haben wir immer diese Platte gehört. Sie war zu unserer Zeit schon alt, aber wir waren ja beide verrückt nach den Sternen und nach Musik, äh, und solchen Sachen. Hm ... vielleicht waren wir ein bisschen verliebt.«

»Aber dann hat er meine Oma geheiratet? Warst du da nicht sauer?«

Tante Gunvor schaute vor sich hin, sie lächelte immer noch.

»Wir hatten uns nichts versprochen, und ich war ja in Bologna und habe dort mehrere Jahre studiert. Ich glaube, wenn du ihn gefragt hättest, dann hätte er gesagt, dass ich ihn verlassen habe und nicht umgekehrt.«

»Aber warum denn?«

»Ich hatte ja meine Arbeit. Das hat uns beide natürlich auch verbunden, aber ich neige wohl dazu, mich so in meine Arbeit zu vertiefen, dass ich manchmal alles um mich herum vergesse.«

»Oh. War meine Oma denn nicht genauso?«

»Nein. Meine Schwester und ich waren sehr verschieden. Das war ja das Schöne an ihr.«

»War das nicht komisch?«

»Dass wir so verschieden waren?«

»Nein, dass die beiden geheiratet haben?«

»Nein. Es … Die beiden waren wahnsinnig verliebt. Und ich bin am glücklichsten, wenn ich tun kann, was ich will. Wenn ich selbst bestimmen kann. Ich fand das eigentlich ziemlich perfekt – meine Schwester hat meinen besten Freund geheiratet, und so waren wir alle eine Familie. Und ich bekam eine niedliche Nichte, ohne den ganzen Ärger mit Windeln und schlaflosen Nächten zu haben.«

»Eine Nichte?«, fragte William.

»Deine Mutter.«

»Aber … du magst uns doch gar nicht?«

»Bitte was?«

»Na ja, du …«

William stockte. Seine Tante sah total verwirrt aus. Aber so war es doch immer gewesen – sie hatte schlechte Laune gehabt, war genervt und wollte keinen Besuch.

»Das denkst du? Dass ich euch nicht mag?«

William nickte, und Tante Gunvors Augen wurden dunkel. Sie starrte in die Luft. Nach einer Weile räusperte sie sich.

»Na. Das ist natürlich nicht so schön. Vielleicht bin ich auf meine alten Tage ein bisschen eigen geworden. Hm. Ja. Und außerdem konnte ich noch nie gut mit Kindern. Ich bin wohl eher der Typ, der wartet, bis sie erwachsen sind und man sich vernünftig mit ihnen unterhalten kann.«

»Findest du, dass man sich mit Kindern nicht gut unterhalten kann?«

»Hmnja.«

»Aber wir haben uns doch ganz viel unterhalten?«

»Das ist etwas anderes.« Sie schaute ihn an. Forschend. »Aber vielleicht habe ich mich ja auch total in Kindern getäuscht.«

»Ich glaube, das hast du.« William sah sie streng an, aber dann fügte er hinzu: »Und vielleicht habe ich mich total in dir getäuscht.«

»Ja. Vielleicht«, sagte Tante Gunvor. Dann dachte sie kurz nach. »Vielleicht aber auch nicht.« Sie zwinkerte ihm zu.

Dann saßen sie eine Weile schweigend unter den Sternen.

Es war William, der die Stille beendete.

»Vermisst du sie?« Seine Stimme war leise, als hätte er Angst, die Nacht zu stören.

»Ja. Manchmal. In meinem Kopf führe ich ab und zu Gespräche mit ihnen. Und du?«

»Ne. Aber meinen Großvater habe ich ja auch nie kennengelernt.«

»Nein, das hast du nicht.«

»Und an meine Oma kann ich mich nicht mehr richtig erinnern. Aber manchmal vermisse ich es, Großeltern zu haben.«

»Du hättest die beiden gemocht.«

»Glaubst du?«

»Ganz bestimmt. Deine Oma war ganz verrückt nach dir. Es war schön, dass sie dich noch erleben durfte, bevor sie krank geworden ist.«

William schaute hoch zu den Sternen, die zu ihm zurückschauten.

Wie es wohl wäre, wenn man sie wirklich hören könnte? Er hätte zu gern gewusst, wie lang ihr Klang für den Weg zur Erde brauchen würde, wenn er tatsächlich durchs All reisen könnte. Und wie lange das Licht wohl von ganz dort oben bis hier unten unterwegs war?

Ihm kam eine Idee. Nachdenklich betrachtete er das Spiegelteleskop.

»Tante Gunvor?«

»Mhm?«

»Wenn man jetzt ein riesengroßes Spiegelteleskop bauen würde, das, ähm, das auf die Erde gerichtet wäre, ja?«

»Ja?«

»Also, eins, durch das man die Erde sehe würde. Aber es müsste wirklich ein richtig, richtig großes Teleskop sein, so groß, dass es von hier bis zu einem Stern reichen würde. Und es müsste so eins mit einem gewölbten Spiegel sein, ja? Und der Spiegel, der das Bild zurückwirft, der wäre dann ganz oben bei dem Stern.«

»Ja?«, Tante Gunvor sah ihn neugierig an.

»Und wenn das Licht von ganz oben dann wieder in diesem Ding ankommt – wie heißt das noch, das, wo man reinschaut?«

»Das Okular«, antwortete sie und fügte hinzu: »*Oculus* ist das lateinische Wort für Auge.«

»Okay. Also, wenn ich dann in das ... Okular schauen würde, dann wäre das, was ich darin sehe, ja längst vorbei, weil das Licht ja erst ganz bis zu den Sternen und wieder zurückreisen musste. Also würde ich doch eigentlich die Erde von früher sehen, oder? Und dann ... dann könnte ich doch meine Großeltern sehen?«

Tante Gunvor saß ganz still und sah ihn an.

»Du hast gerade eine Zeitmaschine erfunden. Ich kann mir zwar nicht vorstellen, wie man das jemals verwirklichen sollte, aber ... die Wissenschaft zeigt uns ja jeden Tag neue, überraschende Wege. Und die Idee ist auf jeden Fall gut.«

Sie lächelte.

»Übrigens war es ein Astronom namens William, der als einer der Ersten verstanden hat, dass die Verspätung des Lichts zugleich bedeutet, dass wir in die Vergangenheit blicken, je weiter wir in die Ferne sehen. Eigentlich war er Komponist, aber gemeinsam mit seiner Schwester Caroline, die übrigens eine der ersten anerkannten Astronominnen war, verwendete er seine gesamte Freizeit und sein ganzes Geld darauf, große Teleskope zu bauen und Sterne zu beobachten.

Er entwickelte eine Methode, Spiegel zu schleifen, die das Spiegelteleskop revolutionierte. Und er hat den Planeten Uranus entdeckt. Und herausgefunden, dass die Sonne zwar das Zentrum des *Sonnensystems,* aber *nicht* des Universums ist. Er hieß William Herschel.«

»Heiße ich deshalb William?«

Im selben Moment wurde der knisternde Rhythmus des Grammofons von einer Vibration unterbrochen, die aus einer anderen Stelle des Hauses kam. Von unten ertönte ein tiefes, dröhnendes »DONGGGG«.

»DONGGG, DONGGGG«, ging es weiter. Elfmal. Es war spät geworden. Tante Gunvor musste nichts zu William sagen. Er gähnte und stand auf.

»Gute Nacht, Tante Gunvor.«

»Gute Nacht, William.«

»Bis Morgen.«

»Ja. Bis Morgen.«

Isaac Newton

Geboren 1642 in Woolsthorpe, England
Gestorben 1727 in London, England
STUDIERTE: *Theologie und Mathematik*
HERAUSGEBER VON: Die mathematischen Grundlagen der Naturphilosophie
ARBEITSGEBIET: *Brechung des Lichts, Schwerkraft*
WICHTIGER BEIRAG ZUR WISSENSCHAFT: *Gravitationsgesetz, Bewegungsgesetze und der Beweis, dass weißes Licht aus allen Farben des Regenbogens zusammengesetzt ist. Und noch eine Menge mehr.*
ANDERES: *Das Jahr 1665, in dem Newton angeblich ein Apfel auf den Kopf fiel und er die Schwerkraft entdeckte, nannte er selbst »das produktive Jahr«. Außerdem war Newton bekannt dafür, ziemlich hitzköpfig zu sein und sich oft mit Kollegen und Gegnern zu streiten.*

Gravitationsgesetz

Die Schwerkraft zwischen zwei Dingen hängt davon ab, welche Masse sie haben und wie groß der Abstand zwischen ihnen ist.

Du kannst es auch so sagen:

Jedes Objekt im Universum zieht jedes andere Objekt mit einer Kraft an, die entlang der Linien durch das Zentrum dieser Objekte gerichtet ist und in ihrer Stärke proportional zum Produkt der beiden Massen und umgekehrt proportional zum Quadrat des Abstands zwischen den Objekten ist.

Allerdings werden die meisten dann nicht verstehen, was du meinst.

Newtons drei Bewegungsgesetze kann man so zusammenfassen:

1. Gesetz (Trägheitsgesetz): Ein Körper verbleibt in einem Zustand der Ruhe oder einer geradlinigen Bewegung, es sei denn, er wird von äußeren Kräften beeinflusst.

2. Gesetz (zum Thema Kräfte): Die Kraft, die auf einen Körper einwirkt (F), entspricht der Masse des Körpers (m) multipliziert mit der Beschleunigung des Körpers.
(a): → $F = m \cdot a$

3. Gesetz (über Aktion und Reaktion): Auf jede Aktion folgt immer eine gleich große, entgegengesetzte Reaktion.

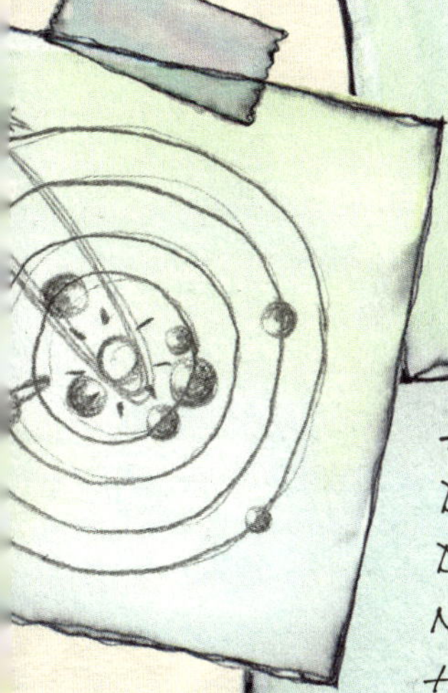

Halley (und die Kometen)

Der Mann, der Newton dazu brachte, sein Buch DIE MATHEMATISCHEN GRUNDLAGEN DER NATURPHILOSOPHIE zu schreiben, hieß Edmond Halley. Er war ein Kollege Newtons. Nach ihm wurde ein Komet benannt, von dem du vielleicht auch schon mal gehört hast: der Halley'sche Komet. Nicht zu verwechseln mit Bill Haley und seiner Band COMETS, die vor allem dafür bekannt waren, dass sie alle dieselben Jacketts anhatten und Rock'n'Roll-Musik spielten, zu der die jungen Leute begeistert tanzten. Damals, als Tante G jung war, wohlgemerkt. Wer weiß, ob sie auch so Rock'n'Roll-verrückt war?

Achtes Kapitel

Das Lied der Sterne

Mehr Kaffee?«, fragte Tante Gunvor und holte die Kanne aus der selbst gebauten Kaffeemaschine.

»Mja, danke«, sagte William, den Mund noch voller Haferflocken.

Es war sein letzter Tag bei Tante Gunvor, und er konnte es selbst kaum glauben – die Woche, von der er anfangs gedacht hatte, sie würde nie ein Ende nehmen, war plötzlich vorbei.

»Ist dir klar«, sagte Tante Gunvor, während sie ihm nachschenkte, »dass Kaffee womöglich die naturwissenschaftliche Revolution ausgelöst hat?«

»Die naturwissen-was?«

»Die *na-tur-wis-sen-schaft-liche Re-vo-lu-tion*. Alles das, was ich dir von Kopernikus bis Newton erzählt habe, hat die Naturwissenschaften gewissermaßen revolutioniert. Oder anders gesagt: von Grund auf verändert.«

»Und wieso?«, fragte William.

»Na, in Europa hat man die Welt ja mit ganz neuen Augen gesehen. Und man ging auch ganz anders an die Wissenschaft heran und ...«

»Ja, das habe ich schon verstanden«, unterbrach William sie. »Aber was hat das mit Kaffee zu tun?«

»Ach so, ja, also damals schmeckte das Trinkwasser in Europa ganz abscheulich«, erzählte Tante Gunvor. »Und an vielen Orten war das Wasser gar nicht trinkbar – da konnte man sich noch nicht mal damit waschen. Deshalb tranken die meisten Bier oder Wein.«

»Auch die Kinder?«

»Auch die Kinder. Die Soldaten von König Christian IV. hatten beispielsweise in ihren Verträgen geregelt, wie viele Liter Bier ihnen pro Tag zustanden.«

»Wow. Waren die dann nicht die ganze Zeit betrunken?«

»Das Bier war damals nicht so stark wie unser heutiges. Aber es hat die Leute bestimmt nicht schlauer gemacht.

Doch dann brachten die Händler den Kaffee aus Afrika mit, und mit der Zeit entstanden überall in den Hauptstädten Europas Kaffeehäuser, also so etwas Ähnliches wie unsere Cafés heute.

Statt sich wie bisher zu treffen, um gemeinsam Alkohol zu trinken, saß man nun beim Kaffee zusammen und diskutierte wichtige Themen – wie zum Beispiel die Schwerkraft.

Hatte der Alkohol die Menschen betrunken, dumm und müde gemacht, wurden sie durch den Kaffee munter, sie arbeiteten und dachten schneller. Und den Rest kannst du dir selbst zusammenreimen.«

William schaute beeindruckt in seinen Becher.

»Dann muss ich nur ganz viel Kaffee trinken?«

Tante Gunvor sah ihn an.

»Äh, hrm, vielleicht war es doch ein bisschen übertrieben von mir, den Kaffee allein für die naturwissenschaftliche Revolution verantwortlich zu machen. Und – immer alles mit Maß, nicht wahr? Von zu viel Kaffee bekommt man Herzrasen. Und Magenprobleme. Und es entstehen bekanntlich keine Revolutionen daraus, dass man ewig auf der Toilette hockt.«

Sie trank einen Schluck.

»Aber tatsächlich war es eine Diskussion in einem dieser Kaffeehäuser, die dazu führte, dass Newton seine *Principia* schrieb, um darin die Schwerkraft zu erklären.«

Nach dem Frühstück zog Tante Gunvor sich zum Arbeiten zurück, und William ging in den Garten. Gerade wollte er sich die zerstörte Krocketbahn vornehmen, als er ein komisches Geräusch hinter sich hörte. Er drehte sich um und sah Miras dunkelhaarigen Kopf hinter dem Bretterzaun auftauchen.

»Hallo, Jupiter«, sagte sie. »Wollen wir spielen?«

Bevor William darauf antworten konnte, hatte sie sich schon hochgestemmt und die Beine über den Zaun geschwungen. Mit einem Plumps landete sie im Gras. Sie schaute sich um.

»Was machst du eigentlich hier?«

»Äh.« William wusste nicht so richtig, was er sagen sollte. Immerhin war sie gerade über den Zaun geklettert und nicht er.

»Ich wusste gar nicht, dass Frau Lund Enkelkinder hat.«

»Frau Lund? Äh, ach so, du meinst Tante Gunvor. Hat sie auch nicht. Sie ist die Tante von meiner Mama. Ich … ich war nur diese Woche hier. Weil meine Mutter auf einem Seminar ist. Ich fahre heute wieder nach Hause.«

»Oh, schade«, sagte Mira.

»Schade?«

»Ja. Schade, dass du nicht länger bleibst. Was wollen wir machen?«

Im selben Moment hörten sie einen lauten Knall durch die offene Küchentür. Und dann ein tiefes Grollen, das klang, als käme es aus der Erde direkt unter ihren Füßen, gefolgt von dem Klavier spielenden Hund. Oder besser gesagt von einem ganzen Tierorchester. William und Mira starrten die Wiese an.

Und dann zum Haus hinüber.

»Was ist das für eine komische Musik?«, fragte Mira. William zuckte mit den Schultern.

»Mein Vater sagt, deine Tante hat Probleme mit der Heizung. Aber ich glaube, das stimmt nicht. Komm«, sagte Mira und marschierte los in Richtung Küchentür. William war sich nicht ganz sicher, was Tante Gunvor von einem zweiten Besuchskind halten würde, aber er ging trotzdem mit.

»Hallo?«, rief Mira, als sie in der Küche standen. Es kam keine Antwort.

William warf vorsichtig einen Blick ins Schlafzimmer und ins Wohnzimmer, aber da war seine Tante auch nicht.

»Was ist mit der Kellertür?«, fragte Mira.

»Was für eine Kellertür?«

»Die Tür zum *Keller*«, sagte Mira und zeigte auf den eingebauten Schuhschrank unter der Treppe.

»Das ist doch keine Kellertür«, sagte William und machte den Schrank auf, um es ihr zu zeigen.

»Was denn sonst?«, fragte Mira, und erst da warf William ebenfalls einen Blick in den Schrank, den er ja eigentlich schon oft genug gesehen hatte. Und verstand, was sie meinte.

Das war nicht der Schuhschrank.

Also, das Regal mit den Schuhen war natürlich immer noch da, aber es war nach hinten weggeklappt. Wie eine *Geheimtür*. Und dahinter war eine Treppe.

William hielt die Luft an. Er wäre nie auf die Idee gekommen, dass es in diesem Haus einen geheimen Keller geben könnte.

Aber da hörte er von irgendwo dort unten ein Schnaufen und machte die Schranktür hastig wieder zu. Zusammen mit Mira rannte er zurück in die Küche, und kurz darauf tauchte Tante

Gunvor auf. Sie wirkte ein bisschen überrascht, Mira zu sehen, die sich allerdings vorbildlich benahm:

»Guten Tag, Frau Lund. Wir haben einen Knall gehört. Geht es Ihnen gut?«

»Hrm. Hallo, Mira. Ja, danke, mir geht es ausgezeichnet.« Sie wischte sich den Schweiß von der gerunzelten Stirn. »Da war nur etwas, das ... nicht ganz getan hat, was es sollte. Nichts, worüber ihr euch Gedanken machen müsst. Wollt ihr nicht lieber raus? Die Sonne scheint so schön.« Sie scheuchte die Kinder nach draußen in den Garten. Aber bevor die beiden darüber reden konnten, was sie gesehen hatten, rief Miras Mutter, dass das Essen fertig sei. Schon wieder.

»Du musst in diesen Keller gehen«, flüsterte Mira. Dann kletterte sie über den Zaun, und William blieb allein im Garten zurück.

Er war sich ziemlich sicher, dass Tante Gunvor nicht damit einverstanden wäre, wenn er in ihrem Keller herumschnüffelte. Er sollte es wirklich lieber lassen.

Vom Garten aus konnte er sie jetzt in ihrem Zimmer neben der Küche sehen. Wenn er ganz leise war, schaffte er es vielleicht, sich unbemerkt an ihr vorbeizuschleichen.

In der Diele angekommen, öffnete er vorsichtig den Schuhschrank und drückte gegen das Regal. Mit einem leisen Knirschen gab das alte Holz nach und schwang zurück. William holte tief Luft, dann machte er einen Schritt nach vorn und zog die Schranktür hinter sich zu.

Es wurde schlagartig stockfinster, und er musste erst mal mit den Fingern nach dem Lichtschalter tasten. Als er ihn endlich gefunden hatte, klickte es und eine kleine Deckenlampe ging an. *Zzzzzt* machte die Glühbirne und flackerte ein paarmal. Dann schlich William die Treppe hinunter.

Die Luft war warm und stickig. Er kam in einen Raum mit zwei Türen. Hinter der ersten war der Heizungskeller. Die Ölheizung gab es also wirklich. Die zweite Tür führte in einen Raum, in dem er zuerst gar nichts erkennen konnte. Es war dunkel, aber hier und da blinkten winzige Lämpchen und ein Dauerbrummen dröhnte in Williams Ohren.

Dann fand er den Lichtschalter, und eine ganze Reihe von Lampen offenbarten einen Keller, der viel größer war, als William erwartet hatte. Und vor allem viel seltsamer als alles andere, was ihm in Tante Gunvors Haus bisher begegnet war.

Der ganze Raum war fast komplett ausgefüllt mit einer riesigen Maschine, mit Schaltern, Kabeln und allem, was dazugehört.

Mitten durch die Maschine führte ein langer Gang, den William staunend entlangging. Nach einigen Metern endete die Maschine und wurde von Regalen abgelöst, in denen eine Menge Dinger lagen, die aussahen wie PlayStation-Konsolen.

Nur ein Bildschirm, an dem man hätte spielen können, war nirgends zu entdecken – und William konnte sich ehrlich gesagt auch nicht so richtig vorstellen, dass Tante Gunvor tagelang im Keller saß und PlayStation zockte. Und warum hatte sie überhaupt so viele davon?

Er blieb stehen und sah sich um. Es war warm zwischen den vielen Geräten, aber er war barfuß und der Boden fühlte sich kalt und

feucht an. Und irgendwie klebrig. Er schaute nach unten. Da war überhaupt kein Fußboden, sondern nur Erde. Die Decke wurde von Holzbalken gestützt, die Wände waren mit Holzbrettern verkleidet. Auf der einen Seite hatten sich sogar ein paar dicke Wurzeln durch einen Spalt gebohrt.

William ging weiter durch den Gang und sah sich die Wand genauer an: Der Keller war einfach in die Erde gegraben worden.

Er war viel größer als der Grundriss des Hauses, wahrscheinlich stand William gerade irgendwo unter dem Garten. Er ging an der Wand entlang zurück und stieß auf etwas, das wie eine Schalttafel mit einem Bildschirm aussah. Und dann entdeckte er, dass der Bildschirm nicht nur mit der Maschine verbunden war.

An der Wand daneben hing nämlich ein großer Kasten, der mit unterschiedlich langen Saiten bespannt war, die über mehrere Kabel ebenfalls an die Maschine gekoppelt waren. Daneben war ein Trommelfell aufgespannt. Über der Maschine hing eine riesengroße Glocke, und daneben standen noch jede Menge anderer Instrumente herum. Ein Cello und eine E-Gitarre. Und eine Harfe. Und eine Tuba. Und da war auch das Klavier, das er schon ein paarmal gehört hatte.

Allerdings gab es keinen Hund, der das seltsame Geklimper erklärt hätte.

Aber es gab auch noch ein anderes, total merkwürdiges Instrument, das William noch nie zuvor gesehen hatte. Es bestand aus verschieden großen Glasschalen, die auf einem Stab befestigt waren, der sie über einem kleinen Wasserbecken drehen konnte.

»Du fasst hier nichts an!«

Erschrocken drehte William sich um und schaute direkt in Tante Gunvors Augen, die ihn unter den gerunzelten Brauen anfunkelten. Schlagartig breitete sich die Kälte seiner Fußsohlen in seinem ganzen Körper aus. Zusammen mit einem schrecklich schlechten Gewissen. Er schaute nach unten.

Am liebsten hätte er sich in eine Maus verwandelt. Dann wäre er unter die Maschine gehuscht und nie wieder rausgekommen. Sie hatten sich gerade erst angefreundet, er und Tante Gunvor. Und jetzt hatte er alles kaputtgemacht.

»En-entschuldige«, stammelte er. »Ich ... war ... nur neugierig.« Seine Stimme war ganz kleinlaut.

Sie erwiderte nichts, und so standen sie lange schweigend da. Schließlich hob er vorsichtig den Kopf.

Zu seiner Überraschung war der Ärger im Gesicht seiner Tante komplett verraucht. Sie betrachtete ihn nur nachdenklich durch ihre großen Brillengläser und seufzte.

»Natürlich warst du das. Und wo wären wir heute, wenn die Welt nicht voller neugieriger Kinder gewesen wäre, die sich nicht brav an das halten, was die Erwachsenen sagen?«

William blinzelte. Dann nahm er all seinen Mut zusammen und fragte: »Was ist das?« Er schaute zu der Maschine. Seine Stimme klang immer noch ziemlich eingeschüchtert.

»Ein Computer.«

»Ein Computer? Der ist aber ganz schön groß.«

»Ja. Er entspricht ja auch ein paar Milliarden Kepler.«

Tante Gunvor lachte stolz.

»Du erinnerst dich bestimmt noch daran, dass Tycho Brahe nicht die Möglichkeit hatte, seine vielen Observationen auszuwerten, weil ihm die nötige Rechenkraft fehlte«, sagte sie. »Deshalb stellte er den Mathematiker Kepler an, der zehn Jahre brauchte, bis er sich zu dem Ergebnis durchgerechnet hatte, dass die Planetenbahnen die Form einer Ellipse haben.

Dein iPad könnte dasselbe in weniger als einer Sekunde berechnen. Sofern es wüsste, was es berechnen soll. Meine Stella hier ist noch schneller.«

»Stella?«

»Na, so haben wir sie genannt.«

»Wir?«

»Ah, ja, also ... dein Opa, deine Oma und ich. Den Namen haben wir ihr gegeben, als wir angefangen haben, sie zu bauen. Und dabei ist es geblieben.«

»Ihr habt diesen Computer selbst gebaut?!?«

»Ja. Was denkst du denn, wie er hier herunter gekommen sein soll? Über die Kellertreppe?«

»Puh, nee, aber ...« William sah sich beeindruckt um. »Was machst du denn damit?«

»Rechnen.«

»Ja, aber was rechnest du?«

»Ich ... versuche Algorithmen zu erstellen, um die Daten auszuwerten, die wir im Weltall sammeln. Das ... ist ein bisschen schwer zu erklären.«

William sah seine Tante an. Das war keine Frage, mit der man ihren Redeknopf drücken konnte.

»Weißt du«, sagte sie, als wollte sie sich bemühen, ihren Mangel an Gesprächigkeit auszugleichen, »am Anfang haben wir eigentlich nur so aus Spaß herumexperimentiert. Das war Ende der sechziger Jahre, und die Computertechnologie war noch ziemlich neu. Aber mit der Zeit wurde das Projekt immer wichtiger für uns. Unser Forschungsgebiet war nur, na ja, noch nicht wirklich anerkannt. Wir bekamen keine Fördergelder und durften auch nicht die großen Rechner der Universität dafür benutzen.«

»Was war das denn für ein Forschungsdings?«, fragte William. »Und warum durftet ihr die Computer nicht benutzen?«

»Man war der Meinung, die Helioseismologie wäre kein seriöses Forschungsthema. Man sah keinen Nutzen darin und glaubte wohl auch nicht so recht an Resultate.«

»Was ist Heljo ... seisogie?«

»He-li-o-seis-mo-lo-gie. Das ist ein Zweig der Astrophysik, den wir in deiner bisherigen wissenschaftlichen Ausbildung noch nicht einmal gestreift haben!« Sie sah ihn vielsagend an. »Vereinfacht gesagt, geht es darum, die Schwingungen der Sonne zu messen.«

»Die Sonne hat Schwingungen?«

»Ja. Man nennt es auch Sonnengesang.«

»Singt die Sonne *wirklich*?« William hätte nicht gedacht, dass Tante Gunvor es ernst gemeint hatte, als sie sagte, die Sterne würden singen.

»Auf gewisse Weise.«

»Singen denn alle Sterne?«

»Auch auf gewisse Weise. Aber da der Schall, anders als Licht, nicht durch den leeren Raum reisen kann, können wir nur die sichtbaren Schwingungen messen.

Aber so gesehen ist das All voller Klänge. Oder zumindest voller Klangquellen. Die Töne der Sonne und die der Sterne entstehen durch die Wärme, die in ihrem Inneren gebildet wird. Man nennt das Kernfusion. Dabei steigt die Wärme an die Oberfläche wie ein Heißluftballon. Durch Fusion entsteht auch das Licht der Sterne. Sie bringt die Oberfläche zum Vibrieren. Pulsieren.

Selbst wenn die Klänge der Sonne auf der Erde zu hören wären, wären sie viel zu tief für das menschliche Ohr. Also messen wir stattdessen die Vibrationen, die wir auf der Oberfläche der Sonne beobachten, und versuchen, sie in Töne umzuwandeln. Indem wir sie schneller abspielen, können wir die Töne für unsere Ohren hörbar machen. Aber na ja, richtige Lieder sind das nicht.«

»Kannst du mir das mal vorspielen?«

Tante Gunvor zögerte. Dann ging sie zu dem Bildschirm, drückte ein paar Tasten und drehte an ein paar Knöpfen. Und dann füllte sich der Raum mit einem lauten, runden und tiefen Ton.

»OUHHM-OUHHM-OUHHM.«

»Das klingt ja wie ein riesiges Herz«, entfuhr es William.

»Das ist ein guter Vergleich«, sagte Tante Gunvor und schaltete den Ton wieder ab.

»Das ist so ähnlich wie das, was Kepler geglaubt hat, oder?«, sagte William begeistert. »Dass das Universum Musik macht und so.«

»Ja, vielleicht.«

Für eine kleine Weile blieb es still.

»Glaubt immer noch niemand an diese Helio ... seismologie?«, fragte William dann.

»Doch. Inzwischen ist das ein gewöhnliches Forschungsgebiet an den Universitäten. Man weiß mittlerweile, dass Erkenntnisse über die Schwingungen der Sonne auch sonst ganz nützlich sein können. Zum Beispiel, um mehr über die Frühzeit der Sonne oder der Erde zu erfahren – darüber, wie es hier aussah, als das Leben entstand. Oder um Sterne und Planeten im Universum zu finden, die unseren ähneln. Vielleicht sogar um Leben zu entdecken.

Man kann den Sternen nämlich ›anhören‹, ob sie klein oder groß sind. Und man hat herausgefunden, dass sich anhand der Schwingungen bestimmen lässt, wie weit ein Stern weg ist, wenn die Parallaxenmethode nicht ausreicht.«

»Aber wieso ist dein Computer dann so geheim?«, fragte William.

»Wer sagt, dass er geheim ist?«

»Er ist hinter einer Geheimtür versteckt?!«

»Ach so. Ja. Das stimmt. Aber ...«, seine Tante zögerte. »Die Sache ist die, dass ich keine richtige Genehmigung hatte, einen Keller unter den Garten zu graben. Und bei solchen Sachen ist die Stadtverwaltung immer nicht so begeistert.«

»Das ist alles?« William war tatsächlich ein bisschen enttäuscht.

»Ja, das ist alles«, sagte Tante Gunvor und räusperte sich. William hatte das Gefühl, dass da noch irgendetwas war, das sie ihm verschwieg.

»Wieso hast du es eigentlich immer so eilig mit dem Computer?«

»Eilig?«

»Ja. Du bist ständig damit beschäftigt, und außerdem verschwindest du immer ganz schnell und so.«

»Hm ... Ich bin wohl einfach in die Arbeit vertieft. Wir wissen ja nie, wie viel Zeit uns noch bleibt, nicht wahr? Ich bin schließlich nicht mehr jung. Und ein paar Sachen würde ich gern noch zu Ende bringen, bevor ich sterbe.«

»Was denn für Sachen?«

»Sachen eben«, sagte Tante Gunvor. »Aber wir sollten jetzt wirklich wieder hochgehen.« Sie schob William in Richtung Treppe vor sich her.

»Und wozu stehen die ganzen Musikinstrumente hier unten?«, fragte William und bremste auf Höhe des Cellos ab. »Was machst du damit?«

Tante Gunvor sah ihn an, aber sie sagte nichts.

»Und was sind das immer für komische Töne? Was ich gehört habe, klang ganz anders als das große Herz vorhin.« Er unterbrach sich selbst und schaute seine Tante an. Ihm war gerade ein

Gedanke gekommen, aber er war sich nicht ganz sicher, ob er eher beeindruckt war oder ob er es ein bisschen unheimlich fand.

»Hat das was mit dem zu tun, was du mir gestern erzählt hast? Das mit Musik und Physik? Und ... dem Klang des Lebens?! Ist das dein Geheimnis?«

Tante Gunvor räusperte sich.

»Hast du Angst, dass jemand deine Entdeckungen klaut?« William ließ nicht locker. »So wie Newton und dieser andere, den er nicht leiden konnte?«

»Hrm. Nein. Davor habe ich keine Angst. Aber manchmal kennen wir ja gar nicht das ganze Ausmaß unserer Forschung. Wir wissen im Grunde genommen nicht, welche Folgen unsere Entdeckungen haben werden. Oder wie bedeutend sie eines Tages sein könnten. Und wenn man nun – nur so als Beispiel – herausfinden würde, dass es einen besonderen Klang gäbe, der mit dem Ursprung des Lebens verbunden wäre, nun ... dann könnte das womöglich ziemlich weitreichende Folgen haben.

Aber solche Ideen müssen sehr gründlich von der Forschung belegt werden, mit Observationen und Berechnungen, bevor man sie laut ausspricht. Sonst halten die Leute einen nur für verrückt.«

Im selben Moment wurde ein Stück über ihren Köpfen eine Bewegung vorgenommen, die eine Welle elektrisch geladener Teilchen durch eine Leitung schickte, was wiederum bewirkte, dass eine kleine Glocke in Schwingungen versetzt wurde.

»DING-DONGGG.«

Diesmal war es nicht die Pendeluhr, die sie unterbrach. Es war die Türklingel.

»Na sowas, da ist sie ja schon.«

»Meine Mama?« William zuckte zusammen.

»Ja. Wer sollte es denn sonst sein?«

William stürmte die Treppe hoch und Tante Gunvor folgte ihm.

»Du, William?«, sagte sie, als sie beide oben waren und die geheime Kellertür hinter sich zugezogen hatten. »Vielleicht erzählst du deiner Mutter lieber nichts von Stella. Sie ... sie ist so vernünftig. Sie würde sich nur Sorgen machen, weil ich ... ohne Genehmigung einen Keller gegraben habe.«

William wusste sofort, was sie meinte und grinste.

»Geht klar.«

Und dann machten sie die Tür auf und William verschwand in den Armen seiner Mutter. Ganz plötzlich merkte er, wie sehr er sie vermisst hatte. Er drückte sich an sie, bis ihm die Arme wehtaten und sie hustend lachte, dass er ihr auch gefehlt habe.

Danach alle zusammen in der Küche, dazu Kaffee und »wie war es« und all das. Dann bemerkte Williams Mutter aus dem Augenwinkel die Krocketbahn vor dem Fenster und wollte wissen, was das war, und sie gingen nach draußen und William erklärte, dass es eine Krocketbahn war und »schau«, und dann bauten sie die Bahn wieder auf und spielten alle drei. Später tauchte noch Mira am Zaun auf, »Hallo, Jupiter« und »darf ich mitmachen?«, und dann spielten sie zu viert und die Sonne schien und Williams Mutter lachte und so ging es weiter und *es fühlte sich wirklich wie Sommerferien an.*

Nach zwei Runden gingen Tante Gunvor und Williams Mutter zurück ins Haus und überließen William und Mira die Krocketbahn. Als sie außer Hörweite waren, flüsterte Mira:

»Hast du den Keller gefunden?«

William nickte.

»Was ist denn da unten?«

Er dachte kurz nach. Tante Gunvor hatte ihn ja eigentlich nur gebeten, seiner Mutter nichts zu erzählen, und auf gewisse Weise war Mira ja sowieso schon eingeweiht. Er schaute sie an.

»Aber du darfst es niemandem weitersagen!«, flüsterte er.

Mira nickte gespannt. »Indianerehrenwort!«

»Sie hat einen selbst gebauten, RIESENGROSSEN Computer unter dem Haus«, flüsterte er.

Miras Augen wurden groß.

»Einen Computer?«

»Einen Computer, mit dem sie den Gesang der Sterne aufnehmen kann.«

»Wow. Also das hätte ich Frau Lund wirklich nicht zugetraut.«

Am Abend, als William Zähne geputzt und seinen Schlafanzug angezogen hatte, kuschelte er sich in sein eigenes Bett unter seine eigene weiche Decke mit dem *Star Wars*-Bettbezug.

Er seufzte so zufrieden, dass seine Mutter lachen musste.

»Singst du mir was vor?«

»Ein Lied?« Sie lächelte. »Es ist ganz schön lange her, dass du ein Gutenachtlied von mir hören wolltest. Welches soll es denn sein?«

»Das von den Jungen auf den Sternen?«

Seine Mutter nickte, zog die Decke hoch bis an sein Kinn, obwohl es eigentlich gar nicht kalt war, dann strich sie ihm über die Stirn und fing an zu singen.

Die Stelle mit den Jungen und den Sternen hörte William schon nicht mehr, denn da war er bereits eingeschlafen.

Schwierige Wörter

Hier kannst du die Wörter laut üben oder dich ein bisschen darüber lustig machen, dass niemand versteht, was du meinst, wenn du plötzlich sagst: »Das erinnert mich an damals, als der polnische Naturwissenschaftler und Astronom Nikolaus Kopernikus das heliozentrische Weltbild einführte.«

Astrologie: Sterndeutung. Die Astrologie glaubt, dass die Bewegungen der **Himmelskörper** einen Einfluss auf das Leben der Menschen haben. Ein Astrologe oder eine Astrologin beobachtet die Sterne und versucht, daraus das Schicksal der Menschen zu errechnen.

Astronomie: Wissenschaft von den **Himmelskörpern** und dem Weltraum. *Astron* ist das griechische Wort für Stern, *nomos* bedeutet »kundig«. Ein Astronom oder eine Astronomin ist also jemand, der sich mit Sternen auskennt.

Breitengrad: Stell dir die Erde wie eine Orange vor. Oben, wo der Stängel sitzt, ist der Nordpol, unten am Blütenrest der Südpol. Und dann zeichnest du eine Linie rund um den Bauch der Orange, dort wo sie am dicksten ist. Dieser Ring ist der Äquator. Wenn du noch mehr Linien über und unter dem Äquator ziehst, werden die Ringe nach oben und unten hin immer kleiner. Diese Ringe nennt man Breitenkreise. Wenn du jetzt eine Linie von dem Ort, an dem du stehst, zum Erdmittelpunkt (in der Mitte der Orange) ziehst und noch eine Linie vom Erdmittelpunkt zum Äquator, dann nennt man den Winkel, der dadurch entsteht Breitengrad. (Siehe auch **Längengrad**.)

Computer: Das Wort Computer kommt aus dem Englischen und heißt eigentlich nichts anderes als »Rechner«. Und bevor die Computer, wie wir sie heute kennen, erfunden wurden, war ein Computer ein Mensch, dessen Aufgabe es war, Dinge zu berechnen.

Ellipse: Ein platt gedrückter Kreis. Also ganz vereinfacht gesagt.

Entropie: Eigentlich ist das nur ein Wort, das Tante G nebenbei rausrutscht. Entropie ist eine Art Maß für Unordnung. Wenn die Entropie hoch ist, dann ist es sehr unordentlich. Der Begriff wird in einem Bereich der **Physik** verwendet, der Thermodynamik heißt. Da geht es um Energie und Wärme. Eines der Gesetze der Thermodynamik lautet, sehr vereinfacht, dass alles auf ein Stadium größerer Unordnung zugeht, es sei denn, es wird Energie zugeführt. Vielleicht könnte man sagen: Wenn William sein Glas fallen lässt, dann geht es von einer geordneten Masse (einem Glas) in eine schlimmere Unordnung über (jede Menge Scherben.)

Fernrohr (**Teleskop**): Ein Fernrohr oder Teleskop ist ein **Instrument**, das das Licht eines Gegenstands einfängt und ihn mithilfe von **Linsen** vergrößert. So kannst du sogar Gegenstände deutlich sehen, die sehr weit entfernt sind oder nicht sehr kräftig leuchten.

Fixstern: Genaugenommen sind alle Sterne Fixsterne. Die Silbe »Fix-« diente ursprünglich dazu, um zwischen Fixsternen (also denen, die immer an derselben festen Stelle in einem Sternbild stehen) und Wandersternen (denen, die an den festen Sternbildern vorbeiwandern) zu unterscheiden. Aber Wandersterne sind ja eigentlich gar keine Sterne, sondern Planeten, deshalb gibt es keinen richtigen Grund mehr, Fixsterne fix zu nennen.

Forscher, **Forscherin**: Ein Forscher oder eine Forscherin ist sehr lang zur Schule gegangen und hat an der Universität studiert. Seine/ihre Aufgabe ist es, alles Mögliche sehr gründlich zu untersuchen. Ein anderes Wort für Forscher/Forscherin ist **Wissenschaftler**/**Wissenschaftlerin**.

Galaxie: Galaxien sind Ansammlungen von wahnsinnig vielen Sternen, die zusammen eine Art Sterneninsel bilden. Genau wie unser Sonnensystem sind sie flach gedrückt. Von außen erinnern sie ein bisschen an GIGANTISCHE Teller. Manche haben die Form einer flach gedrückten Spirale, andere sind eher wie Ellipsen geformt. Dass die Milchstraße von der Erde aus wie ein breites Band aussieht, liegt daran, dass wir sie gewissermaßen von innen sehen.

Die Sterne in einer Spiralgalaxie bewegen sich um die Mitte der Galaxie. Ein bisschen so wie die Planeten im Sonnensystem. Unsere Sonne braucht ganze 216 MILLIONEN Jahre, um das Zentrum der Milchstraße einmal zu umrunden! (Siehe auch **Milchstraße**.)

Geometrie: Erdvermessung. *Ge* heißt Erde und *metri* heißt Messung – ganz genau wie Tante G es schon erklärt hat. Es ist der Bereich in der Mathematik, der sich mit solchen Dingen wie Kreisen, Dreiecken, Vierecken und Linien befasst.

In der Geometrie sagt man zum Beispiel:

Ein Kreis hat 360 Grad.

Ein Viereck hat ebenfalls 360 Grad.

Ein Dreieck hat nur 180 Grad.

Jetzt denkst du vielleicht, dass 360 Grad aber ganz schön heiß ist. Aber diese Grad haben überhaupt nichts mit Temperatur zu tun oder damit, wie heiß dein Backofen sein muss, wenn du Pizza backen willst. Vielmehr haben sie etwas mit Winkeln zu tun: Winkel entstehen, wenn sich zwei gerade Linien schneiden. Dort, wo sie aufeinandertreffen, am sogenannten Schnittpunkt, bilden sie einen Winkel. Der beschreibt, wie zwei gerade Linien zueinander stehen.

Man kann sich das ein bisschen vorstellen wie bei einer Pizza: Denk an eine schöne runde Pizza. Sie hat die Form eines Kreises: Sie hat keine geraden Linien und deswegen einen sogenannten Vollwinkel von 360 Grad. Jetzt teilst du sie in vier gleiche Stücke, ja? Dann entsteht dadurch an der Spitze von jedem der Stücke ein Winkel von 90 Grad. Und wenn du dann jedes Stück noch einmal halbierst, dann hast du acht Stücke mit jeweils einem Winkel von 45 Grad. Und so weiter.

Harmonie: Wenn zwei oder mehrere Dinge zusammenpassen, dann sagen wir, dass sie harmonieren. Vor allem in der Musik verwenden wir diesen Begriff. Wenn du findest, dass eine Melodie schön klingt, dann liegt das an dem Zusammenspiel der Töne. Das nennen wir Harmonie.

Himmelskörper: Das ist ein Oberbegriff für alles, was im Weltall beobachtet wird, zum Beispiel die Sonne, **Monde**, Sterne oder **Planeten**. »Himmel« erklärt sich von selbst und »Körper«, na ja, das heißt natürlich Körper. Gemeint sind also die Körper, die sich am Himmel befinden. Aber keine Menschenkörper. Das ist natürlich Quatsch.

Instrument: Ein Instrument kann vieles sein. Ein Musikinstrument zum Beispiel. Aber in diesem Buch werden vor allem Geräte als Instrumente bezeichnet, mit denen Wissenschaftlerinnen und Wissenschaftler die Welt untersuchen. Wie ein **Fernrohr**. Oder ein Sextant.

Ketzer, Ketzerin: Das ist eigentlich erst mal nur jemand, der eine andere Meinung vertritt als alle anderen. Meistens geht es um Religion, wenn man von Ketzern oder Ketzerei spricht. Besonders früher, zum Beispiel im Mittelalter. Wenn jemand der Ketzerei beschuldigt wurde, dann hatte er ein wirklich großes Problem. Zum Glück ist das heute bei uns nicht mehr so.

konkav: Darin steckt das lateinische Wort *cava* für Höhlung, Vertiefung – konkav ist etwas, das nach innen gewölbt ist. Die Fernrohrlinsen, die das Licht verteilen, sind konkav (nicht zu verwechseln mit der Braven Konkaven – die hat sich Tante G nur ausgedacht).

konvex: Das Gegenteil von konkav. Konvex ist etwas, das nach außen gewölbt ist. Eine konvexe Linse ist in der Mitte am dicksten.

Kraft: Wenn du normalerweise von Kraft sprichst, dann denkst du wahrscheinlich daran, wie stark du bist und wie schwer du heben kannst. Das gilt auch für die Welt der **Naturwissenschaft**, aber hier meinen wir mit Kraft etwas, das dafür sorgt, dass sich zum Beispiel ein Gegenstand entweder schneller oder langsamer bewegt.

Längengrad: So, wie man die Erde in Breitenkreise aufgeteilt hat (siehe **Breitengrad**), hat man sie auch in Längenkreise aufgeteilt. Sie führen von Norden nach Süden, und wenn wir uns die Erdkugel wieder als Orange vorstellen, dann teilen die Längenkreise sie in Spalten auf. Und genau diese Orangenspalten haben den Seefahrern früher große Probleme bereitet. Also, natürlich nicht die richtigen Orangenspalten, sondern die Längengrade, weil die Seeleute nicht ausrechnen konnten, wie viele Längengrade sie schon überquert hatten, während sie über die Weltmeere segelten.

Linse: Linsen, das sind so runde kleine Hülsenfrüchte, die gibt es in rot und braun oder schwarz, aus denen man superleckere Suppe kochen kann. Aber das ist nicht die Art von Linsen, von denen Tante G spricht. Tut mir leid. Sie redet von Linsen, die Licht bündeln oder verteilen. Eine Lupe ist auch eine

Linse, nämlich eine aus Glas. Und ein Auge hat auch eine Linse. Die ist natürlich nicht aus Glas, aber sie funktioniert genauso: Sie bündelt das Licht, damit aus dem, was unsere Augen betrachten, ein Bild wird, das wir verstehen können.

Masse: Wenn man Masse sagt, meint man damit normalerweise, dass von einer Sache so richtig viel da ist. Aber in der Wissenschaft bedeutet Masse etwas anderes, nämlich wie viel etwas wiegt. Oder, ein bisschen anders ausgedrückt, wie »viel« Materie etwas hat. Es gibt da nämlich ein Problem, wenn man jenseits der Erde über Gewicht reden will – also zum Beispiel auf dem Mond: Da wiegt ein und dieselbe Sache nämlich überhaupt nicht dasselbe wie auf der Erde. Also, wenn du auf der Erde ungefähr 35 Kilo wiegst und dich dann auf dem Mond auf die Waage stellst, dann hast du schlagartig fast dreißig Kilo abgenommen! Das liegt daran, dass die Masse des Mondes kleiner ist als die Masse der Erde, und deshalb zieht er dich weniger stark an. Wenn wir also von Masse reden, dann meinen wir damit das Gewicht ohne den Einfluss der Schwerkraft.

Methode: Die Art und Weise, wie man etwas tut. Sagen wir, dass dein Opa seine Weihnachtsplätzchen immer bäckt, indem er den Teig mit einer Weinflasche ausrollt, weil er findet, dass es damit viel besser geht, als mit einem Nudelholz. Dann ist das seine besondere Methode, Weihnachtsplätzchen zu backen. Und so gibt es auch in der Wissenschaft unterschiedliche Methoden. Die alten Naturphilosophen bevorzugten es, Zusammenhänge durch Denken herauszufinden. Das war ihre Methode. Tycho Brahe dagegen wollte lieber alles ganz genau messen und wiegen, bevor er sich über irgendwelche Erkenntnisse äußerte.

Milchstraße: Galilei war der Erste, der die Milchstraße durch sein Teleskop sah. Jahrtausende lang hatten Astronomen in den Nachthimmel geschaut und sich über das leuchtende weiße Band gewundert, das aussah wie verschüttete Milch. Einer griechischen Sage nach hatte die Göttin Hera ihr Baby von sich gestoßen (die griechischen Götter waren ziemlich aufbrausend), und dabei war die Milch aus ihrer Brust über den Himmel gespritzt. Heute wissen wir, dass die Milchstraße unsere eigene **Galaxie** ist.

Mond: Einige Wissenschaftlerinnen und Wissenschaftler vermuten, dass es vor Urzeiten noch einen Planeten namens Theia gab. Da das Sonnensystem damals noch nicht in seiner heutigen Form bestand, prallte Theia irgendwann in einem gewaltigen Zusammenstoß auf die junge Erde. Dabei wurde Theia zerstört, und Teile des kleinen Planeten verschmolzen mit der Erde, die dadurch viel größer wurde. Aber bei dem Aufprall wurden auch Teile von Theia ins All hinausgeschleudert, wo sie sich sammelten und zum Mond verdichteten – und begannen, um die Erde zu kreisen.

Naturgesetz: Eine Regel oder ein Gesetz, das Muster in der Natur beschreibt, und das, wie Tante G sagt, überall gilt, egal wo man sich befindet. »Es gilt hier, wo wir beide sitzen, genau wie in China. Und auf dem Mars. Und in anderen Galaxien – soweit wir wissen.«

Naturwissenschaft: Wissenschaft, die sich mit der Natur und ihren Gesetzen befasst. Dazu gehören **Astronomie**, Geologie, Chemie, **Physik** oder Biologie – und manchmal überschneiden sie sich.

Observation: Eine Observation ist eine aufmerksame Beobachtung oder Untersuchung.

Pendeluhr: Eine Pendeluhr ist eine Uhr mit einem Pendel. Aber das hast du dir natürlich schon gedacht. Na, jedenfalls, die ersten mechanischen Uhren vor der Erfindung der Pendeluhr waren ziemlich unpraktisch und dienten in erster Linie dazu, dass reiche Fürsten damit angeben konnten. Eine genaue Uhrzeit anzeigen konnten sie nicht besonders gut. Und dann kam die Pendeluhr. Du hast bestimmt schon mal eine gesehen. Und weißt du, was das Schlaue an diesen Uhren ist? Wenn das Pendel ganz genau 99,4 cm lang ist, dann braucht es exakt eine Sekunde, um von einer Seite auf die andere zu schwingen.

Phänomen: Ein Phänomen ist eine besonders bemerkenswerte Erscheinung. Etwas, das sich wahrnehmen oder beobachten lässt. Das können ganz unterschiedliche Dinge sein, ungewöhnliches Wetter zum Beispiel, aber auch eine supererfolgreiche Pop-Band. Ein Phänomen kann eine einmalige Sache sein oder auch regelmäßig auftreten.
Was Tante G hier meint, sind wohl auffällige Himmelsbeobachtungen wie die Mondphasen.

Philosoph, **Philosophin**: Ein Philosoph oder eine Philosophin denkt wahnsinnig viel nach und stellt jede Menge Fragen. Wie hängt die Welt zusammen? Wie ticken Menschen? Warum sind wir so, wie wir sind? Woher weiß ich, was ich weiß? Wenn niemand hört, dass ein Baum im Wald umfällt, macht er dann ein Geräusch? Lauter solche Sachen.

Physik: Wissenschaft, die sich mit Naturgesetzen beschäftigt. Um es ganz kurz zu machen. Wobei man sehr viel mehr darüber sagen könnte, denn die Physik erforscht ganz unterschiedliche Sachen. Zum Beispiel Stoffe, Bewegungen und Energie. Oder Mechanik, Elektrizität, Magnetismus, Optik, Atome. Und **Astronomie** ... Na ja, das war jetzt wirklich keine besonders gute Erklärung. Vielleicht sagen wir einfach, es ist ein Schulfach. Das stimmt auf jeden Fall.

Planet: *Planet* ist das griechische Wort für »Wanderstern«. Das ist ein **Himmelskörper**, der um einen Stern (wie zum Beispiel unsere Sonne) kreist. Ein Planet ist rund, er leuchtet nicht selbst und er hält mithilfe der Schwerkraft seine »Bahn sauber«. Die acht Planeten im **Sonnensystem** sind (der Reihe nach von nah an der Sonne bis ganz außen): Merkur, Venus, Erde, Mars, Jupiter, Saturn, Uranus und Neptun.

Planetenmaschine: Vor allem Ole Rømer ist für seine Planetenmaschinen bekannt. Und das ist wirklich lange her. Mit diesen Maschinen konnte man vorführen, wie sich die Planeten im Verhältnis zueinander bewegen. Das war praktisch, weil es sonst ganz schön schwierig wurde, die Bewegungen der **Himmelskörper** zu erklären. Man könnte sagen, sie waren früher das, was für uns heute der Computer übernimmt.

Religion: Viele Menschen glauben an einen Gott oder an mehrere Götter oder an übersinnliche Mächte und an die Lebensauffassungen und Rituale, die mit diesem Glauben verbunden sind. Ganz vereinfacht gesagt.

Sonnensystem: Ein System von **Himmelskörpern** (wie die Erde und andere Planeten), die rund um eine Sonne kreisen. Es heißt Sonnensystem, weil die Sonne (und nicht die Erde) im Zentrum steht.

Teleskop: siehe **Fernrohr**

Tierkreis: Die Sternbilder, an denen die Sonne im Laufe eines Jahres vorbeiwandert, liegen in einer Reihe am Himmel. Diese Reihe nennen wir den Tierkreis oder Ekliptik. Ekliptik bedeutet so etwas Ähnliches wie »Verdunklungslinie«. Unser Sonnensystem ist flach wie ein Pfannkuchen, das heißt alle Planeten im Sonnensystem bewegen sich auf Bahnen, die sich im Großen und Ganzen innerhalb der Ekliptik befinden.
Die Sternbilder, an denen die Planeten und die Sonne auf ihrem Weg entlang der Ekliptik vorbeiziehen, nennt man den Tierkreis. Es gibt zwölf Sternbilder im Tierkreis – die sogenannten Sternzeichen. Dein Sternzeichen ist also nichts anderes als das Sternbild, in dem die Sonne am Tag deiner Geburt stand.

Weltbild: Eine bestimmte Auffassung von der Welt. Mit Fotografie hat das nichts zu tun. Gemeint ist damit, wie wir uns die Welt vorstellen, und vielleicht auch, wie wir uns selbst als Teil dieser Welt sehen. Vor langer Zeit dachte man, die Sonne würde um die Erde kreisen – das nennt man ein Weltbild. Heute haben wir ein anderes Weltbild, in dem die Erde um die Sonne kreist.

Wissenschaft: In der Wissenschaft untersucht man ein bestimmtes Thema sehr gründlich (siehe auch **Methode**), mit dem Ziel, das Wissen darüber zu vergrößern.

Wissenschaftler, **Wissenschaftlerin**: siehe **Forscher**, **Forscherin**

Zahlensystem: Das System, das wir benutzen, wenn wir zählen. Und rechnen. Normalerweise benutzen wir das Zehnersystem. Wir Menschen haben zehn Finger, das bietet sich also an. Aber wenn wir über die Uhrzeit reden oder wissen wollen, wo wir uns gerade auf der Erdkugel befinden, verwenden wir das Sechziger-System. Das ist ein bisschen verrückt. Ein paar Franzosen wollten das mal ändern, sodass man immer das Zehnersystem nutzen kann. Aber daraus wurde nichts – man könnte sagen, sie haben sich verrechnet.

Das war alles, was mir gerade eingefallen ist. Wenn du noch mehr Wörter nicht verstehst oder mehr wissen willst, dann gebe ich dir den heißen Tipp, deine Eltern oder Lehrer zu fragen. Oder du schaust im Internet nach. Da kann man ALLES nachschlagen. Das einzige Problem ist nur, dass man manchmal nicht so einfach erkennen kann, ob das, was man gerade liest, auch wirklich stimmt. Am besten, man vergleicht die Informationen auf mehreren Internetseiten, um sicherzugehen. Im Internet verbreiten sich Gerüchte nämlich wahnsinnig schnell. Viel Glück!

Aussprache-Hilfe

Manche Leute in diesem Buch haben echt schwierige Namen. Hier erfährst du, wie man sie ausspricht, wenn du von ihnen erzählen willst.

Christiaan Huygens: Den Nachnamen spricht man »Höj-chens« mit kratzigem »ch« aus.

Isaac Newton: »Eisäk Njuton«

Ole Rømer: Den Nachnamen spricht man wie »Römer«

Tycho Brahe: Den Vornamen spricht man »Tü-ko« aus.

Danksagung

Ich verdanke es der Unterstützung vieler Menschen, dass ich dieses Buch realisieren konnte. An erster Stelle einer ganzen Reihe von Wissenschaftlern, die ihr Wissen mit vollen Händen an mich weitergegeben haben. Umso wichtiger ist es mir zu betonen, *dass alle eventuellen Fehler und Freiheiten auf meine Rechnung gehen.*

Danke an Hans Buhl für den Austausch, deine wertvollen Überlegungen und dein unbezahlbares, gewissenhaftes und gründliches Feedback. An Lars Occhionero für inspirierende Vorträge, bereitwillige Hilfe, Feedback und die Klärung diverser wissenschaftlicher Fragen. An Bent Lindow für intensive Gespräche, Inspiration, Unterstützung und Engagement. An Christoffer Karoff für den Versuch, mir die Helioseismologie zu erklären. An Fabian Hillen für die hilfreichen Anmerkungen und Informationen über Einstein. An Adam Bencard für die Unterstützung und den Austausch im Frühstadium des Manuskripts. An Tais W. Dahl und Tom Weber für die bereitwillige Entwicklung von Ideen. An Rasmus Pagh für gute Einfälle und die Perspektivierung von Rechenleistung.

Außerdem geht mein Dank an das Tycho Brahe Planetarium, das Steno Museum, das Kroppedal Museum und das Statens Naturhistoriske Museum, für den großzügigen Zugang zu ihren Ausstellungen und den jeweiligen Schulprogrammen. Vielen Dank der Bibliothek in Nørrebro, die mir gut und gern an die hundert Bücher bestellt hat.

Danke an Kirsten, Lise, Vigga, Linus, Otto und Oluf für ihre ansteckende Neugier. Danke an Maria und das Møn-Kollektiv für Unterkunft und einen ruhigen Arbeitsplatz. An Rie und Martin für Wohnung und Ferienhaus, Blick auf den Fjord und Holzofen. Überhaupt ein großes Dankeschön an meine Familie und Freunde für ihr Verständnis, als es überall brannte. Und vor allem gilt mein Dank meinem geliebten Mikkel. Für die vielen Gespräche und Diskussionen, die klugen Fragen, deinen Scharfsinn, dein Verständnis und deine Unterstützung. Und deine offenbar endlose Geduld.

Gertrude Kiel, geboren 1983, studierte an der Universität in Kopenhagen und der Freien Universität in Berlin. Sie ist Autorin mehrerer Kinderbücher, denn ihre Leidenschaft ist es, Kindern wissenschaftliche Themen zugänglich zu machen. Mit ihrem Mann und zwei Töchtern lebt sie in Kopenhagen. *Was der Himmel uns erzählt* ist ihr erstes Kinderbuch bei Hanser.

Gunvor Rasmussen, geboren 1981, studierte Illustration am Central St. Martins College of Art and Design in London sowie Visuelle Kommunikation an der School of Art and Design in Bergen, Norwegen. Dort lebt und arbeitet sie heute als freie Illustratorin.

Friederike Buchinger, geboren 1973, studierte Skandinavistik und übersetzt sowohl Kinder- und Jugendbücher als auch Romane und Thriller aus dem Dänischen, Norwegischen und Schwedischen. Mit ihrer Familie lebt sie in der Pfalz.

Die Originalausgabe erschien 2018 unter dem Titel
Hvad himlen kann fortælle os: Videnskabshistorier for børn
bei Character Publishing, Kopenhagen.

Erscheint als Hörbuch bei Random House Audio,
gelesen von Oliver Rohrbeck.

HANSER hey! Schau vorbei und
teile dein Leseglück auf Instagram

1. Auflage 2022

ISBN 978-3-446-27251-4

Umschlag: formlabor, Hamburg
Motive: © Shutterstock / Iya Balushkina, Anastasia Nio, suns07butterfly
Satz im Verlag
Druck und Bindung: PNB Print Ltd., Silakrogs
Printed in Latvia

FSC
www.fsc.org
MIX
Paper from
responsible sources
FSC® C084698